新知
文库

XINZHI

To the Edge of the World:
The Story of the World's
Greatest Railway

TO THE EDGE OF THE WORLD: THE STORY OF THE WORLD'S
GREATEST RAILWAY (OLD TITLE: THE TRANS-SIBERIAN RAILWAY)
By CHRISTIAN WOLMAR
Copyright©2013 BY CHRISTIAN WOLMAR
This edition arranged with Atlantic Books Ltd.
through BIG APPLE AGENCY, INC., LABUAN, MALAYSIA.

通向世界尽头

跨西伯利亚大铁路的故事

[英] 克里斯蒂安·沃尔玛 著 李阳 译

生活·讀書·新知 三联书店

Simplified Chinese Copyright © 2017 by SDX Joint Publishing Company.
All Rights Reserved.
本作品简体中文版权由生活·读书·新知三联书店所有。
未经许可，不得翻印。

图书在版编目（CIP）数据

通向世界尽头：跨西伯利亚大铁路的故事／（英）克里斯蒂安·沃尔玛（Christian Wolmar）著；李阳译．—北京：生活·读书·新知三联书店，2017.6 （2018.12重印）
（新知文库）
ISBN 978-7-108-05891-1

Ⅰ.①通… Ⅱ.①克… ②李… Ⅲ.①铁路线路-介绍-俄罗斯 Ⅳ.① U21

中国版本图书馆 CIP 数据核字（2017）第 013733 号

特邀编辑	吴思博	
责任编辑	徐国强	
装帧设计	陆智昌	刘 洋
责任校对	安进平	
责任印制	徐 方	
出版发行	生活·讀書·新知 三联书店	
	（北京市东城区美术馆东街 22 号 100010）	
网　址	www.sdxjpc.com	
经　销	新华书店	
印　刷	北京隆昌伟业印刷有限公司	
版　次	2017 年 6 月北京第 1 版	
	2018 年 12 月北京第 3 次印刷	
开　本	635 毫米 × 965 毫米 1/16 印张 16.75	
字　数	201 千字	
印　数	13,001-18,000 册	
定　价	39.00 元	

（印装查询：01064002715；邮购查询：01084010542）

新知文库

出版说明

在今天三联书店的前身——生活书店、读书出版社和新知书店的出版史上，介绍新知识和新观念的图书曾占有很大比重。熟悉三联的读者也都会记得，20世纪80年代后期，我们曾以"新知文库"的名义，出版过一批译介西方现代人文社会科学知识的图书。今年是生活·读书·新知三联书店恢复独立建制20周年，我们再次推出"新知文库"，正是为了接续这一传统。

近半个世纪以来，无论在自然科学方面，还是在人文社会科学方面，知识都在以前所未有的速度更新。涉及自然环境、社会文化等领域的新发现、新探索和新成果层出不穷，并以同样前所未有的深度和广度影响人类的社会和生活。了解这种知识成果的内容，思考其与我们生活的关系，固然是明了社会变迁趋势的必需，但更为重要的，乃是通过知识演进的背景和过程，领悟和体会隐藏其中的理性精神和科学规律。

"新知文库"拟选编一些介绍人文社会科学和自然科学新知识及其如何被发现和传播的图书，陆续出版。希望读者能在愉悦的阅读中获取新知，开阔视野，启迪思维，激发好奇心和想象力。

生活·讀書·新知三联书店
2006年3月

目 录

前　言		1
第 一 章	缓慢的起步	7
第 二 章	牢牢控制西伯利亚	33
第 三 章	维特的突破	52
第 四 章	开进大草原	67
第 五 章	旅行或者苦行	100
第 六 章	开战借口	122
第 七 章	新西伯利亚	141
第 八 章	完全在俄罗斯境内	158
第 九 章	跨西伯利亚铁路大战	169
第 十 章	红色大铁路	199
第十一章	跨西伯利亚的另一条铁路	223
第十二章	最伟大的铁路	244
参考书目		254

前　言

正如我此前关于铁路历史的书一样，本书讲述的并不仅仅是一个交通系统。远非如此。跨西伯利亚大铁路的故事，既是一项由帝国的野心激发的令人赞叹的工程传奇，也是俄罗斯历史以及更宽广的欧洲和亚洲历史的关键章节。

穿越西伯利亚的铁路并非仅仅一条。有好几条横跨西伯利亚的大铁路，其中最符合这一名称的铁路——从莫斯科到符拉迪沃斯托克（海参崴），完全在俄罗斯境内的铁路——直到1916年才完工。在这条铁路建成之前，从莫斯科到太平洋，须使用中国的中东铁路。该铁路与跨西伯利亚的铁路相连，穿过中国东北。最近，如本书将近结尾时所讲述的，跨西伯利亚大铁路的东段是与贝阿铁路（Baikal Amur Railway，贝加尔—阿穆尔铁路）平行的，是进入西伯利亚大草原处女地的苏联人建成的，不仅耗资巨大，环境上的成本也很高。本书主要讲述的就是这几条铁路的故事，而非20世纪修建的各条支线，如土西铁路（Turksib）和跨蒙古铁路（Trans-Mongolian）等的故事。因为故事的中心是西伯利亚，而西伯利亚的故事极好地勾绘了我的许多书所呈现的主题：一条铁路的兴建，会引发各种各样的变化，有些是在人们预期中的，有些则是出乎意料的。

就西伯利亚铁路而言，结果不可避免地既是积极的，也是消极的。从许多方面看，这都是一段悲惨的历史。跨西伯利亚大铁路建成后不久，就成了一场大战的催化剂。这场战争的规模几乎不亚于第一次世界大战。跨西伯利亚大铁路随之成为俄国内战中许多激战的焦点。列昂·托洛茨基（Leon Trotsky）的一项著名事迹便是，在这条铁路上以一列装甲列车为指挥部，指挥了同白军的战斗。白军在这场战争中是反革命势力，战争的双方都伤亡惨重。尤其值得一提的是，这条铁路最大的错误是，最早的线路是穿越中国东北的。此举不仅几乎立刻引发了日俄战争，还对俄国革命起到了助推作用，正是该线路的建设引发了失败的1905年俄国革命。

跨西伯利亚大铁路本身对史诗般的1917年"十月革命"也有贡献。一个穷困潦倒的政府，在远东为一项被视为冒险的事情集中了所有资源——特别是阿穆尔铁路的修建时期，正是俄国走向第一次世界大战的年代——这无疑助长了俄国政治的不稳定。因此，跨西伯利亚大铁路不仅在铁路史上扮演了重要角色，其对20世纪更广阔的地缘政治所发挥的作用，也是怎样高估都不过分的。没有跨西伯利亚大铁路，现代欧洲和亚洲的地图将会是一副极其不同的面貌。

连续不断的战争，以及铁路引发的移民大潮，是众多苦难的根源。本书讲述了无数悲惨的故事。但也讲述了一个神奇的、积极的故事，一个以陈腐刻板的眼光观察俄罗斯的人们经常忽略或者忘记的传奇。跨西伯利亚大铁路的建设和持续高效运营，可以跻身人类最辉煌的成就之列。实际上，本书很大的篇幅都是在揭开秘密，纠正讹传。跨西伯利亚大铁路刚刚建成时，在西方招致了强烈的批评，俄国人被描述得腐败无能。尽管俄国人的确犯下了不少错误，枉花了不少钱财，但是西方的批评却是在否定一项杰出的成就，否定世界上最伟大的工程奇迹之一。

正如我在沿这条铁路旅行时所看到的，这可不是什么曲里拐弯的乡间小铁路，上面偶尔跑过一列令人作呕的破火车，而是世界上最大的交通大动脉之一，是一件不仅改变了所建地区，而且改变了建造它的整个国家的基础设施。

第一章先要为大戏布好背景，勾勒铁路出现前西伯利亚的面貌，并简述俄罗斯最早的铁路发展状况。的确，俄罗斯进入铁路时代实在太晚了。尽管其国土面积广大，落后的经济状况却意味着其铁路网络发展得比欧洲慢得多。在第二章中，我解释了跨西伯利亚大铁路在19世纪晚期变成重大政治问题的原因，并探讨了铁路的倡导者和反对者的争论。提出的兴修铁路的方案其实不少，但俄国统治者一向反对这些主张。继而，如第三章所展示的，风头变了，很大程度上要归功于一个人——伟大的谢尔盖·维特（Sergei Witte），这条铁路成功的倡导者和杰出的政治家、管理者——他同时集这几种身份于一身，真是不可多得的"绝配"。

修建这条铁路，从最早提出主张，到最终决策动工，相隔了大约三十年。然而，选择让这条线路穿越中国东北，却将产生灾难性的后果。如第四章将展示的，尽管气候恶劣，疾病多发，原材料和劳动力都很匮乏，还有广泛存在的腐败现象，兴建跨西伯利亚大铁路却只花了不到十年的时间。这是一项惊人的成就，尽管铁路完工时还很不完善。

第五章讲述的是这条铁路早期的旅行者们的经历，当然是五花八门的，并且时而是危险的。然而，大多数人离开时都留下了深刻的印象，而且这条铁路从一开始便处于不断的改善中。乘客们的讲述无疑是丰富多彩且妙趣横生的。第六章介绍了围绕跨西伯利亚铁路发生的几场大战中的第一场：日俄战争。此战是由此路的建设引发的，其结果对俄国来说是灾难性的。

第七章评估了修建这条铁路所产生的影响。它使西伯利亚从一个仅因流放和犯人而为人所知的地方，转变为吸引移民的蜜罐。在国家的鼓励下，数以百万计的移民来到这里，使其工业和农业都得到了振兴。第八章讲述了这条铁路最终完成的故事，就是完全在俄罗斯境内修建阿穆尔铁路，以避开动荡不安的中国东北铁路。这是跨西伯利亚大铁路建设中最困难的一段。第九章讲述的是沿跨西伯利亚大铁路展开的内战，一场最终决定了俄国革命命运的旷日持久的血战。

第十章关注的是两次世界大战之间的时期，先是一个战乱的时代，继而，更悲惨地，这里建起了古拉格劳改营，数百万在斯大林"大清洗"中被捕的人在此丧命。本章还论述了在西伯利亚的工业化进程中，跨西伯利亚大铁路所发挥的作用，以及随后为抗击希特勒的侵略，将大批工业东迁的故事。

第十一章介绍了修建贝加尔—阿穆尔干线（Baikal Amur Magistral）或称"巴姆"（BAM）的悲惨故事。这是世界上最大的铁路建设计划，却造成了大面积的环境破坏，使这条铁路成了昂贵而无用的累赘。最后，第十二章简述了跨西伯利亚大铁路在战后时期的情况，并分析了其历史影响。

关于铁路长度要说明一点。按照符拉迪沃斯托克（海参崴）车站著名的纪念碑碑文，跨西伯利亚大铁路全长5771英里（9288公里），但是多年来的隧道建设和各种裁弯取直工程，减少了其总长度。因此，该铁路缩短了若干英里，但其实际意义微不足道。不过，某种程度上讲，跨西伯利亚大铁路这种称呼有些用词不当，因为从圣彼得堡到西伯利亚东北方向堪察加半岛上最远的点，距离有9000多英里。换言之，所谓"跨西伯利亚"，其实只完成了三分之二的里程。然而,这仍然是一项令人惊叹的工程。就此而言,《红色火车大旅行》(The Big Red Train Ride)一书的作者,已故的埃里克·纽比(Eric Newby)的概括最好:"世界上再没有长度可与之媲美的铁路旅程了。只有横跨西伯利亚才是火车大旅行,其余的全都不足挂齿。"

关于日期则要说明一点。俄国在十月革命(按照格里高利历实际上是发生在 11 月)前一直使用儒略历,直到 1918 年 1 月 31 日星期三才改用格里高利历,那一天之后就变成了 1918 年 2 月 14 日星期四,于是日历上少了 13 天。因此,我在提及 1918 年之前俄国发生的事件时,使用儒略历的日期,1918 年后使用格里高利历。提及欧洲发生的事件时,始终使用格里高利历的日期。

我就不为在将俄国人名翻译成英文时的拼法差异道歉了。几乎所有人名在翻译后拼法都会有不同,我只努力选择最常见的拼法。

我要特别感谢两个人。首先是史蒂文·马克斯(Steven G. Marks),不仅是为他在《强权之路:跨西伯利亚大铁路和俄罗斯亚洲部分的殖民化,1850—1917》(Road to Power: The Trans-Siberian Railroad and the Colonization of Asian Russia, 1850-1917)一书中对跨西伯利亚大铁路建设环境一丝不苟且引人入胜的描述,也为他热心地通读本书校样,提供了大量评论和修改意见。其次是伯纳德·甘布里尔(Bernard Gambrill),他在他位于比利时布鲁日(Bruges)的隐修所仔细地审阅了校样,为我纠正了不少语言上和史实上的错误。他还花了很多时间,研究了数以百计可供使用的图片,本书能选用这么好的图片,要归功于他。我的朋友利亚姆·布朗(Liam Browne)曾研究过宣传鼓动火车的问题,他的见解使本书相关章节也获益匪浅。还有不少人曾不吝赐教,比如威廉·奥尔德里奇(William Aldridge)、吉姆·巴兰坦

(Jim Ballantyne)、约翰·福勒（John Fowler）、布伦特·哈得孙（Brent Hudson）、安德鲁·琼斯（Andrew Jones）、彼得·路易斯（Peter Lewis）、凯特·庞伯恩（Kate Pangbourne）、戈登·珀蒂（Gordon Pettit）、哈维·史密斯（Harvey Smith）和约翰·索普（John Thorpe），以及特蕾莎·格林（Teresa Glyn），我谨此深表谢意。相信还有一些应该致谢的人会在此遗漏，我将在下一版中弥补。

我还要向我美妙的伴侣德博拉·梅比（Deborah Maby）致以深深的感激，不仅为她的支持和她通读校样时的实际帮助，而且最重要的，为她于2012年11月陪伴我进行了跨西伯利亚大铁路旅行，那的确是一次终生难忘之旅，是一种梦幻般的感受。正如旅行指南书中所说的：强力推荐。我还要感谢真实俄罗斯（Real Russia）旅行社的工作人员，为他们组织了这次精彩的旅行。也感谢我的代理人安德鲁·罗尼（Andrew Lownie）；感谢出版社的托比·芒迪（Toby Mundy）和路易斯·卡伦（Louise Cullen），以及文字编辑伊恩·品达（Ian Pindar）。不过，书中的所有错误都应归咎于我。

我将此书献给我深深热爱和无比怀念的老顽童般的父亲鲍里斯·福特（Boris Forter, 1896—1976），他原姓库古尔斯基（Kougoulsky）。假如他听说了我曾去他的祖国旅行——遗憾的是，他在革命后被迫离开祖国，此后再也没能回去过——并且读了这本关于大铁路的书，他一定会非常高兴的。他在跨西伯利亚大铁路的第一期工程完工那年出生于莫斯科，第一次世界大战时曾在喀尔巴阡山脉与奥地利人作战，1918年时曾考虑过加入白军，我将在本书中详述这个故事。然而，幸运的是（尤其对我来说），他没有加入白军，而是逃到了法国，后来又辗转到了美国和英国。

我还要将此书献给114年后出生的小阿尔菲（Alfie），他好像已经爱上火车了。

第一章
缓慢的起步

俄罗斯有很多理由不兴建跨西伯利亚大铁路——而兴建的理由却很少。尽管美国于1869年自豪地建成了横贯美洲大陆的铁路,加拿大于16年后起而仿效并获得了更大的收益,俄国的情况却不同。俄国不像欧洲大多数国家。欧洲国家大都信奉自由主义,会迎合工业增长的需求,俄国却始终是一个绝对君主制国家,由一位保守的沙皇通过一套与民主格格不入的政治体系进行统治。旅行在这个国家受到严格的限制,以至于铁路旅行者需要办理国内通行证,才能在国内周游。与美国和加拿大相比,俄国可谓一个原始国家,建立在低效农业的基础上,几乎没有工业。西伯利亚地区——即铁路将要穿过的乌拉尔以东广袤的地域——人口极其稀少,气候比加拿大和美国的西部还要恶劣得多。加拿大和美国的西部正是因为有了横跨大陆的铁路,才开始有大量人口定居。然而西伯利亚似乎对潜在的移民毫无吸引力,而能吸引大量移民,才能证明建设铁路的正确性。鉴于俄国人对旅行的需求极小,建设这条铁路的必要性,便很值得怀疑了。

其次是这项工程巨大的规模问题。该铁路必须穿越整个西伯利亚,从莫斯科一直延伸到符拉迪沃斯托克港(海参崴),全程约5750英里[①]——9255公里,因为其军事目的是服务于日本海上的港口,加强俄罗斯帝国中心地带与其最偏远部分的联系,所以半途中断毫无意义。相形之下,将已经相当完善的美国中西部铁路网与加利福尼亚连接起来的美国第一条横跨大陆的铁路,1863年在加州开工时,只需要再修建1780英里的新线路。考虑到俄国的贫穷及其封建而非资本主义的经济,无论私企还是国家,似乎都没有理由启动这样一个野心勃勃却耗费巨大的工程。

然而俄国——或者毋宁说是沙皇——还是做出了修建这条铁路的决策。下这一重大决心的理由,如我们将看到的,并非基于对修建铁路的经济收益进行了任何理性的评估,而是基于沙皇个人的动机和他对其军事和政治价值的估计。作为专制君主,不需要考虑公众舆论,也不需要过多地在意国库的危险状态,其一大便利便是他有权让这样的事情发生。他的话就是法律,并且幸运的是,他有能干的臣属,其中最著名的是他的财政大臣谢尔盖·维特,来执行这一任务。

这是一个熟悉的模式。毕竟,是先前的一位沙皇,亚历山大的爷爷尼古拉一世(Nicholas I),在同样没道理的情况下,将第一条铁路引进了俄罗斯。虽然最早的铁路1830年就在英国和美国敷设了,俄国却一直对进入铁路时代犹豫不决。不过俄国还是迫切需要铁路的,因为这个国家的交通简直是一场噩梦。缺乏道路投资和国土面积广大,都使得在这个国家的旅行成为一场漫长而艰难的英雄般的旅程。恶劣的气候意味着,在冬天雪橇比带轮车辆还管用。俄

[①] 对于铁路长度,有不同的估计数字,有的是按直线距离测量的,有的是按最初的铁路线长度测量的,也有的是按经过了各种各样的裁弯取直后今天的线路测量的。

罗斯零零星星有几条好路,最著名的是圣彼得堡到莫斯科的公路,建成于 1816 年。其早期的旅行者之一,便是玛丽亚·沃尔孔斯基(Maria Volkonsky)——谢尔盖·沃尔孔斯基(Sergei Volkonsky)公爵的夫人。沃尔孔斯基公爵是 1825 年 12 月反对沙皇的未遂政变的策动者("十二月党人")之一。公爵夫人花了五天时间,走完了两城之间的 450 英里路途,踏上了去东方寻找她被流放的丈夫的旅程。这说明这条公路无疑是当时欧洲较好的道路之一。这是尼古拉修建的连接大城镇的一系列公路中的第一条,但其支路都只是一些肮脏的小路,春天积雪融化或秋天阴雨连绵时,都会变成沼泽泥潭。

尽管俄国的经济处于原始状态,但在这些主要道路上,却有一个组织出色的客运体系。最快的交通工具是政府的驿车,通常是由并驾齐驱的四匹马拉的公共马车,车厢内载四名乘客,车厢外再载三名票价较低的乘客,此外有一名售票员和一名车夫。也有较慢较便宜的公共驿车,可载十几名乘客。富裕的家庭则自备车辆。道路的运营全靠政府。政府严控臣民的流动。大约每隔 10 英里设一座政府经营的驿站。到了驿站必须换马。驿站站长"当然会照顾在朝为官的旅客。因此普通旅客也许得等上几小时甚至几天,才能有马可换,不过他如果能巧妙地行些贿,那他的磨难就可能减轻"[1]。

············

这些政府经营的驿站,通常由居住区和客房组成。居住区供站长及其家人居住,供旅客歇息的客房"大约 20 英尺长,18 英尺宽。两个区域由砌在分隔墙上的一座巨大的砖炉共同供暖"[2]。客房里有

---

[1] J. N. Westwood, *A History of Russian Railways* (George Unwin & Allen, 1964), p. 19.
[2] Harmon Tupper, *To the Great Ocean: Siberia and the Trans-Siberian Railway* (Secker & Warburg, 1965), p. 14.

几张桌子和几把椅子，但是没有床，"客人们"将裹着动物毛皮或大衣睡在所有能睡的地方。他们通常躺在没有地毯的肮脏的地面上，地上有蟑螂，还有它们的捕食者：饥饿的大耗子。驿站里没有盥洗设施，这对当地的旅行者来说毫无问题，他们在旅途中根本没打算洗浴，他们认为"肥皂和水会使皮肤变得敏感，加剧冻伤的危险"[①]。一位英国游客，哈里·德·温特（Harry de Windt）曾记述说，尽管俄罗斯农妇一连几个月不洗浴，也不会感到有什么难受，因为那就是她们当时的生活习惯。但是去伊尔库茨克（Irkutsk）或符拉迪沃斯托克（海参崴）与丈夫相会的贵族妇女们就受不了了："最漂亮的女人一大早看上去，也显得丑陋可怕。她们头发纠结，衣衫零乱，面色苍白，肌肉松软，手指上的钻戒更映衬出她们双手和指甲的污黑来。她们也许已经好几天没法洗手了。"[②]出于典型的维多利亚时代的绅士风度，他没有告诉我们不那么漂亮的女人看上去是什么样。

从莫斯科到西伯利亚，第一段旅程是通向乌拉尔山脉的道路。乌拉尔山脉是欧洲和亚洲之间的天然屏障，也是官方认定的分界线。这一段路程相对容易，因为路况都还在适当状态，但自此以后路就越来越难走了。曾调查过这条线路起源的历史学家史蒂文·马克斯，精练地总结道："西伯利亚的交通，贝加尔湖以西路况很糟，贝加尔湖以东更糟。"[③]穿越西伯利亚的历史道路，被极其夸张地称为邮路——照冒险走过的外国人的说法，是个"美丽的误称"[④]——当地

---

① Tupper, *To the Great Ocean*, p. 15.
② Harry de Windt, *From Pekin to Calais by Land* (1899), 可在线免费阅读。
③ Steven G. Marks, *Road to Power: The Trans-Siberian Railroad and the Colonization of Asian Russia, 1850–1917* (Cornell University Press, 1991), p. 24.
④ Tupper, *To the Great Ocean*, p. 8.

人则称为trakt，18世纪曾得到改善（利用流放犯人的劳力），拓宽到21英尺。但其绝大部分，只是一条由高大的柱子或成簇的桦树构成的线，标示着穿过大草原的路线，只够两辆四轮大马车擦肩而过。不仅存在着雨季泥泞的问题，路途的极其遥远也意味着任何故障都会因寻找取代的设备而导致漫长的延误。冬天雪橇滑行起来比较顺畅，但危险是暴风雪有可能使不够谨慎的人在能提供简陋的栖身之所的驿站之间陷入困境。对于粗心大意的雪橇驭手们来说，还有一项潜在的危险。部分被雪覆盖的石头有可能毁坏雪橇，而损坏之处往往又不可能当场修好，于是旅行者们就要一连数夜在路旁受冻，只有带皮毛的四轮大马车才能保暖。冬季在部分路段，交通堵塞也十分严重，因为路上"经常挤满了数以百计由一匹马拉的雪橇，雪橇上堆着包着兽皮的茶叶箱，所有的雪橇都用绳子穿在一起，形成有可能长达1英里的一字长蛇队"①。在长长的队列中，由于车辆彼此相连，驭手们无事可做，其惯例就是睡觉，因而马匹就可以自行其是了。它们往往信步蹑向路中央——于是迎面而来的车队的烦恼就来了。

俄国四轮大马车限速每小时8英里，由政府代表严格执法，但这个安全措施并不足以防止事故，事故在夜间尤其多发。因为心急如焚的旅客经常夜以继日地赶路，以跨越漫长的路程。睡眠不足或者更常见的是烂醉如泥的驭手，会打瞌睡，导致不可避免的恶果。就仿佛路况的恶劣和车辆的脆弱还不够危险似的，旅客们还经常会遭受逃犯的袭击。尤其是在夏季，逃犯们成群结伙，埋伏在驿站附近。他们都是一无所有的亡命之徒，通常特别残忍，在抢劫了旅客的钱财、衣物、武器，甚至能使他们返回西方的护照之后，还经常

---

① Tupper, *To the Great Ocean*, p. 9.

杀掉旅客以灭口。

鉴于这些困难,到达符拉迪沃斯托克(海参崴)要花上一年甚至更多的时间就不足为奇了。符拉迪沃斯托克(海参崴)是太平洋上的主要港口,并最终成为跨西伯利亚大铁路的终点。在气候良好并且有钱行贿的条件下,穿越西伯利亚的旅途可以畅快得多,但从来没有任何保障。无妄之灾随时可能降临。

"西伯利亚"这个词,实际上是对乌拉尔山脉以东地区一个相当宽泛的定义。这片广袤的大陆相当于包括加拿大和阿拉斯加在内的整个北美和整个欧洲——大约有500万平方英里,一片似乎令人不可能形成概念的数字——人口为4000万。大致上,它相当于在亚洲大陆的北部,从哈萨克斯坦到朝鲜,经过中国和蒙古划一条线。其东海岸从日本海一直延伸到白令海峡(Bering Strait)。日本海和白令海峡都是太平洋的一部分。地图上很少能公平对待这片土地的规模,因为到了纸面上,这片大陆通常比其他国家的地图都要大,但能标出的城镇和村庄却极少。只有意识到西伯利亚横跨七个时区[①],与北美不相上下,你才能对其幅员开始有所理解。

西欧人普遍将西伯利亚与严寒的气候画等号,并不总是正确的。大铁路穿越的西伯利亚南部地区与英格兰中部大致在同一纬度,因而是一种湿润的大陆气候,冬天很冷——1月份典型的平均气温为 −15℃——但夏天相当温暖。不过,在稍往北一些的干燥地区,就能看到与西伯利亚成同义词的典型的寒冷气候了,1月份平均气温为 −25℃ 或者更冷。

符拉迪沃斯托克(海参崴)隐匿在西伯利亚最南边的角落里,与中国和朝鲜边境都很近,纬度比伦敦南将近十度。虽然符

---

① 其中一个时区的时间要改变两个小时。

拉迪沃斯托克（海参崴）给人一种神奇的感觉，像非洲的廷巴克图（Timbuktu）一样，仿佛在难以想象的遥远的地方，但实际上，符拉迪沃斯托克（海参崴）根本不是距莫斯科最远的地方。在它的东北方向，还有好几千英里的土地，其尽头是堪察加半岛（Kamchatka），隔白令海峡怒视着阿拉斯加。阿拉斯加原本也是俄国的土地，众所周知以还不到沙皇夏季居所的价格，卖给了美国。

有一个说明西伯利亚幅员之广的有趣的故事，不过有可能是杜撰的。话说18世纪，女沙皇伊丽莎白·彼得罗夫娜（Elizabeth Petrovna）曾邀请堪察加半岛的六位处女到首都圣彼得堡来见她。这几位贞洁的少女在帝国官员的护送下，据说才走到贝加尔湖畔的伊尔库茨克，大约一半路程时，就已经怀上了护卫军军人们的孩子。按照20世纪60年代讲述过铁路故事的作家哈蒙·塔珀（Harmon Tupper）的说法，护卫军中的色狼们被换成了更为可靠的人选，然而"当这些年轻的母亲跋涉了将近9000英里，终于到达圣彼得堡时，她们又已经怀上了头生孩子们的弟弟妹妹"[①]。

西伯利亚无疑始终是流放的同义词。因为有充分的事实表明，遭受了这种厄运的人实在是太多了。流放西伯利亚，早在16世纪晚期就成了一种刑罚，但最初只有少量犯人被送往那里。当时，发配西伯利亚是开恩之举。俄国人对任何作奸犯科或挑战沙皇官僚制度的人，都一向特别残酷无情。俄国统治者处心积虑地为受害者设计格外复杂和令人痛苦的惩罚措施，似乎是一大特色。人们可能因为一点小罪就被钉在柱子上、绞死或斩首，鞭打和烙刑更是家常便饭。肉刑——比如切胳膊剁腿割舌头——也是经常施行的，直到18世纪中期，当彼得大帝的女儿伊丽莎白·彼得罗夫娜执政时，才

---

① Tupper, *To the Great Ocean*, p. 7.

决定终结这种野蛮的刑罚。她还废止了死刑，大量代之以流放西伯利亚。虽然死刑后来部分恢复了，但使用得非常节制，绝大多数罪犯还是被发配东方。对于触犯了刑律的倒霉鬼们来说，流放西伯利亚也并不总是福音。实际上，许多犯人在吃尽了苦头之后，认为还不如在监狱刑场上痛快地挨上一刀呢。

大致来说，流放犯有两种类型：普通罪犯和政治激进分子。政治激进分子大多比普通罪犯更富裕、受教育程度更高，但在流放犯中所占的比例极低，或许只有1%—2%。不过，被发配西伯利亚的总人数却相当庞大，因为这个制度有双重目的。虽然流放主要是一种惩罚形式，但也促进了西伯利亚部落地区俄罗斯人口的增长，有利于巩固沙皇政权对东方领土的控制。这当然也会刺激铁路建设。19世纪初，流放的步伐大大加快，据可靠的估计，在19世纪中叶的巅峰时期，每年被流放的人数在1.2万人以上，许多人都带着家眷，于是1800年至第一次世界大战爆发时，被流放的总人数大约能达到100万人。当然，尽管发配西伯利亚看上去是一种格外残酷的惩罚措施，但法国和英国在19世纪也有自己的流放制度。它们是把犯人送往远在天边的海外殖民地，而不是国内什么遥远的地方。在经历了"一战"到俄国革命之间短暂的停顿之后，到了约瑟夫·斯大林统治时期，又有成千上万的人开始被送往西伯利亚，一直持续到20世纪50年代。

在这段时期的早期，流放在很大程度上相当于判死刑。按照塔珀的说法："流放犯被像兽群一样驱赶着，徒步前往西伯利亚，由于缺少食物和栖身地，死者数以千计。"① 相对开明的沙皇亚历山大一世（Alexander I）开始改善流放犯的生活条件，建起了有栅栏防

---

① Tupper, *To the Great Ocean*, p. 138.

护的兵营监牢——使用的是法文名称 étapes，因为法语是那时候统治阶级使用的语言——能够为押送途中的流放犯们提供一定的保护和休息条件。然而，环境仍然很恶劣。被判苦役的犯人们被送到伊尔库茨克以远的采矿地，在东北西伯利亚最深的腹地（并非传说中所说的盐矿，而是银矿和金矿），有些人担心终生在那里受苦，或者不堪狱卒的暴虐，喝下浸泡了有毒火柴头的水自杀了。还有一些被判苦役者和另一类犯人——"刑罚殖民者"——是终生流放的，但在服刑 4 至 20 年后，可以成为当地的居民。尽管如此，流放作为一项增长人口的制度，还是悲惨地失败了。这里面有个奥秘。根据流放西伯利亚的人数判断，19 世纪西伯利亚的人口是应当迅猛增长的。但统计数字却显示没有。原因是大多数流放犯都相对较老——普遍在 30 至 50 岁——这意味着当他们获释，能够转化为当地居民时，已经很难指望他们再生儿育女了。而且，流放制度存在固有的性别失衡现象，因为男性流放犯的人数远远超过女性。此外，尽管在不可多得且极短暂的若干开明统治时期，实行了各种各样的改善措施，死亡率仍然很高。尽管从流放犯人数量的数据来看，似乎很多人都活了很长时间，但掌管流放地和矿场的看守人员，实际上是能够一手遮天、自行其是的。由于天高皇帝远，他们很少报告死亡数字，因为这样他们就可以侵吞继续拨给亡故犯人的钱粮。这是巨大规模的腐败。根据英国外交部的报告，大量的犯人"只存在于西伯利亚当局的官方名单上。西伯利亚当局在纸上延长了数以千计流放犯人的寿命，以便将从政府那里收到的供养他们的钱财划入自己的私囊"[①]。实际上，这几乎催发了一种动机，虐死犯人们或鼓励他们逃亡，沦为难以活着过冬的悲惨匪徒。然而，人口

---

① 引自 Harmon Tupper, *To the Great Ocean*, p. 159。

普查揭示了真相。19世纪西伯利亚人口微弱的增长，实际上大部分来自1862年农奴制废除后前来定居的被解放的农奴。那里也有众多从远古时期就生活在当地的部落。他们是迥异的群体，其中一部分是游牧部落。他们有自己的语言和习俗，与俄罗斯国家没有多少联系。

因此，除了极少数坚忍不拔的移民外，西伯利亚的交通状况对几乎所有人都不具吸引力，这成为建设跨西伯利亚大铁路的动因之一。然而，在俄国的铁路系统还远远落后于欧洲和北美列强的情况下，着手建设一条长达5750英里，远比当时世界上任何其他国家的铁路都要长的铁路，还是需要经过一番想象力的飞跃的。俄国加入当时数量正不断增加的铁路国行列，其第一步是试探性的——鉴于沙皇尼古拉一世统治的独裁本质和保守性，这毫不奇怪。铁路建设最早在俄国引起讨论，是在19世纪20年代中早期。像在英国和欧洲大陆一样，人力拖曳货车的道路已经在矿区使用一段时间了，第一条马拉车的铁路——从俄罗斯中南部靠近今天哈萨克斯坦边境的阿尔泰（Altai）地区的兹梅伊诺戈尔斯克（Zmeinogorsk）银矿运载矿石的一条长1.2英里的线路——是在1809年由彼得·弗罗洛夫（Pyotr Frolov）修建的。这条线路引人注目，不仅因为它是第一条用马拉车的铁路——马一次能拉三节车厢，运载八吨矿石，远比此前任何手段都要高效得多——而且"因为修建了许多路堑和隧道以避开陡坡，还使用与车厢轮子上的凹槽相匹配的铸铁凸轨，取代了当时到处都在用的角轨"[①]。换言之，按照当时的标准，这是一条非常尖端的铁路，只可惜位于该国如此偏远的地区，就连沙皇都不知道其存在。又过了25年，俄国的第一辆蒸汽机车才建成，这

---

① Westwood, *A History of Russian Railways*, p. 21.

也是一对父子的成就，像英国的斯蒂芬森（Stephenson）父子乔治（George）和罗伯特（Robert）一样。切列帕诺夫（Cherepanov）父子——父亲叶菲姆（Yefim）和儿子米龙（Miron）——都是乌拉尔地区下塔吉尔（Nizhny Tagil）的制铁技师，此前制造过一系列蒸汽机，为抽水提供动力。他们在15年的时间里极大地提高了这些蒸汽机的效率。19世纪30年代初，米龙被派往当时世界上蒸汽开路机技术领先的英国，学习怎样制造高效的蒸汽机车头。到1833年时，切列帕诺夫父子已经制造出他们的第一台火车头，但是——像付出了同样的先驱性努力的英国一样——并不很成功。实际上，他们造出的头两台火车头的锅炉都爆炸了，这也是早期研制的火车头的通病。但是在1835年制成的第三台火车头被证明相当成功，"比一匹马跑得要快得多，只是拉的东西还不如马多"①。按照19世纪初俄国的法律标准，切列帕诺夫父子的身份实际上全都是农奴，他们的人身权利归他们所在的工厂所有。不幸的是，他们的辛苦全都白费了，俄国最早的铁路使用的是外国火车头。

所以说，当铁路狂热正席卷欧洲大陆，实际上也在席卷美国时，俄国早就具备兴建铁路的要素条件了。然而，尽管贵族统治集团中少数富有远见的精英人士竭力游说，俄国兴建铁路的政治意愿却仍然不足。这些少数贵族精英意识到，像俄罗斯这样幅员辽阔的国家，极端的气候条件使得一年中相当大一部分时间道路难以通行，河流无法通航，因而铁路是唯一可行的交通运输选择。这批现代派人士还意识到，交通运输成本是该国经济发展难以逾越的障碍。例如，一些农产品到了大城市里，价格比出农场大门时已经翻了三四倍，几乎完全是河运的高成本造成的。俄国新生的炼铁工

---

① Westwood, *A History of Russian Railways*, p. 21.

业,坐落在欧亚交界的乌拉尔地区,离矿山不远,但是距莫斯科超过1000英里,于是其发展受到极大制约,因为铁产品从该地区运至各大城市,其价格都会飙升,以至商家发现从英国或法国进口铁产品,反而更划算一些。运输系统的不可靠又使得情况雪上加霜。冬天时河水结冰,陆路交通理论上有了可能,但实际上,道路经常会被严重的冰雪所阻塞。这种糟糕的交通运输网络影响的还远不只是经济:"运输如此缓慢的结果之一便是,当一个省收成不好时,很难从更幸运的地区运来粮食进行救助,因此俄国频繁发生局部但却致命的饥荒。"[1]

19世纪20年代,很多人提出了建设马拉车铁路的建议,但都被君主拒绝了。1830年,世界上第一条现代铁路——利物浦至曼彻斯特铁路开通,并且非常成功,极大地促进了整个欧洲铁路交通的发展,俄国支持铁路建设的人也随之增多。尽管俄国主要的长距离运输手段——水运,因为河道疏浚、运河建设和蒸汽船的引进而得到了极大改善,但现代派人士很清楚,铁路代表着未来:"最终分析的结果是,只有完整的铁路网络,才能充分满足俄国的交通运输需求。"[2]

是一位局外人——德国人弗朗茨·冯·格斯特纳(Franz Von Gerstner)——说服了沙皇支持建设该国的第一条铁路,从当时的首都圣彼得堡到沙皇的消夏地皇村(Tsarskoye Selo)的15英里长的线路。起初,冯·格斯特纳的目标更具雄心。他提出的计划是建设一个纵横俄罗斯的铁路网络。为了打动沙皇,他强调说,这个系统能使沙皇随时以极快的速度将军队派往全国各地。政府中也有反

---

[1] Westwood, *A History of Russian Railways*, p. 26.
[2] Richard Mowbray Haywood, *Russia Enters the Railway Age, 1842–1855* (Columbia University Press, 1998), p. 1.

对建设铁路的有影响的人物。尼古拉身边也包围着许多思想保守的谋士，比如他长期的财政大臣叶戈尔·坎克林伯爵（Count Yegor Kankrin）。坎克林像当时的许多高级官员一样，也是冯·格斯特纳的同胞——德国人。他作为经济学家，认为这样巨大的事业将使首都失去农业功能，而这很不利于人民生活的改善。他还担心此举对在森林里和沿着公路运货的传统马车夫的影响，他们将会被火车头淘汰，但考虑到俄国森林的规模和面积，这是一个难以令人信服的主张。然而，他的主张还是得到了很多人的支持。鉴于有如此强大的反对意见，冯·格斯特纳的建议被拒绝，也就不足为奇了。然而沙皇于1825年挫败了"十二月党人"的政变企图后，又对铁路在军事上的潜能留心起来。他注意到在当时频繁发生的爱尔兰危机中，有一次英国军队通过铁路迅速地从曼彻斯特调遣到了利物浦，[①]而英国对爱尔兰的控制之脆弱，与俄国在当时对波兰省的焦头烂额，实在是太相似了。

由于沙皇本人产生了兴趣，冯·格斯特纳获准建设皇村铁路，以展示在俄罗斯恶劣的气候条件下运行铁路的可行性。尽管这条铁路的建设是私人出资的，但仍获益于各种各样的特许特权，如免除税收和有权获取所有收益等。这条轨距线为6英尺（后来改为俄国标准的5英尺轨距线）的铁路于1837年开通，并运行了第一列火车，挂载了八节满满的旅客车厢，以将近30英里的平均时速，只用了28分钟就到达了皇村。第二年，该线路向南延至16英里外的帕夫洛斯克村（Pavlosk）。该村是尼古拉警察国家这个晦暗时期罕见的新潮现象，是一个引人注目的小型度假村，有自

[①] 参阅拙著 *Fire & Steam: How the Railways Transformed Britain* (Atlantic Books, 2007)，第一章。

助餐、音乐会和舞会，可供圣彼得堡人作一日游。为了吸引游客，作为一项巧妙的营销策略，铁路资助帕夫洛斯克的公众娱乐项目。这使得陀思妥耶夫斯基（Dostoevsky）在其《白痴》(The Idiot)一书中都曾对帕夫洛斯克大书一笔，称之为"圣彼得堡附近时髦的消夏胜地之一"。

最初这条铁路线上不仅运行着从英国和比利时进口的好几种火车头，也运行着马拉车，但很快牲口们就拉不动沉重的火车，被赶去吃草了。该线路可谓一炮走红，人们蜂拥而至，既有仅仅满足好奇心的，也有想尝尝鲜的。运行头一年，就有超过72.5万人次乘该线路出行，平均每天2000人次，这使得冯·格斯特纳得以给股东们分发丰厚的红利，因为火车票价很高——不过帕夫洛斯克的音乐会是免费的。

毫不奇怪的是，鉴于沙皇不惜一切代价，一心要维护权势，皇村铁路的成功促使他准许建设一条铁路，将当时还是俄罗斯帝国一部分的华沙，与时为俄国忠实盟友的奥匈帝国边境连接起来。这条铁路建设的主要目的是军事性的，从沙皇坚持用火车头而不是马来牵引，就可以见证，但是这条线路很快就被奥地利人延长到了维也纳——哈布斯堡王朝的首都。铁路是由私人股份建设的，但得到了政府保证的4%的收益率的支持——对铁路公司来说，这绝对有利可图。铁路建成后，很快就在军事方面派上了大用场，1848年尼古拉从华沙调遣俄军部队，通过这条铁路南下，以极其残酷无情的手段，镇压了匈牙利的反叛。

尽管皇村铁路取得了显著成功，政府中反对在俄罗斯建设铁路网络的意见仍然强大。现代派人士指出，俄罗斯迈向工业化的早期步伐正在受到交通运输系统低效的阻碍。当时铁路建设方面最明显的当务之急，是将相距400英里的两大主要城市圣彼得堡和莫斯科连接起来。冯·格斯特纳提出了这一建议，但反对的声音仍然甚嚣尘上。坎克林反对的理由多少发生了些变化，他说长距离的铁路是不可行的，尽管欧洲和美国的长距离铁路都在迅速发展。让铁路公司获得拥有农奴的权利也不实际，尽管美国南方的许多铁路公司都拥有奴隶。

以一种英国政府派出的留学生们屡见不鲜的方式，俄国政府组成了一个委员会来评估该计划的可行性。1841年发布的该委员会的报告对铁路网项目上马的主张非常有利。尼古拉于次年年初下令该计划继续进行，尽管代表着在欧洲和美国都很强劲的反对铁路建设的保守势力的坎克林顽抗到底："国外所有有头脑的人都认为，它（莫斯科—圣彼得堡铁路）将实现不了任何利润，不仅将败坏道德，还会将本可以派上更好用场的资金白白浪费。"①

在许多方面，建设将被称为尼古拉耶夫的铁路（Nikolayev Railway；1917年十月革命后又更名为十月铁路 [October Railway]）所面临的困难和问题，在半个世纪后建设跨西伯利亚大铁路时，又引发相同且规模更大的争论。开辟财源、确定私有企业的角色、寻求工程问题的解决方案以及建立政治影响——所有这些问题在两条铁路的建设中都经历了极其相似的讨论。正如跨西伯利亚大铁路一样，单就铁路建设而言，尼古拉耶夫铁路也是一个史诗般的壮举。其竣工后，成为当时世界上由一国管理的第二长的铁路，仅次于美国纽约州的伊利湖铁路（Erie Railroad）。尼古拉耶夫铁路的故事也反映了跨西伯利亚大铁路的经历，就建设目的而言，两者都是为了建立和巩固国家政权。两条铁路最终也都是因为全能的沙皇下定了决心，才确定了辩论结果。

---

① Westwood, *A History of Russian Railways*, p. 28.

尽管一大批德国银行家都曾受邀为建设这条铁路提供资金，尽管冯·格斯特纳仍然对其兴趣盎然，但是用私人资本建设这条铁路的主张很快被否决了，该项目成了国家的事业，预算为3400万卢布（大约相当于340万英镑，是今天的钱的100倍左右）。尼古拉是个注重细节的人，习惯于亲自处理其他君主会觉得太过琐碎的各种事务，他在这条极其重要的铁路的建设中，热切地承担了监工的职责，亲自主持负责铁路建设的委员会，为后来建设跨西伯利亚大铁路时同样的举措开创了先例。在一个很大程度上依然是农业国，工业化几乎没有起步的国家，这条铁路的兴建计划是令人生畏的。沙皇当然有一项优势：有报酬极低的农奴来为修铁路付出劳力。这样一项巨大的工程，主要靠徒手建设，需要大量的劳力。最可靠的估计显示，铁路建设最高峰时雇用了5万农奴，其中10%在建设过程中死亡，主要死于周期性发作的传染病伤寒和痢疾，这些疾病在饱受虐待且须忍饥挨饿的劳工中极易流行。与之形成鲜明反差的是，我们将看到，半个世纪以后已经解放了的农奴修建跨西伯利亚大铁路时，条件就要好得多了，死亡率也低多了。

农奴实际上不属于政府所有，但是工程的承包商将为他们的劳作，向他们的所有者——大地主们——付酬。农奴本人只能得到极低的报酬，而且其中的大部分也消耗在他们的吃住等强制性支出方面。他们的劳动时间之漫长简直令人无法忍受："合同规定工作时间是从日出到日落，劳工们通常在星期天和假日也要出工；只有大雨天他们才能确保得到休息。"[①]农奴们不仅吃住条件极其恶劣，如果抱怨的话也可能挨鞭子，但酒可以敞开喝，这点平息了任何潜在的暴乱。试图逃跑的人会遭到一支非常可怕的宪兵队的围捕。这支

---

① Westwood, *A History of Russian Railways*, p. 33.

宪兵队是专门为防止骚乱而建立的。

尼古拉独裁者的名声也许是确凿无疑的，但是还有一个流传久远的故事，说是这条铁路采用了一条稍稍有些奇怪的线路，在很大程度上就是杜撰的了。据说尼古拉下令两个城市之间的这条铁路必须走直线，而他用尺子比着画了一条直线。这条线的确是直，却出现了三个无法解释的弯曲。传说这三个弯曲是他比着尺子边缘的手指头造成的，但实际上更可能是有意要绕过铁路经过的困难地形。后来针对一条更长的弯曲——韦列宾斯基支路（Verebinsky bypass）——又产生了类似的传说。这条支路本是为避开一道坡而后修的，但由于这处修改是1877年才做出的——当时尼古拉已死了两年多——所以这个传说也可以归入谣言之列了。

关于这条铁路的另一个特色——其轨距——真相和传说更难以分辨。虽然皇村铁路的轨距是6英尺，华沙—维也纳铁路采用的是欧洲标准轨距4英尺8.5英寸，莫斯科—圣彼得堡铁路，以及后来几乎所有俄国铁路，轨距却都是5英尺。对其原因，标准的解释是，痴迷于军事考虑的尼古拉，为防御目的下令采用更宽的轨距。他知道当敌军来到俄国边境时，需要换车将对其非常不利，这将使潜在的侵略者不得不三思而行。这种解释已被普遍视为传统认识，真相要比这复杂得多。作为俄国的惯例，一旦下定决心修某条铁路，沙皇必会派出一个考察团去欧洲和美国取经。通常经过一番这样的考察后，使者们会带着一位高明的外国顾问回来，就如何实施新技术提出建议。这次去美国考察后，一位前美军军官乔治·惠斯勒（George Whistler）被请了回来。他曾经参与修建过多条美国铁路，而且碰巧的是，他是长期定居英国的著名画家詹姆斯·惠斯勒（James Whistler）的父亲。据说采用5英尺轨距是他的主意，这是早期美国铁路通用的轨距，因为像皇村铁路那样的6英尺轨距成本太高了。然而，尼古拉的确明白轨距与众不同的铁路在防御上是有利的，因此猜测他选择5英尺轨距是出于军事上的考虑，至少在部分上也是合理的。最终，这一轨距的确证明了在抵御进攻时是有效的，特别是在第二次世界大战中，德军由于在铁轨改变之处需要换车，推进速度大大受到了影响。不过这一轨距也给俄国人自己造成过麻烦，比如1878年当他们作为侵略者进犯土耳其时。①

这项工程上马，有无数困难需要克服。除了奴隶劳工外，工程还需要技艺精湛的工程师，而这是俄国奇缺的人才。这意味着大部分工程师需要从国外招聘。惠斯勒是实际上的总工程师，但沙皇刻意要使这一工程显示为俄国人的成就，因此任命了两名本国工程师分别负责北段和南段工程建设。在一个大学和技术学院都少得可怜的国家，本土培养的工程师实在是杯水车薪，以致"1843年，帝国工程学校（Imperial School of Engineering）的整个毕业班都被铁路征用了"②。

地形实在是复杂。地势大多呈波状起伏，还有河流、峡谷纵横其间，此外也不乏深深的沼泽和茂密的森林。由于线路很大程度上是按直线设计的，需要修筑大量的路堑和路堤。就此而言工程规模也是史无前例的。此前除了修大教堂和城堡，俄罗斯从来没干过这样大兴土木的事情，从来没需要过这么多的工人和熟练技术人员。只有17世纪彼得大帝在波罗的海东岸的沼泽地上建设圣彼得堡，可以在规模上与尼古拉耶夫铁路建设相媲美。甚至与全世界的铁路相比，这也是一项非凡工程，因为早期铁路很少有能超过100英里的。

技术和熟练工程师一样，主要依靠进口。沙皇希望建筑材料尽

---

① 参阅拙著 *Engines of War: How Wars were Won and Lost on the Railways* (Atlantic Books, 2010)。

② Westwood, *A History of Russian Railways*, p. 32.

可能地在俄罗斯就地取用，但由于该国工业的欠发达，最终建材还是大多来自英国和美国。俄罗斯炼铁业的核心——乌拉尔地区的小工厂，根本为这条铁路帮不上大忙，它们的产品实在太贵了，特别是因为通过俄罗斯糟糕的道路运输，成本实际上比经海路从英国进口要高很多。但至少火车头在很大程度上是由俄罗斯人自己制造的。尼古拉坚持火车头由国内生产，并希望通过国家的第一条重大铁路建设，来推动在圣彼得堡附近的亚历山德罗夫斯克（Aleksandrovsk）创建国内机车制造业。俄国这次共制造了162台火车头，其技术和设计均来自美国。最初的技工也是如此，但他们被要求同时培训俄国本土制造和驾驶火车头的人员。然而，直到19世纪50年代中期，俄国人的技术才达到了能接管整个企业的地步。

俄国政府在为修建铁路寻找财源方面面临着巨大困难。向已经负担沉重的农业人口增税，不仅困难，而且有激发暴动的危险。尼古拉经常强调军事，却不肯在民事上花钱，导致铁路建设反复因为钱花光了而延误。建设的速度也很缓慢，因为沙皇坚持审查哪怕最细枝末节的决定。他始终保持着对负责修路的工程师们——无论级别高低——的严密控制。

结果，这条铁路花了九年时间才完工——是预期时间的两倍——耗资也比最初的预算翻了一倍。但实践证明，这条铁路的开通仍然是个胜利，因为无论客运还是货运，都对其倚仗甚重——考虑到该国的路况，这丝毫不奇怪。即使这400英里的铁路旅程要花大约20个小时，交通运输量仍远远超出了预期。1852年，这条铁路运营后的第一个完整年份，平均每天要运送将近2000名旅客，运输大量的货物，主要是面粉、人物和牲畜。在此后的十年间，无论是货运量还是旅客人数，都增长迅猛，线路甚至盈利了。这条铁路线如此受欢迎，有力地展示了俄国是多么需要铁路，特别是还要考虑到这是在沙皇警察国家极其官僚主义的繁文缛节之下，每位乘火车的旅客都既需要国内通行证，还需要旅行特别许可呢。一点小小的自由化行动也体现了沙皇高压统治的性质。1851年12月，该铁路线开通一个月后，掌管其运营的克雷米海尔伯爵（Count Kleinmichel）宣布，自由阶级的成员在他们当地车站上车时，不再需要事先获得警察许可，只要在车站出示通行证即可。于是，在一个很小的方面，铁路成了一种进步力量，"至少俄国社会的上等阶级，不再需要每次离开居住地出行，都须事先征得警察许可了"。①

然而，绝大多数旅客乘坐的还是三等车厢，说明坐火车的大多还是农民群众，尽管他们需要到警察那里办手续。官僚主义直到今天，仍然是俄罗斯治理的一大持久特色，在当年严重的官僚风气下，毫不奇怪的是，国家经常没有钱用于其他用途。这些旅行者受到了出人意料便宜的票价的吸引。三等车厢的票价仅为7卢布（相当于当时的1英镑），尽管最穷的人还是买不起，但无疑比当时欧洲其他类似的长途列车的票价要便宜多了。而且，还有一大真正的实惠是，下等阶级的乘客可以坐货车旅行，货车车厢里有长凳，票价只有3卢布，不过旅程要花48小时，因为货车的最高时速仅为10英里。每天只有三趟客车，其中只有一班是快车，只拉头等车厢的乘客。不过根据1865年《泰晤士报》（*The Times*）的报道，票价虽然较高，但19卢布也是非常划算的。实际上，头等车厢的标准完全堪与欧洲和美国当时最好的火车相媲美："旅客们被迎进灯火通明的沙龙……有豪华的沙发和扶手椅供疲倦的旅客休息……当睡眠时间来临时……有男仆（valet de chambre）引导先生们，侍女带领女士们，分别前往他们的男卧室

---

① Haywood, *Russia Enters the Railway Age*, p. 451.

和女卧室。"①因此，看来不存在令大约同时期访问美国的英国客人大为惊诧的男女混住现象。②

圣彼得堡—莫斯科铁路竣工后成为当时欧洲首屈一指的铁路，远比同时代的其他同等铁路要优质，全是因为沙皇对这一工程感兴趣："它能以这样的高标准来建设，是因为尼古拉一世的政府一直想要把其财政资源利用到极致。他们也有经验丰富、能力出众且诚实可靠的管理者提供服务，有数量相当可观的训练有素、技艺精湛并且足智多谋的工程师，有取之不尽的熟练或不熟练的劳工，他们还能接触到最先进的外国技术。"③结果便是俄罗斯有了一条辉煌的铁路，今天的图纸几乎和当年一模一样就足以证明这点。但由于成本太高而国家资源不足，俄罗斯的铁路系统扩张很慢。

对于那些能够获利于这种新旅行方式的人来说，这条铁路无疑是个成功。但就更广泛的国家经济而言，其作用还需要时间来展现。像世界各地的铁路一样，这条铁路使得粮食和原材料的运输变得更加便宜、更加快捷，运输成本的减少可多达 90%，极大地降低了城市居民在食品方面的开销。铁路为想要离开村庄寻找工作的农民提供了新机会，但由于原本缺乏四通八达的支路，铁路的影响仅限于居住在铁路沿线的人们。有无数各种各样的地方要员提出过修建支路的建议，以将铁路与邻近的城镇连接起来，但政府一概拒绝了——这是俄罗斯帝国对于走向现代化犹豫踟蹰的又一个例证。最最关键的是，乌拉尔工业区仍然未能与该国的两座主要城市连接起来，这极大地妨碍了其经济发展。

从尼古拉耶夫铁路竣工到跨西伯利亚大铁路开工的 40 年间，

---

① *The Times*, 10 October 1865.
② 此前一本拙著中有详细介绍，*The Great Railway Revolution* (Atlantic Books, 2012)。
③ Haywood, *Russia Enters the Railway Age*, p. 475.

俄罗斯的确接受了建设国家铁路网的主张，但是人们的紧迫感普遍不强，建设步伐远比欧洲其他大国和缓得多。俄国没有发生许多其他国家都曾发生的早期铁路狂热，没有以高昂的热情一下子扎进铁路时代。鉴于财力有限，人们普遍认为国家只能承受一次建设一条大铁路的步伐，特别是当该铁路主要由国库出钱时。尼古拉耶夫铁路的完工鼓舞了沙皇，促使他下令建设作为国家事业的圣彼得堡—华沙铁路。这回其主要目的毫无疑问——要维持俄国对麻烦不断的波兰省的控制，并在西方国家发动进攻时进行增援："与圣彼得堡—莫斯科铁路不同的是，这条铁路将主要为军事和行政目的修建。"① 修一条从莫斯科到黑海之滨敖德萨（Odessa）的铁路，穿越因土地肥沃而有该国面包篮之称的乌克兰，经济意义要大得多，但尼古拉心目中的重中之重实在是太明显了。不过，正如理查德·海伍德（Richard Haywood）在其关于俄国早期铁路的书中所指出的，尼古拉甚至连其军事战略的重点都判断错了，因为修一条铁路到敖德萨"也有重大的军事价值，西方列强来袭，并不是像沙皇惧怕的那样通过波兰王国，而是通过克里米亚半岛"②。

事实证明，克里米亚战争成为俄国铁路系统扩张的驱动器。当战争于1853年开始时，俄国仍然只有一个铁路网络，总里程为650英里，远逊于其欧洲对手。比如英国的铁路里程就十倍于俄国，事实证明这对战争结果产生了重大影响。克里米亚半岛地处俄国的黑海边境，传统上只能通过水路到达，而运输手段的落后在战后俄国总结败因时，成为众矢之的。俄国人也明白，英国人与他们正相反，建设了当时世界上第一条军用铁路，对于长期围困并最

---

① Haywood, *Russia Enters the Railway Age*, p. 5.
② 同上，p. 6。

终攻陷塞瓦斯托波尔（Sevastopol）要塞发挥了重要作用。①尼古拉在其心爱的军队战败之初就崩溃了，战争还没结束就死了。他的儿子、思想开明得多的亚历山大二世（Alexander II）继位。新沙皇启动了重大铁路建设计划。

亚历山大利用克里米亚战争的惨败，推动了一个铁路迅速扩张的时期。与他父亲不同的是，他不反感私人利益，也有心胸吸纳外国技术。他授权成立了俄罗斯铁路总公司（Main Company of Russian Railways），由一个主要由法国和英国投资商组成的财团注资，不过最关键的是，由俄国政府承担财政风险，保证股东们有5%的年回报率——这是一种国家支持的资本主义。这个办法掀起了一个铁路建设的小高潮，从波罗的海之滨到黑海沿岸，好几条铁路同时开建，主要用于运输谷物和其他农产品，其中包括一条从基辅到敖德萨的铁路，1862年圣彼得堡—华沙铁路完工，还修了一条到普鲁士边界的支线。当时还是俄国一部分的赫尔辛基，也通过铁路和圣彼得堡连接了起来。然而，总公司证明无法履行其全部义务，与俄国政府的关系也令人忧心。特别是因为管理层中有一批法国主管，长期居住在巴黎，习惯于奢侈的生活方式，与实际上是公务员的俄国同事不能和睦相处。实际上，"总公司的成立，证明不仅对俄罗斯铁路的未来，而且对俄国政府本身，都是危害巨大的"。②正如早期铁路工程中经常发生的情况一样，总公司总是低估铁路建设成本，部分是因为其本身的无能，部分上也由于普遍存在的腐败现象。公司反复要求政府追加贷款，以完成各种各样的项目建设。这令俄国的贵族统治阶层颇为犯难，因为好几位大臣，甚至

---

① 如欲了解这条铁路的作用，请参阅拙著 *Engines of War: How Wars were Won and Lost on the Railways* (Atlantic Books, 2010)。
② Westwood, *A History of Russian Railways*, p. 41.

包括沙皇家族成员，都是总公司实质上的大股东。在经过多次重新谈判后，这些线路中的大部分于19世纪60年代完工了，在欧洲已经四通八达的铁路网，在俄国初具了雏形。

虽然亚历山大比他父亲更信任自由企业，但是说服私人企业家完全由自己承担风险来建设铁路，仍然是不可能的。人们怀疑在很大程度上仍然依赖农业和采矿业的俄国经济，能否支持铁路盈利。尽管如此，政府已经明白了建设铁路网的重要性，并坚持在1866年制定了系统扩张的计划。该计划开启了俄国铁路网络最大的扩张时期，原来3000英里的总里程到1877年时，在十年间翻了三倍，到1897年时又翻了一番。跨西伯利亚大铁路的一部分也是在这一时期完工的。虽然大干快上的热潮中也产生了一些后来被称为"铁路大亨"的企业家，但建设的主要动力仍来自于政府。这些铁路大亨更感兴趣的是如何从政府有利可图的合同中捞钱，而不是如何建设能够盈利的铁路。实际上，这些铁路的大部分建设和运营风险都是由政府承担的，投资者们不断地得到回报率的保证。随着人们对俄国经济的信心增长，也的确出现了若干私有铁路公司，但总体而言，路网中绝大部分线路的背后，仍然有政府的身影，因为没有政府的批准，任何铁路也不可能开建，而且大部分铁路建设都还需要政府某种形式的财政支持。复杂的私有和公有系统到了19世纪80年代晚期，被时任财政大臣的尼古拉·本格（Nikolai Bunge）进行了合理化改造。实际上是本格首次强制推行了真正的铁路网络的创建。例如，他强迫私有铁路和公有铁路进行合作，相互使用便利的轨道车辆，还统一了铁路运价。这为跨西伯利亚大铁路的兴建定下了调子。跨西伯利亚大铁路毫无疑问，将是一个政府项目。

与莫斯科—圣彼得堡铁路不同的是，后来的铁路大部分都是以低造价建成的，拐的弯更急，道砟不合格，坡度也更陡。桥梁是用劣质建材修建的,时有塌方,铁轨也经常会断裂。只是因为火车的最高时速通常都只有 25 英里,才避免了大量极其严重的事故的发生。火车站经常建设得离它们要服务的城镇很远,因为让铁路沿着河谷走,一般要比穿山过岭造价低,而许多居民区都建在山上以防备入侵者。这些特色,很多也都将出现在跨西伯利亚大铁路上。

尽管如此,就像一个世代前欧洲发生的情况一样,铁路的到来改变了当地人的生活方式,因此通常都会受到他们的欢迎。少数乖戾的地主会抱怨铁路的噪音搅扰了他们的睡眠,火车的烟雾使他们的牲口害病,但大多数人都会为铁路的来临欢呼雀跃,农民们会从大老远跑来迎接第一列火车。地区经济也会随之发生变化,因为建设铁路的劳工们要吃饭,粮食的价格就会上涨,"有时会高达十倍"①。继而,当铁路完工后,地价会上涨,因为将产品运到市场上变得容易多了。

铁路的货运量自 1865 年到 1880 年翻了一番,在随后的十年又翻了一番。运输的大多是谷物,是俄国出口产品的重要组成部分;还有来自跨越俄罗斯和乌克兰的顿涅茨盆地(Donets Basin)的煤,其重要性也日益显著。铁路客运量也在增长,不过季节性很强。起初乘客主要是农村的劳工,后来随着更富裕的阶层喜欢上火车,"别墅交通"出现了,就是有钱人一年一度乘火车前往几乎所有富裕家庭都拥有的乡下别墅。尽管俄国仍然是个欠发达的落后国家,但其铁路系统却无论如何是其经济中较现代化的一面。该系统不像欧洲大多数国家和美国那样密集,但仍然是个效率较高、作用突出的网络,被认为对该国经济至关重要。

然而,无论谷物还是旅客,都不是政府扩建铁路网络的真正动

---

① Westwood, *A History of Russian Railways*, p. 64.

力，政府的兴趣仍然在军事上。比如，华沙线在开通后很快就派上了用场，镇压了波兰常年不断的叛乱中的一次。因此，尽管政府经常因战争而陷入拮据，尽管政府很希望卢布坚挺，且俄国工业发展缓慢，但铁路仍被政府视为重中之重。正如亚历山大三世的国防大臣后来所说的："铁路如今是战争最强大、最具决定性的要素。因此，无论财政有多困难，我们都迫切希望我们的铁路网络能赶上我们的敌人。"[①] 再没有其他原因能真正解释俄国政府对跨西伯利亚铁路的兴趣了。我们将在下一章中看到，跨西伯利亚大铁路在那个世纪中叶过后不久，就上马了。

---

① Westwood, *A History of Russian Railways*, p. 65.

第二章
牢牢控制西伯利亚

随着铁路网络在俄罗斯的欧洲部分迅速扩张,建设一条深入俄罗斯远东地区的铁路的主张,也开始逐渐成形。但进展很缓慢。有各种各样的创业者、理想家和幻想家都声称自己是最先设计出这一概念的,由于其中几位是外国人,非俄罗斯的作家便倾向于轻信他们的主张。

一个尤其误导却又曾广泛流传的故事是,跨西伯利亚大铁路最先崭露头角的开发者,是一位叫作达尔先生(Mr Dull,也有"呆先生"的意思)的英国绅士。很多作家都认为这故事实在好笑,不肯重复。不幸的是,它的确是个谣言。故事的主人公实际上叫托马斯·达夫(Thomas Duff),他的原名本已在故事的无数次重复中淹没了,但他的后人现在出来纠正讹误了。当然,达夫的计划并不"呆"。他是个冒险家,曾去过中国,还乡途经圣彼得堡时,于1857年认识了沙皇的交通大臣(正式的官名是"道路和通信大臣")康斯坦丁·切夫金(Constantine V. Chevkin),他向切夫金建议修一条电车轨道,从莫斯科以东265英里的下诺夫哥罗德(Nizhny Novgorod),向东经喀山(Kazan)和彼尔姆(Perm)到达乌拉尔地区，这或许就是跨西伯利亚大铁路的起始。达夫想到了一些细节问题，并提出了解决方案。他认为总投资将达到2000万美元，但回报率也很丰厚，将高达14%。作为回报，他希望俄国政府将4%的股息归他。据说达夫还曾提议，电车轨道可由马充任牵引力，可通过捕捉游荡在西西伯利亚各地的400万匹野马来实现。尽管连以独出心裁的发明创造而著称的维多利亚时代的人都指出了这个主张根本不切实际，却有无数历史学家宣称这是个严肃的建议。可惜的是，这恐怕只是个一时兴起而吹的牛皮。

无论如何，切夫金正如埃里克·纽比所惟妙惟肖地描写的，是个"出了名的脾气暴躁，且善于脚下使绊子的人"①。这一描述也可以奉送给他在政府中的许多后继者，他们蓄意阻挠一切使俄罗斯走向现代化的主张。切夫金对达夫的建议无动于衷，把他轰出了门，说他的计划"因为气候条件，似乎无法实现"②。三年后，达夫可能又尝试了一次，但仍然无济于事。

为了克服切夫金提到的风吹雪飘、积雪成堆的问题，一位姓苏普里年科（Suprenenko）的托木斯克（Tomsk）前地方长官，提出了一个比达夫的野马笑话还不靠谱的建议——只不过他是一本正经的。他出的主意是，将马拉车的铁路用木栏封闭起来，一直封到莫斯科以东1100英里的秋明（Tyumen）和贝加尔湖畔的伊尔库茨克。毫不奇怪的是，切夫金也把他轰出了门。

然而，与此同时，也出现了在西伯利亚地区兴修铁路的郑重的主张。最早的提议出自一个俄国人——尼古拉·穆拉维约夫（Nicholas Murayev）——东西伯利亚富有远见、相对开明的总督。

---

① Eric Newby, *The Big Red Train Ride* (Penguin Books, 1980), p. 62.
② Tupper, *To the Great Ocean*, p. 39.

他于1847年受任的使命是赤裸裸的帝国主义的体现——保卫和扩大俄罗斯在远东的利益。他通过侵略中国，并将侵占的土地通过条约转化为俄国领土，为帝国增长了约40万平方英里的疆域，几乎相当于两个法国，其中包括至关重要的阿穆尔河（Amur River，即黑龙江）航道，打开了通向太平洋的出海口。他建立了无数堡垒，以保护这些所得，并通过开发煤炭等资源，试图使西伯利亚的经济能够自力更生。他意识到交通——尤其是铁路——是对扩张来的领土维持控制的关键。他规划了一条40英里的线路，从日本海上的萨哈林岛（Sakhalin Island，即库页岛）上新建的俄罗斯人据点亚历山德罗夫斯克（Aleksandrovsk）对岸，到阿穆尔河（黑龙江）下游的索菲斯克（Sofiysk）。这条线路的大部分将成为俄罗斯与中国东北的边界。他主张将这条线路建成铁路，使之成为避开因流沙而危及船运的阿穆尔河口的运输路线。尽管穆拉维约夫作为帝国主义者，可以不顾忌这条线路穿越了中国领土，但切夫金却不能——于是这一计划也被丢进了废纸篓。

继而一下子来了三个英国人，分别姓斯莱（Sleigh）、霍恩（Horn）和莫里森（Morison）——听上去简直像大街上摆摊的江湖律师，他们的名字早已淹没在时间的尘雾中了。他们打算建造一条从下诺夫哥罗德穿越西伯利亚到达亚历山德罗夫斯克的铁路，以"促进欧洲、中国、印度和美国的关系"[①]，在克里米亚战争之后国际关系正趋紧张之时，这是一个值得赞赏的目标。像达夫一样，他们也有一个财政方案，提出发放2500万美元的债券，换取划拨土地和90年的租借期，但是这个计划似乎没有考虑俄罗斯政府的利益。

最终，一个对西伯利亚充满热情、如醉如痴的纽约人，带着

---

① Tupper, *To the Great Ocean*, p. 40.

更加深思熟虑的计划来碰运气。这就是佩里·麦克多诺·柯林斯（Perry McDonough Collins），又一位冒险家，据说也是第一个横穿了整个西伯利亚的美国人，他的部分旅程走的是水路。他的头衔有些奇怪，是美国政府委派的美国驻阿莫尔河（Amoor，实应为Amur，即阿穆尔河）商务代办，然而他在推动这样一个重大计划方面，却是一个比其先驱者都更加郑重的候选人。按照各种各样的人，比如穆拉维约夫和向他伸出援手的沙皇次子康斯坦丁大公（Grand Duke Constantine）的说法，他是个"诚实可靠、善解人意、讨人喜欢、意志坚强的人"①，而且口才极佳。柯林斯厌倦了他作为银行家和金粉经纪人与旧金山最早的淘金者们打交道的日子，对西伯利亚产生了浓厚的兴趣，认为那里可能成为美国商人理想中的黄金国。他兴冲冲地来到圣彼得堡，结识了穆拉维约夫和许多其他官员，然后就开启了他的西伯利亚之旅。

在一位神秘的"佩顿先生"（Mr Peyton）的陪伴下，他在19世纪中叶的驿道上的旅程，使他对西伯利亚产生了深刻了解，并展现了如果旅行者有官方的支持，穿越西伯利亚可以有多快。由于他幸运地得到了穆拉维约夫的一封亲笔信，一切事情都明显变得顺利起来，他准备经受几乎是无穷辗转的艰难困苦。柯林斯接受了穆拉维约夫的劝告，将行程定在了冬季，这样行进速度要快一些。他以平均每天100英里的速度到达了伊尔库茨克，这段路程长度为3545英里，他只用了35天，其中除了七天外，全都在赶路。他以性格中特有的严谨，记录下"我们在旅程中换了210次马，换了200名驭手和25名左马驭手"②。事故是不可避免的，最严重的一次

---

① Tupper, *To the Great Ocean*, p. 43.
② Perry McDonough Collins, *Siberian Journey: Down the Amur to the Pacific, 1856-1857*, p. 84.

是雪橇栽进了沟中，驭手被甩了出去，马脱了缰。柯林斯试图抓住缰绳，但是未能成功，直到马撞上了迎面而来的一辆四轮大马车，雪橇才停了下来。结果死了一匹马，两辆车全都报废了。柯林斯冷静地记录道，到了下一个驿站后，那匹死马很快被熬成了排骨汤，它的皮换了几瓶伏特加酒。

大概是因为他是第二位甘冒此险的美国人，^①他在伊尔库茨克受到了英雄般的欢迎，然后他继续向东，乘船顺阿穆尔河（黑龙江）而下。在旅途中，他开始向俄罗斯当局提出兴建跨西伯利亚铁路的建议。他给当地总督写了一封信，提出从贝加尔湖以东250英里的赤塔（Chita），修一条铁路到阿穆尔河（黑龙江）畔，这样就能开辟一条贯通的运输线，直达太平洋，当然，也就连接上了美国。他将阿穆尔河（黑龙江）视为使西伯利亚从东方敞开怀抱，拥抱外部世界的途径。他也估计这条铁路的造价将达到2000万美元——奇怪的是，这个数字不断地从这些计划中冒出来，并且需要两万人力来兴建。他希望政府提供土地和原材料，以换取股份，政府有权在任何时期收购铁路。建议传到了圣彼得堡，最终不可避免地到了切夫金的桌上。当时已经成立了一个西伯利亚委员会，切夫金也是其中的一员，但他强烈反对修铁路——他心想：谁来养活那么多工人呢？于是，尽管有穆拉维约夫的支持，这个建议还是被扼杀了。

柯林斯的其他建议进展还不错。他还计划架设一条跨越亚洲——实际也就是跨越世界的电报线，将俄罗斯帝国与美国和欧洲都连接起来。这条电报线将通过在白令海峡（Bering Strait）敷设海底电缆而完成。白令海峡就是将俄罗斯与美洲大陆、阿拉斯加和不列颠哥伦比亚（British Columbia）分隔开的水域。

---

① 第一位是18世纪的约翰·莱迪亚德（John Ledyard）。

在别处，电报都仅次于铁路而蓬勃发展，铁路显然为电报开辟了道路。但在俄国，还只能提议单建一条电报线，穿越西伯利亚。在电报发明人塞缪尔·莫尔斯（Samuel Morse）的支持下，柯林斯争取到俄国政府架设电线的特许，也获得了加拿大政府和美国政府的许可。继而，他很聪明地把特许权卖给了美国西部联合电报公司（Western Union）。此举非常幸运，因为竞争对手的公司敷设了大西洋海底电缆，将美国与欧洲，最终也与俄罗斯连接了起来，穿越西伯利亚草原的电报线就变得没必要了，用于在西伯利亚架电线的300万美元算是打了水漂。

西伯利亚地区内部也有修建至少能穿越其主要部分的铁路的计划。这些主张一概碰壁，绝不仅仅是因为切夫金之流的政客顽固和冷漠，甚至也不是因为技术困难，更多的是因为更根本的政治考虑。铁路能够修建，正是这一事实改变了俄国与其蛮荒的东方的关系。兴建通向太平洋的铁路这个问题，引发了更广泛的问题，如帝国的性质和西伯利亚在帝国中的角色等等，这些都是在接下来的30年中被激烈辩论和争吵的问题。实际上，铁路问题被纳入了西伯利亚作为俄罗斯帝国的一部分，该拿它怎么办这个更广义的问题。已经有好几届政府组织了委员会和考察团研究这个问题，但克里米亚战争的惨败使这个问题的解答变得紧迫起来。

尽管关于在西伯利亚修铁路的许多早期提议都或许是异想天开，但接下去的四分之一世纪对此问题则充满了唇枪舌剑的争论，这使得西伯利亚真正被重视起来。最根本的问题是对这个遥远省份的态度。俄国不可能不注意到，美国正在着手开发其广阔，但是却没有西伯利亚广阔的内陆部分。假如以为跨西伯利亚大铁路这个问题完全受制于军事考虑，那就大错特错了。正如史蒂文·马克斯所说的："许多作者都把西伯利亚铁路说成是专门为俄罗斯太平洋海岸和远东边境防卫而服务的,但他们忽略了一个问题,国内隐患对帝国安全的影响,最终会与外来威胁同样严重。"[1]

19世纪50年代,俄国政府成立了一个西伯利亚委员会。其成员广泛持有一种观点,西伯利亚的未来寄托在逐渐建立起的由贵族拥有的大庄园上,而庄园的建设要依靠农奴们付出苦力(直到1861年农奴才获得解放)。这实际上正是美国内战时期南方人想捍卫的那种田园诗般的梦想——他们想保住自己的大农场和黑奴,并且已寻求在美国西部利用黑奴开发新的大农场。俄国政府最大的担心是,西伯利亚也许会宣布独立,像美国南方诸州一样退出俄国,但是两国最大的差异是,俄罗斯政府很可能无力施加自己的意志,无法重新统一帝国。许多流放到西伯利亚的政治犯似乎已经本地化了,比如1825年政变失败后被流放的十二月党人,在形形色色这种流放者的推动下,一个西伯利亚地方主义运动已经开展起来。这不是一个有特定的统一目标或凝聚力很强的运动,而更像是"一个多样化、无定形的西伯利亚知识分子运动,但这些知识分子对他们所在地区的利益,有着最广阔的视野"[2]。地方主义者们视西伯利亚为一片与俄罗斯分离的土地,有其部落主义传统和迥异的地理特色,居住着有极大的独立性并且与他们的西方对应者们截然不同的精神气质。

运动最具影响力的倡导者是尼古拉·拉德林采夫(Nikolai Ladrintsev)。他提出西伯利亚本应当有像美国和澳大利亚一样的未来,殖民者和原住民联合起来,共建繁荣。然而情况却相反,西伯利亚"仍然是一片冻土,处于专制统治的悲惨境地,依赖于大城

---

[1] Marks, *Road to Power*, p. 46.
[2] 同上, p. 49。

市。中央政府在西伯利亚只有剥削性的私利，只是将这里视为罪犯流放地和毛皮、矿产的来源地"①。该运动引起了圣彼得堡的警觉。政府担心运动发展下去会导致西伯利亚独立建国，尽管这并不必然是地方主义者的主张。官方的反应是典型的高压，旨在抹煞西伯利亚这个概念。沙皇亚历山大三世（在其父亚历山大二世于1881年遇刺后继位）发布了一系列法令，意在加速实现"逐步消灭西伯利亚任何行政分离迹象，摧毁其内部管理的统一"②。该地区被分化成各种各样的行政实体，这意味着到1887年西伯利亚这个名称就不能再用于帝国的任何部分。事情的另一面是，沙皇支持修建铁路，因而推动了该地区经济的发展。

然而，在赞成和反对修铁路者的辩论中，军事方面的问题仍不可避免地占据着主导地位。虽然西伯利亚铁路的西段，还可说是有助于移民从人口过密的俄罗斯欧洲部分向东迁移，有利于开发矿产资源，但在地广人稀的贝加尔湖以东地区修铁路，只能说是基于战略考虑了。再没有什么比假想中来自其他国家的威胁更能够让政治辩论升温的了。而且，平心而论，在英国的炮舰外交威势如日中天之际，当列强在亚洲和非洲到处争夺地盘之时，真正的威胁也并不少见。俄国通过穆拉维约夫的行动，以及随后与中国、日本签订的条约，大大地扩张了帝国的东方疆域，这在很大程度上都是依靠枪杆子强取的。但技术的发展也是个威胁，因为舰船技术的改善，使得日本、美国，尤其是当时世界上的头号强国——英国，更容易将西伯利亚的部分地区视为潜在猎物了，特别是万一发生战争，俄国对其遥远的疆土的控制是极弱的。而且，这些国家也都热衷于在当

---

① Marks, *Road to Power*, p. 50.
② 同上，pp. 52–53。

时实力弱小，很大程度上没有国防的中国争夺势力范围，而中国的命运显然与俄罗斯的远东地区密切相关。

19世纪下半叶，俄国和英国经常在中亚和远东争夺地盘。在1877—1878年整个俄土战争期间，以及跨西伯利亚大铁路开建时期，英国和俄国始终因包括符拉迪沃斯托克（海参崴）在内的俄国滨海边疆区（Primorye）的地位，处于剑拔弩张状态。实际上，在俄土战争期间，俄国当真担心过英国会对其太平洋沿岸地区发动攻击。19世纪80年代，因英国占领阿富汗，企图在其印度殖民地和正野心勃勃地向南扩张的俄国之间创造一个缓冲带，两国又多次几乎开战。按照马克斯的说法："形势因加拿大太平洋铁路临近完工而恶化，该铁路使得从英国到日本，从经苏伊士运河需用的52天，减少到37天。"[①] 甚至有一些不正确的说法，声称英国资助并参与建设了最终于1885年竣工的加拿大太平洋铁路，这些说法都被用来强调建设西伯利亚大铁路的必要性。中国在这场博弈中也占有重要分量。中国东北原先是两个亚洲大帝国间空旷的缓冲地带，这时人口大大增长，已有在其土地上建设铁路的各种各样的方案提出。在当时欧洲列强摇摆不定的联盟中，英国在中国玩弄着阴险狡诈的外交手段，令俄国的军事战略家们深感不安。

与土耳其的战争耗空了政府的财政，但却凸显了高效的铁路在战争期间军队补给方面的价值。铁路在中亚与阿富汗军队作战时也证明了其价值。在克里米亚战争的惨败中，塞瓦斯托波尔的防御因为缺乏铁路而变得异常艰难，也是个重要的考虑因素。因此，到19世纪80年代中期时，许多军事战略家都迫切要求兴建西伯利亚铁路，并视之为国家战略利益的关键。如同英国在印度民族大起义

---

① Marks, *Road to Power*, p. 33.

(Indian Mutiny，1857—1858）后通过兴建铁路控制印度一样，西伯利亚铁路也被认为是俄国控制西伯利亚的手段。正是铁路的军事潜力吸引了沙皇亚历山大一世的注意力，当时情况正日益明朗，无论占领还是作战，铁路都是军火库至关重要的组成部分。①

实际上，修建这条铁路的军事动机既是防御性的，也是进攻性的："整个19世纪80年代，军事战略家们都在谈论建设一条穿越西伯利亚的铁路，或者至少要从符拉迪沃斯托克（海参崴）修到阿穆尔河（黑龙江）。他们表面的意图是加强远东国土的防御，但在官方对这条铁路的认识中，已经将其预设为进攻性手段，即在中国的'前进'策略。"②这样的推论实际上还招致了另一些反对者，就是主张加强在太平洋沿岸巡弋的海军力量的人们，他们认为没必要非得将国土连接起来。然而，国土连接论在政府圈子内获得的响应声还是要高得多，只不过高成本也总是被反对派用作反对理由，尤其是历任财政大臣们。

1885年加拿大跨美洲大陆铁路的竣工，使得西伯利亚铁路在军事上的必要性进一步加强。因为加拿大的这条铁路使得从英国到日本的时间大大缩短，这被视为潜在的军事优势。在俄国人的心理上，加拿大跨美洲大陆铁路的竣工，比16年前其美国前驱的建成还要重要。加拿大是像俄罗斯一样极其地广人稀的国家，假如没有建设这条横贯国土的大铁路，其最偏远的省份不列颠哥伦比亚，完全有可能脱离这个新生的国家。俄罗斯的远东地区，像加拿大的西部一样，处于遥远而半分离的状态。如果加拿大人可以通过铁路将其国家维系起来，那么俄罗斯人也能。

---

① 参阅拙著 *Engines of War*。
② Marks, *Road to Power*, p. 39.

19世纪七八十年代，各种各样的人物都在构思着修建西伯利亚大铁路的计划，有的很疯狂，有的也很实际。有个姓哈特曼（Hartmann）的家伙，主张修一条铁路，从距莫斯科1800英里的托木斯克（Tomsk）到贝加尔湖湖畔的伊尔库茨克，然后再从湖的另一侧修一条铁路，到阿穆尔盆地里的斯列坚斯克（Sretensk）。他想要每年200万美元的补贴和81年的租借期。还有米哈伊尔·安年科夫（Mikhail Annenkov）将军，他已经修过一条跨里海铁路，从里海之滨到撒马尔罕（Samarkand），但他夸口只需六年就能修好西伯利亚铁路，且成本可低至每英里3.02万美元。然而无论是这些荒唐可笑的计划，还是当时堪称最佳的方案，全都一风吹了。

可选择的线路可能也有好几条。有人建议走北线，从彼尔姆到图拉（Tura）河畔的秋明；稍南边一些的线路是从下诺夫哥罗德到喀山和叶卡捷琳堡（Yekaterinburg），最后也到秋明；第三条线路是从彼尔姆到叶卡捷琳堡，然后再到今天的别洛泽尔斯基（Belozerskoe）。1875年，人们在思想观念上又迈出了重要的一步，当时的交通大臣康斯坦丁·波塞特（Konstantin Posyet）提出了通过兴建铁路开发西伯利亚资源的主张。这是第一个倡议将铁路延伸至西伯利亚腹地的官方文件。他认为西伯利亚已经不再是"一个只有罪犯居住的荒无人烟的悲惨之地"[①]，而是一片资源丰富的宝地，可以通过铁路连接而进行开发。他希望铁路能从莫斯科一直修到阿穆尔河（黑龙江）畔，但是假如无法实现的话，至少也应修到伊尔库茨克。他主张铁路走北线，经过彼尔姆，而不是走南边已经存在的商路，以便促进那些文明尚未触及的部落地区的发展。然而，他的计划在相当于过去的内阁的大臣会议中应者寥寥。不过，大臣会议

---

① Tupper, *To the Great Ocean*, p. 69.

尽管不支持波塞特的建议，却决定着手建设从下诺夫哥罗德起始，沿伏尔加河右岸到喀山和叶卡捷琳堡的铁路，这个建议于1875年12月得到了沙皇批准。

然而，这并不是一条跨越了西伯利亚的大铁路，只能说是一条延伸到乌拉尔山另一侧的铁路。接下去的15年，是一个为跨西伯利亚大铁路是否该建，或者说为什么要建的问题而激烈争执和辩论的时期。关于建设这条铁路的可行性的争论，其特点是"意识形态观点、个人观点和大臣观点，以及财政窘况，都将阻止这个问题以这样或那样的办法得到解决"①。支持修铁路的人面临着一个艰巨的任务，就是说服政客们，即使沙皇本人显然是持支持态度的，他成立委员会就是想打破僵局。俄国的统治体系中充满了政府各部门间的纠纷。所有大臣都只关心自己部门那一亩三分地，很少顾及其他部门。遇到困难的事情，比如跨西伯利亚大铁路这种，就得成立委员会或考察团来解决。委员会和考察团的成员又似乎总是更善于拖延而不是决策。例如，为调查俄土战争期间铁路系统的缺陷而成立的巴拉诺夫委员会（Baranov Commission），在战争结束六年后还在坐而论道。而且，像世界上几乎所有政府一样，由于财政部对任何形式的花钱都持怀疑态度，部一级的瘫痪会越发加剧。波塞特对跨西伯利亚大铁路的不断支持，与财政大臣伊凡·阿列克谢耶维奇·维什涅格拉茨基（Ivan Alekseevich Vyshenegradsky）的保守就产生了矛盾。后者坚决反对修铁路的主张。当然，凌驾于这一混乱不堪的体系之上的沙皇，有着绝对的权力，完全可以自行做决定。于是，跨西伯利亚大铁路获得了支持。

1886年，沙皇同时收到了伊尔库茨克和滨海边疆区总督的抱

---

① Marks, *Road to Power*, p. 68.

怨，两人都表达了对自己辖区内防卫力量的薄弱，以及中国人有可能夺占土地的担心。特别是伊尔库茨克总督阿列克谢·伊格纳季耶夫（Alexei Ignatiev）伯爵警告说，大批的中国人正在渗入外贝加尔（Transbaikalia），就是贝加尔湖周边地区，因此必须建设一条铁路，以便迅速地向这一地区调兵。他提议在伊尔库茨克和托木斯克之间修一条铁路，从托木斯克到秋明有水路交通，而秋明这时已有铁路与叶卡捷琳堡和彼尔姆相连了。显然是一次有组织的政治诉求，滨海边疆区的总督安德烈·科尔夫（Andrei Korff）男爵也提议修一条660英里长的铁路线，从贝加尔湖东岸到阿穆尔河（黑龙江）畔的斯利坚斯克，从那里就可以乘蒸汽轮船抵达太平洋了。这两条铁路实际上就构成了横贯西伯利亚的运输线。

不知何故，在经过了多年的辩论和扯皮之后，这次提议似乎促成了关键的一轮争论，最终导致了修建跨西伯利亚大铁路的决策。亚历山大三世在伊格纳季耶夫的报告下方批了一段很奇怪的话，让人感觉他仿佛没有认识到自己的权力范围似的："我已经读过西伯利亚总督们太多的报告，必须遗憾和羞愧地承认，迄今为止政府在满足这个富饶却被忽略的地区的需求方面，几乎无所作为。"①他想看到西伯利亚的繁荣与和平，他强调西伯利亚是"俄罗斯领土不可分割的一部分"，修建这条铁路"将给我们的祖国带来荣光"。通过这条铁路，这片广阔的土地将实现"俄罗斯化"和工业化。这实际上就是修建铁路的决策，但距最终取得进展，还要再经过五年。

在就西伯利亚问题引发的广泛争论进行得如火如荼的同时，铁路正在向西伯利亚地区缓慢地延伸，俄罗斯也正经历着某种迟来的铁路繁荣。到19世纪80年代初，跨西伯利亚大铁路得到郑重考虑

---

① Marks, *Road to Power*, p. 94.

之时，俄罗斯已经拥有一个总里程达 1.45 万英里的铁路网了——相对于其辽阔的国土而言，还实在是少得可怜。与之相比，国土面积要小得多的美国，当时的铁路里程在俄国的十倍以上，而弹丸之地的英国，铁路里程也与俄国不相上下。

然而，考虑到 1853 年克里米亚战争开始时，俄国才只有 620 英里的铁路里程，这已经是相当可观的进步了。1866 年俄国的铁路里程是 3000 英里，到 1877 年时翻了三倍，到 19 世纪末时又翻了一番。但是，铁路网络的重大发展很大程度上花的是纳税人的钱，严重地掏空了国库。这是因为较早时期说服私人企业完全自担风险修铁路的企图全都失败了。虽然从严格的法律意义上讲，这一时期所有的铁路公司都掌握在私人手中，以鼓励这些公司来修建新铁路——这些铁路虽然是迫切需要的，但在经济上却几乎肯定是无利可图的，因为它们通过的大多是无人居住的地区——政府负担了它们的债务。因为有几条线路落入了贪得无厌且肆无忌惮的铁路大亨之手，形势又进一步恶化。这些铁路大亨唯一的兴趣就是赚钱——在这一点上他们丝毫不输于他们在美国和欧洲许多国家的对应者："无论这些铁路公司的经营怎样地不合理和浪费，政府都不得不从国库出钱，来弥补它们的亏空。"① 更糟糕的是，这笔钱中的相当大一部分还得从外国借，这会进一步削弱卢布，使得推动工业化所必需的进口的成本更高。

1877 年，铁路网抵达了奥伦堡（Orenburg），这里离今天的哈萨克斯坦边界不远，是翻越乌拉尔山脉进入亚洲的人们的传统补给站。更重要的是，第二年乌拉尔矿业铁路开通，服务于这片工业

---

① Theodore H. Von Laue, *Sergei Witte and the Industrialization of Russia* (Columbia University Press, 1963), p. 14.

区；1880年，塞兹兰（Syzran）附近以气势汹汹的"亚历山大二世大帝"冠名的伏尔加河大桥，也开通了，将俄罗斯中部与西伯利亚大草原进一步拉近。

然而，一时而言，乌拉尔山脉仍然未被跨越。不过乌拉尔以东也有一段游离于铁路网之外的铁路。这是西伯利亚地区的第一条铁路线，于1883年开工，从叶卡捷琳堡修到了秋明，当它与1878年完工的彼尔姆铁路连通后，就在卡马河（Kama）到鄂毕河（Ob）之间形成了一条运输线。这条运输线于1885年贯通，但仍然与铁路网分隔了十年左右，直到作为跨西伯利亚大铁路总体计划的一部分的叶卡捷琳堡—车里雅宾斯克（Chelyabinsk）段于1896年竣工。

尽管铁路建设的蓬勃发展好处非常明显，并且实际上成为俄罗斯工业化的主要推动力，尽管有沙皇的支持，跨西伯利亚大铁路却仍然裹足不前。这全怪沙皇政府统治的怪象，尤其是财政大臣紧紧攥着钱袋子。至高无上的君主创造的气氛就是，大臣们要经常费尽心机地在统治者面前邀功争宠。跨西伯利亚大铁路绝对是最具声望的政府项目，因此，争夺这一工程的控制权，就成了政府各部门间无穷无尽的争吵的目标，这就意味着离铁路的奠基石落下还要有好几年的时间。陆军大臣、交通大臣和财政大臣永远处于争斗状态，就像英国系列情景讽刺喜剧《是，大臣》（*Yes Minister*）中所表现的那样。大多数大臣更感兴趣的是如何推动自己部门的利益，而不是更广阔的社会利益，或者甚至是，具有讽刺意味的，沙皇的利益。

当然，所有的争论跟财政问题一比，就都黯然失色了。财政大臣维什涅格拉茨基是个保守的守财奴，在担任两家铁路公司的主管时，就以削减成本而出了名，他明知阻挠铁路建设无望成功，但仍然长期顽抗。正如当时的一位经济历史学家西奥多·冯·劳厄（Theodore Von Laue）所说的："圣上的旨意居然奈何不了财政大臣的抠门。"① 在西伯利亚总督们介入之后，为了加快进程，沙皇于1886—1887年的冬天召集了四次专门会议，研究与修建铁路相关的许多实用性的、技术性的和财政方面的问题。继而任命了一个协调委员会，结果只能被废掉，因为它证明实在是低效，随即被第二个委员会所代替。维什涅格拉茨基反对修建铁路，既是出于财政考虑，也有认识原因，他认为铁路既会使国家破产，也是不必要的铺张。他不仅截留任何意义重大的资金，还设计削弱交通部，拼命为财政部争夺项目控制权。他在财政部内设立了一个铁路事务局，专门挑拣各条由政府控制的铁路的超支之处。他实质上不给新铁路拨任何款，因为他认为这些铁路都应当由私人企业来建设，他甚至还一度设法中止了对所有在建铁路的勘测。维什涅格拉茨基的运气也不错，不断与他争斗，要钱开展铁路前期工作的交通大臣波塞特，于1888年被迫辞职，因为沙皇的火车发生了一次意外事故，导致几名皇室成员丧生。

　　波塞特的去职使得铁路的进展进一步被延误。新任交通大臣是德国人叶戈罗维奇·保克尔（Egorovich Pauker）将军，他是个意志薄弱的人，未能争取到足够的资金来启动项目的前期工作。而且，保克尔任职还不到一年就死了，他的继任者阿道夫·冯·胡贝内特（Adolf Von Hubbenet）发现要说服维什涅格拉茨基同样困难。尽管铁路计划有沙皇的支持，但财政部与交通部的矛盾屡屡要导致项目脱轨。归根结底，这是思想观念上的差异。财政部看重的是牢牢控制国家预算，交通部则有宏大的战略眼光，看到了铁路在俄罗斯工业化中的核心作用。实际上，这样的争执上个世纪在世界各地都在无数次地重复着，只要有重大工程提出，都在所难免，甚至今天在

---

① Von Laue, *Sergei Witte*, p. 81.

当代英国也有回响，比如横贯伦敦铁路（Crossrail），也是在绘图板上躺了半个多世纪，才最终于2009年开工。

维什涅格拉茨基继续着他的阻挠行动。他提出了一个方案，只在没有传统的水路航运的地段修铁路。这样将能把需要修的铁路从4600多英里①减少到只有2000英里。这是个很糟糕的老式方案，遭到了企业界和工程界的反对，他们指出这样需要在火车和轮船之间倒换八次，运输成本极高且旅程极慢。实际上，这就像半个多世纪前于1834年竣工的美国宾夕法尼亚的主干线（Main Line）一样。主干线也是条水路和铁路交替的运输线，但实践证明极其失败，恰恰就是因为远不及一条铁路线便利。结果，维什涅格拉茨基的建议也被打入了冷宫，但他并不善罢甘休。他又提出，如果必须修铁路的话，为什么不让私人企业出资呢？

维什涅格拉茨基曾和米哈伊尔·安年科夫将军一起策划过，从法国银行界贷款来修铁路。安年科夫曾在中亚打过多次大仗，是战时使用铁路的先驱人物。19世纪80年代，在俄罗斯侵占今天的土库曼斯坦的战争中，他沿阿富汗边境修建了一条长达1000英里、导致举世震惊的跨里海铁路，以便迅速将军队和物资运抵前线。这实际上是铁路在战争中发挥的重要作用的一个典型例证，有助于争取到军方对兴建跨西伯利亚大铁路的支持。跨里海铁路也展现出，铁路不仅对保卫国土有用，对于进攻行动也有助益。安年科夫意识到西伯利亚铁路的军事意义十分重大，能将中国的威胁扼杀在摇篮中，他也有潜在的人脉为修铁路提供资金，因为他的女儿嫁了一位法国高官。他的战功，尤其是他对铁路的运用，赢得了国际声誉。当他与著名的金融大亨罗思柴尔德（Rothschilds）家族搭上关

---

① 虽然总长度为5750英里，但乌拉尔山脉以东路段，当时大部分已经建成了。

系后，他提出了请法国出资修建西伯利亚铁路的想法。罗思柴尔德家族在法国和意大利已经取得了巨大的铁路收益，便提供了3亿卢布。想要掌控这一项目的安年科夫认为足够了，但他的努力最后却是竹篮打水一场空。维什涅格拉茨基最初的热情已经冷却了，大臣会议反对西伯利亚铁路使用外资，大概是因为其军事意义实在是太重大了。

实际上，寄望于私人企业来为修建这条铁路出资，也一向是不现实的。这条铁路将兴建的区域，对铁路而言是非常不经济的。里程太长，经过的又都是荒无人烟的地区，客运量恐怕极小。虽然火车能运输一些矿产品和农产品，但谁也没指望它能形成投资者们，尤其是像罗思柴尔德家族那样的大银行家所期望的丰厚的回报。

因此，这项工程必将由政府策划和出资。然而，并非所有人都认为这是可行的。英国企业界尤其对此嗤之以鼻。他们嘲笑俄国人实施这样庞大的计划的能力，实际上，白厅（Whitehall，指英国政府）也是持这样的轻蔑态度，以致英国驻圣彼得堡的一名武官愤怒地指责自己的政府："对欧洲人眼里不相信的事业，能挑上千处小毛病。"相反，他提议："英国人应该把精力转移到如何争取铁路合同方面，而不是对俄罗斯铁路的延伸吹毛求疵、冷嘲热讽。"①

然而，虽然英国人对俄国人事业的轻蔑也许出于仇外，也许出于傲慢，但是怀疑恐怕就是正常的反应。一连几十年的吵吵闹闹和议而不决，表现出俄国的行政程序与18世纪的封建主义更近，而与随20世纪迫近的现代主义相距甚远。实际上，只有一位足智多谋并且的确残酷无情的政治家——谢尔盖·维特——所具有的献身精神和坚强意志，才能促成这一工程的实现。所有这样的工程都需要铁

---

① Tupper, *To the Great Ocean*, p. 71.

腕推手，再没有什么地方比仍然实行专制君主统治这一落后制度的俄罗斯更是如此了。维特证明自己正是完成这一任务的合适人选。他曾长期从事铁路管理工作，也曾短暂担任过交通大臣，他是维什涅格拉茨基的门徒，并于1892年8月接替维氏，受命出任财政大臣。这一任命意味着正确的人于正确的时间出现在正确的地方——这是历史的偶然和幸运事件之一。假如没有这么点好运气，跨西伯利亚大铁路恐怕还在绘图板上躺着呢。

第三章
维特的突破

当谢尔盖·维特出任财政大臣时，跨西伯利亚大铁路工程还根本尚未开工，政府圈子内对这一项目仍然缺乏兴趣。实际上，维特看到的情况是，既没有资金也没有资源划拨给这一工程，甚至没有明显的机制来推进这个项目。他将迅速改变一切。

像维特这样敢于声称建设世界奇迹之一的财政大臣并不多。毫无疑问，维特是最值得被称为"跨西伯利亚大铁路之父"的人。尽管他不是个花钱大手大脚的人，他却认识到这条铁路在很多方面的重要性。像许多伟人一样，维特需要相当大的运气才能完成这一伟业。他也需要正确眼光和时代精神，才能推动这一已经讨论很久但却进展甚微的工程。维特也是沙皇俄国一种凤毛麟角似的人物：完全凭能力而不是靠出身升至政府顶层。维特于1849年出生于格鲁吉亚首都第比利斯（Tblisi）①。他的出身并不显贵，尽管世系中也有贵族血统——曾有低级别的公主和伯爵——但他的父亲尤利乌斯（Julius），只是当地总督府中的一名文官。维特在敖德萨大学

---

① 当时称为 Tiflis。

（Odessa University）读的是数学专业，他那广受赞赏的毕业论文研究的是无穷小的数字，这对于日后要花数十亿卢布修铁路的他来说，实在是个有些讽刺意味的选择。

他的父亲和祖父都是在他上大学期间去世的，这使得他家道中落，不得不赶紧寻找一个稳定的工作，于是不可避免地被推进了文官行列。在等级森严的官僚结构中，他从较低的第九级干起，但总能得到提拔，因为他自诩的"高贵"血统——不过已经很不纯了——也因为他无可置疑的能力，这点迅速吸引了他的上司的注意。慧眼看中他的是俄国交通大臣弗拉基米尔·博布林斯基（Vladimir Bobrinski）伯爵。博布林斯基劝告维特不要去做工程师，他高瞻远瞩地认识到铁路更迫切需要的是受过良好通识教育的人，而不是知识面狭窄的专家。于是维特被派往当时归政府所有的敖德萨国有铁路公司工作，起初做售票员，但根据他的回忆录，他也"学习了货运知识，代理过助理站长和全职站长，还担任过检票员"[①]。这实际上就是英国铁路公司（British Rail）给能干的新员工进行的在职培训，只不过维特仅仅干了六个月，就被任命为铁路局长，是保证一段铁路顺利运行的关键角色。

在1877—1878年的俄土战争期间，维特在回忆录中称，他实际上担任着敖德萨铁路唯一的管理职责，负责将一切人员和军需运往前线，他的成绩引起了沙皇的注意。就在这时，维特遭遇了他仕途中最大的一次灾祸。一列运载新兵的火车翻下了沟壑并起火烧毁，导致一百多人死亡。这次事故是由维修班组造成的，他们移除了一段铁轨，却未及时补上，或者更确切地说，他们没有在风雪天

---

① 谢尔盖·维特著，格兰特·亚莫林斯基（Avram Yarmolinsky）编，*The Memoirs of Count Witte*《维特伯爵回忆录》，Garden City，1921），p. 16（可看到重印书）。

打出警示旗。维特与铁路的主管一起被追究了责任,尽管他与铁路维修并无直接关联。"那时候的公众舆论被自由主义精神所毒化,自由主义本质上仇视出类拔萃者,无论是因为职位还是因为财富,正是这种精神鼓舞着革命的暴徒们,"①这便是维特直言不讳的解释。两人均被判处四个月的监禁,但维特最终只坐了两星期牢,这要感谢沙皇的庇护。沙皇对他在战争中可圈可点的表现印象深刻,尽管舆论沸腾,维特仍然获准出狱并继续工作。

敖德萨铁路在战争期间实现了私有化,维特的老板变成了扬·布洛赫(Jan Bloch),当时的"铁路大王"之一,靠经营并扩张俄罗斯最大的产业而发了大财。1886年,维特负责经营西南铁路公司(Southwestern Railway),他的组织才能被证明无人能及。他凭借自己对管理和经济的理解,奋力想使该铁路公司扭亏为盈。按照维特的说法,主要的障碍是,铁路是工程师们在主事,他们缺乏商业头脑,总想花钱改进轨道和基础设施,而没有认识到确保线路运行的关键是盈利,因而实际上就是运营。这其实是当时铁路经营上由来已久的矛盾,维特坚强不屈,敢于管理工程师们,尽管他本人并非工程师。

维特升至俄国社会最高层的过程,也并非一帆风顺。1889年他在到达圣彼得堡担任政府职务后不久,他的妻子突然病逝,他成了鳏夫,但他很快就与玛蒂尔达·伊凡洛芙娜·利萨涅维奇(Matilda Ivanovna Lissanevich)坠入了爱河。玛蒂尔达是一位医生的妻子,是立陶宛一位邮政局长的女儿。令人不安的是,维特是在一个沙龙里认识玛蒂尔达的,她在那里可谓声名狼藉,与无数贵族都传出过绯闻。最糟糕的是,在当时反犹情绪高涨的俄国,她还是个犹太

---

① Witte, *The Memoirs of Count Witte*, p. 17.

人。维特无视一切闲话，也不顾任何宗教阻挠，出了3万卢布帮玛蒂尔达离了婚，然后娶了她。还有一个不利情况是，这种离过婚且名声又不大清白的女人，从来不准进入王宫，而维特因其新职位，却需要频繁进出王宫。

这时维特与极端主义政客们也发生了短暂冲突，险些断送了他的政治生命。1881年左翼革命党人刺杀了亚历山大二世沙皇后，维特也卷入了一个监视和暗杀的传言，这简直要让约翰·勒卡雷（John le Carré）*的惊险小说黯然失色。弑君事件令维特深感震惊和痛恨，促使他参与创建了一个秘密的反革命组织——圣兄弟会（Holy Druzhina）。这一组织在精英阶层中得到广泛支持。在一次错综复杂的行动中，维特被派往巴黎监视一名叫作波利扬斯基（Polyanski）的特工。波利扬斯基奉命杀死一个策划行刺沙皇行动的阴谋家哈特曼（Hartman）。维特的任务据说是，假如波利扬斯基失手，则杀死他，然后再杀死阴谋家。然而，波利扬斯基听到了风声，直接找维特对质，据说两个"枪手"险些火并，但经过短暂的内斗之后，那个疯狂的计划最终取消了，维特回到了俄国，也因为对这样荒唐的行动心生厌恶而离开了那个组织。尽管他忠诚于专制君主，但他实际上并非狂热的右翼分子，特别是当沙皇遇刺后，铁路系统掀起清洗犹太人行动时，他深感愤怒，斥责这一政策是"愚蠢的民族主义"，摧毁了无数"相当能干的人"的职业生涯。

实际上，维特非常注重在民众中推行道德教化，他也是现代商业实践的先驱。他既是现代主义者，也是传统主义者。他希望推动俄国进步，又坚决维护专制皇权。他认识到铁路盈利的关键在于正

---

* 生于1931年，原名戴维·约翰·摩尔·康韦尔（David John Moore Cornwell），英国间谍小说作家，曾在英国情报部门工作。——译注

确设定货运运费——要使运费低到足以吸引商人，但又能够保证盈利。他将自己的数学知识和经济理论结合起来，设计了一套极其有效的全国通用的货运费率。这使他既降低了铁路运费，又增加了国家收入，几乎使资产价值翻番。他写过一部专著，题目就叫《铁路货运运费原则》（Principles of Railway Freight Tariffs）。这本书吸引的读者不多，但在铁路经营者中广受赞扬，被誉为研究铁路运费问题的"开山之作"。维特看到了使铁路运费率为更广泛的政治目标服务的可能性。以前大多是设定一个每俄里（verst，俄罗斯度量单位，比1000码稍长）的标准运费率，但为了鼓励边远地区的开发，维特提出对于长途运输，应降低每俄里运费率。此举极大地造福于乌拉尔的铁厂，使得它们的产品在一路运抵圣彼得堡后，变得更有竞争力。在幅员如此辽阔的国家，更具智慧的货运定价办法至关重要。那实际上是把帝国迥异的各部分聚拢起来的办法，一旦跨西伯利亚大铁路建成后，这种办法将被证明是确保西伯利亚开发的关键。

维特也不乏幽默感。他在回忆录中评述了各位前任，也写到了维什涅格拉茨基："他非常诚实，但也极其弱智。他对铁路的无知简直令人吃惊。他有一个明显的弱点。当他视察铁路时，他只检查厕所。假如发现厕所不干净，他就会暴怒，但假如厕所是干净的，他就会很满意，其他的就不看了。"①

维特的冷酷无情也是广为流传的，而且他随时准备对对手痛下杀手。他在铁路行业到处都布下了眼线，这意味着他对对手的铁路似乎比其管理者还要熟悉——由此展现出的他的残酷是推行铁路事业所必需的。实际上，他为了达到自己的目的，丝毫不惮于化友为敌。

维特经营铁路公司的才能在政界并非无人注意，他尤其得到了

---

① Witte, *The Memoirs of Count Witte*, p. 32.

维什涅格拉茨基的赏识。1889年，维特被任命为财政部铁路事务局局长。这个职位是维什涅格拉茨基有意设置的，旨在对常年超支的铁路施加财政管制。这一任命意味着这位昔日列车售票员的飞黄腾达，他从最早在敖德萨担任的职务跃升了七级，而且他的新官职一向都是由世袭贵族担任的。①在当时俄罗斯政府各部门相互扯皮、明争暗斗的情况下，这的确是有力的一着棋。维特将铁路的大多数职责都从交通部攫取了过来，令昏庸无能的交通大臣胡贝内特瞠目结舌。他对维特在他地盘上的蚕食恼羞成怒，险些酿成了一次决斗。

维特取得了引人注目的成功。当时私人铁路公司榨取政府的疯狂局面已经结束。取而代之的是，政府开始自己投资修铁路，就像兴建跨西伯利亚大铁路那样。政府还将一些私人铁路收归国有，加强了对其他铁路的法律监督，以防止吸榨国有资金的情况。虽然当时铁路存在着各种各样的所有制，但铁路首次成为统一的网络。然而，尽管这些改革使得财政状况有所好转，但铁路系统仍然在赔钱，维特要着手扭转这一局面。事实上，他很快就设法做到了收支平衡，确保了长期成为国家财政负担的铁路赤字的消失。他将政府拥有的大部分铁路职能都聚拢到自己手中，使得铁路行业的效率大大提高。长期压迫国家预算的铁路亏损很快消除了，这令维什涅格拉茨基大为高兴。1891—1892年，伏尔加河地区发生饥荒，胡贝内特因铁路未能及时将粮食运抵灾区赈灾，而被迫辞职，很显然维特成为众望所归的接替者，并于1892年2月出任交通大臣。他迅速着手清理前任在铁路上留下的混乱局面。1892年夏天，本已因饥荒而造成人民羸弱的伏尔加河地区又爆发了霍乱，维特被沙皇派去"救火"。他组织了卫生服务，号召医学院学生施以援手，还动

---

① 虽然从严格的法律意义上讲，维特也已经有贵族头衔了。

员犹太粮商为灾区供粮。他的勤勉和勇气都是有口皆碑的。根据他的回忆录记载,他"走了一个又一个城镇,到了一个又一个村庄,亲临医院和药房,密切与病人们接触"①。

当维特被任命为交通大臣后,维什涅格拉茨基以为交通部里从此有了自己人,因而他将进一步加强对交通部的控制。但他大错特错了。维特有自己的目标。他在任职财政部期间,一向坚持削减按照维什涅格拉茨基命令进行的开支,但现在他却推动起维什涅格拉茨基顽固反对的跨西伯利亚大铁路计划来。无论如何,维什涅格拉茨基的时日是屈指可数了。他在饥荒最严重时期仍然维持俄罗斯的粮食出口量以换取硬通货,结果极大地加剧了饥荒的恶果,这一教条主义的政策招致了广泛的批评。他本人也因中风后遗症而饱受折磨,于是被迫辞职了。1892年8月,刚刚从伏尔加河地区返回的维特,受命取代维什涅格拉茨基出任财政大臣,他在这个职位上一干就是11年。

具有讽刺意味的是,为跨西伯利亚大铁路建设铺平道路的恰恰是维什涅格拉茨基。正是由于他把铁路建设的权力从交通部转移到了财政部,现在是维特掌管此事了。维特对许多想获得铁路建设特许权的贵族,或者只靠高贵血统得到政府职务的贵族根本不抱希望。他说他们都是"劣质材料"制成的,主要特点就是"贪得无厌":"很多年来,这些恶棍和伪君子一直占据着宫廷中的最高位置,并且至少在表面上,和皇室家族关系密切。"②于是,他意识到自己必须拉起自己的人马,才能建成铁路。这项工作在前一年就开始了,但是当伏尔加河饥荒的规模清楚后,就不得不暂停了。不管

---

① Witte, *The Memoirs of Count Witte*, p. 35.
② 同上,p. 52。

怎么说,没钱,全拜维什涅格拉茨基所赐。

在维特看来,这条铁路的建设远不止是一个运输项目。他明白这条铁路不会盈利,至少在很多年内不会。但没关系。这是一项关乎国家利益、重要性压倒一切的事业,无论对西伯利亚还是对全俄罗斯,从长远来说都有巨大的财政收益,因为这条运输线的提速,将把东西海上货运的大量业务转移到铁路上来。跨西伯利亚大铁路是与更宏大的俄罗斯工业化事业紧密相关的。交通便利将给大量工业产业带来经济繁荣。由于铁路拉近了距离,俄国的纺织品将更容易地卖到中国,中国产品在俄国的价格也会下降,因为货运成本降低了。维特指出,跨西伯利亚大铁路也将把西伯利亚的粮食、木材、皮毛、黄油和矿产运出,推动俄罗斯的总体经济。这与今天证明全球化的正当性的自由贸易观点如出一辙。维特并未强调这条铁路的军事用途,尽管我们已经看到,军事目的才是该项目的主要驱动力,但维特的确说过,该铁路将有助于为俄罗斯太平洋舰队提供服务,并确保俄国与东方和美国的友好关系。

跨西伯利亚大铁路并非只与西伯利亚有关。维特高瞻远瞩地认识到,铁路是更广泛的整体经济发展的发动机,因此跨西伯利亚大铁路作为人类迄今为止最大的铁路工程,也是经济的最重要的驱动力。维特的逻辑实际上是国家资本主义模式的,大致如此:铁路建设将刺激受到进口关税保护的重金属冶炼业的发展,使之为铁路提供铁轨和其他设备,反过来又会刺激较小较轻的产业的增长。这将振兴整体经济,尤其是城市经济,而城市经济发展后,又会推动农业生产,促进农村繁荣,因为产业工人的工资会寄回农村的家中:"铁路建设因此将成为整个经济的飞轮。"[①]当然,铁路绝对是国家最

---

① Von Laue, *Sergei Witte*, p. 77.

大的产业，到世纪之交时雇用着40万人。维特说起铁路的好处就滔滔不绝，他认为铁路不仅是经济力量，也是文化力量："铁路就好比酵母，能在人群中起到文化发酵作用。即使接触的都是一些极其粗野的人，也能在很短的时间里把他们的水平提高到运营所必需的要求。"[①]维特认为经济增长是俄罗斯社会稳定和长久发展的关键，而铁路则是经济增长必不可少的推动力。维特坚决拥护君主政体，但也意识到这种制度正受到革命力量的威胁，只有俄国经济繁荣才能挽救君主制。在欧洲，都是工厂先蓬勃发展起来，然后作为基础设施的铁路再跟上，而俄国的情况正相反，先铺设铁路以刺激重工业的发展，这是一种完全可以接受的经济模式。

因此，简而言之，维特将铁路视为经济成功的关键，而绝对是最长和最大工程的跨西伯利亚大铁路，是铁路网络发展中必不可少的部分。在维特看来，跨西伯利亚大铁路"不仅服务于国家明显的政治需求，也为争取民众的忠诚和赢得国内外的尊重奠定了基础"[②]。最重要的是，维特不顾一切地要展示，俄罗斯是与欧洲列强平起平坐的，俄国最终能与它们分庭抗礼。总之，跨西伯利亚大铁路是"满足他的国家的自尊心的一次努力"[③]。维特积极地向外国领导人宣传这条铁路，既是要展现其完工后的商业潜能，也是要表示俄罗斯不输于其欧洲对手——甚至比它们更强。

促成跨西伯利亚大铁路开建的，并不仅仅是维特对铁路的直接影响。作为财政大臣，他给俄国经济带来了稳定和增长，并千方百计地启动了俄国向一个重要经济体迈进的步伐。他采用金本位制，恢复了人们对卢布的信心，使得俄国能够大规模借外债来

---

① Von Laue, *Sergei Witte*, p. 78.
② Marks, *Road to Power*, p. 125.
③ 同上。

推动经济增长。他通过降低机床进口的关税,同时提高国内产品的关税壁垒以保护本国羽翼未丰的制造商,从而鼓励制造业的发展,推动了延宕已久的国家工业化进程。有趣的是,他还开创了国家酒类专营制度,表面目的是为了减少醉鬼,但正如实践所证明的,结果是极大地提高了政府的税收收入,促进了收支平衡。他的经济政策极其成功,以至19世纪90年代俄国的年平均增长率达到8%——尽管起点较低——但远高于当时的欧洲其他国家。假如没有这样的增长,跨西伯利亚大铁路将依然是空中楼阁。

维特对西伯利亚铁路工程的概括的确不是瞎吹,他说该计划是"为了抢占19世纪最重要的事业中名列前茅者之一,不仅对我们祖国是重中之重,对全世界而言也是如此"[①]。这绝非言过其实。他在他的回忆录中曾说:"如果说建设西伯利亚大铁路这一伟业是因为我的努力才得以实现的,这绝非夸大其词,当然,我先是得到了亚历山大三世陛下的支持,继而又得到了尼古拉二世陛下的支持。"[②]这番话被认为不够谦虚,但其实也并不为过。实际上,当时俄国恐怕再没有人能比维特更有能力监督这一工程的实施了,维特既有铁路经营的经验,也有政府工作的心得。

维什涅格拉茨基的吝啬和对铁路建设的阻挠,意味着维特在财政方面需要使尽浑身解数,克服巨大障碍,才能建成铁路。鉴于维特接手财政部时了解到的情况,项目似乎很可能还得延宕多年,即使工程曾于1891年短暂开工旋即停工。钱,无疑是当务之急。实际上,直到今天仍然不确知这条铁路的债务究竟是怎样偿还的,因

---

① Marks, *Road to Power*, p. 126.
② Witte, *The Memoirs of Count Witte*, p. 52.

为俄国政府的经济是在所谓"单账"（single till）制度的基础上运行的——换言之，所有收入，包括贷款，都汇聚在一起，因而很难确定究竟哪笔钱被用来偿还铁路债务了。维特通过稳定经济，的确设法争取到了外国贷款，尤其是来自法国的贷款。他似乎也耍弄了很多花招——对于今天的读者们来说都是司空见惯的了——比如他总是声称政府的账簿上仍有盈余，实际上情况却相反。按照史蒂文·马克斯的说法，铁路是"由普通预算的盈余部分开支的，这些盈余看来是因为1894年及其后各年的预算'执行得很得力'而积攒起来的"①，但正如他所暗示的，存在欺诈舞弊现象，这是我们始终无法确切探明的。

然而，寻找财源还不只是唯一问题，甚至恐怕都不是主要问题。如我们已看到的，俄国政府的管理架构是来源于18世纪的实践，而不是工业化经济的。维特几乎是甫一接管财政部，就着手创建一套新的架构，以保证自己能够顺利地掌控像跨西伯利亚大铁路这种规模的大项目，并且能掌控与之相关的项目。维特撰写了一篇文章，阐述了怎样通过建立一个强有力的委员会来推动这一工程的实施。该委员会将不仅经营管理和监督工程建设，实际上还有超出于铁路本身的更广泛的权限，能干涉西伯利亚的其他事务，如铁路的到来将不可避免地影响到的移民和城镇规划等问题。

维特的前任胡贝内特就曾提出过，建立一个"专门的中央管理实体"来推进西伯利亚铁路项目，但一直议而不决，是维特促成了这个机构，使之成为能够日复一日地推翻反对者提出的任何疑问的强大实体。维特的高招是，提议委员会的主席由皇位继承人——沙皇太子尼古拉大公——来担任。尼古拉已经在该项目的推进中发挥

---

① Marks, *Road to Power*, p. 128.

了重要作用，他将成为俄国的最后一任沙皇。当亚历山大沙皇刚刚首肯启动这个铁路建设项目时，沙皇太子就曾来过一番大巡游，去希腊、埃及、印度和日本等国进行了考察。沙皇心生妙计，决定派他的儿子出席在西伯利亚大铁路的东方终点符拉迪沃斯托克（海参崴）举行的开工典礼，这是一个出色的公关举措。于是，1891年3月，沙皇以皇室成员交流时特有的浮夸语气给儿子写了封信，最后以不适当的大写字母和过长句子结尾：

> 殿下将受命启动一条跨越整个西伯利亚的连续的铁路的建设。这条铁路注定将把自然资源极其丰富的西伯利亚，与内地的铁路网连接起来，我授权你在巡视东方并返回俄罗斯土地之后，宣示我在这个问题上的旨意。与此同时，我希望你在符拉迪沃斯托克，为乌苏里铁路的建设奠下第一块基石，使之成为西伯利亚铁路的一部分。这条铁路将由国家出资建设，在政府的直接指导下进行。①

尼古拉太子当时年仅23岁，刚刚在日本因为一次刺杀事件而受到了惊吓——一名发了疯的警察用马刀袭击了他。他于是领受了在铁路的东端主持开工典礼的任务。在1891年5月31日举行的一个简短仪式上，他挥舞铁锹，为一辆手推车装满了黏土，将土倾倒在即将成为乌苏里铁路（Ussuri Railway）的路堤上，然后又在车站的位置上奠定了基石。当时的符拉迪沃斯托克（海参崴）可不是一个引人注目的地方，根据哈蒙·塔珀（Harmon Tupper）的描述，那里是"一个破破烂烂的小镇，没铺柏油的街道泥泞不堪，露天的

---

① Newby, *The Big Red Train Ride*, p. 68.

下水道，阴森恐怖的军营和仓库，没有刷漆的木屋，还有几百座中国人和朝鲜人居住的抹了灰泥的茅草屋。在这座港口的1.4万名居民中，中国人和朝鲜人大约占三分之一"①。今天的符拉迪沃斯托克（海参崴）车站仍然会令人回想起这个重大事件，候车室里有"奇迹创造者"尼古拉的画像。铁路建设一旦得到沙皇如此强劲的支持，就不可阻拦了。这个长期在政界引发各种辩论和争执的主张，如今受到了普遍的支持。

然而，如我们所看到的，饥荒和缺钱意味着进展不会太大，到1892年8月维特接掌财政部时，建设工程已经暂停。维特提出的成立一个由政府各部门主要官员参加的西伯利亚铁路委员会的建议，被沙皇接受，他实际还被授予了全权，能调动充足的资金来确保该计划的实施。维特强烈主张跨西伯利亚大铁路的建设应当与其他项目相谐调，比如叶卡捷琳堡—车里雅宾斯克铁路的建设，以便乌拉尔的金属产品能够便利地运到建设地点。他还保证了与跨西伯利亚大铁路交叉的河流的航运条件得到改善，以方便在建设过程中提供建材。鉴于吸引定居者是修这条铁路的主要目的之一，维特提议移民应当与（无论为人畜治病的）医院、教堂和居民需要的其他设施一起规划。同样重要的是，为吸引他们，还须设计一个土地分配方案。

所有这些问题都进入了委员会的视野。维特由于巧妙策划，确保了将正确的人选任命到委员会中，从而在实际上掌控了委员会。通过掌控委员会，他又在实际上掌管了西伯利亚事务，并能影响到更广泛的俄罗斯外交政策："西伯利亚铁路委员会的权限远比其前身（先前一个类似的委员会）要大，因为它不仅仅局限于管理铁路

---

① Tupper, *To the Great Ocean*, p. 83.

建设。由于维特在掌舵,其视野和雄心在不断扩大。维特通过该委员会,获得了对帝国亚洲政策的掌控权,至少在当时是如此。"① 实际上,其特殊权限包括"分配西伯利亚的总体经济福利,重振西伯利亚与亚洲大陆的商业交流"②。

  选择尼古拉担任委员会主席,确保了这条铁路一定能够修成。维特花了大量时间来说服沙皇,将这一关键职位交付那个年轻人是条妙计。沙皇心存疑虑,认为太子还是个小孩子,没有经验来主持如此重要的委员会。维特一向足智多谋,又提出由尼古拉年高德劭的老师尼古拉·本格(Nikolay Bunge)出任委员会副主席,在遇到困难时为太子出谋划策,以保证工程顺利进行。沙皇最终被说服,同意了这一任命。

  尼古拉本人非常热心。他与在他之前的几位沙皇不同的是,他视察过其祖国最东端的角落,支持铁路将统一国家的观点。将西伯利亚"俄罗斯化"是驱走"黄祸"的一种途径,而铁路将是这一进程的先锋。正如我们将在第六章中看到的,这些东方的野心将被证明是极其危险的,跨西伯利亚大铁路的建成,引发了一场战争,险些使俄罗斯君主制的倒台提前了12年。后来成为沙皇的尼古拉对很多国事提不起兴趣来,斤斤计较于细节,却丧失了战略眼光。他实际上是委员会积极而忙碌的主席,直到他父亲去世两年后他已继位为沙皇,他仍保留着这一职位。然而,他性格懦弱,很容易受到维特的操控,两人之间的良好关系很快恶化了。实际上,未来的君王对这位身处俄国政府核心地位、总揽一切的天才心怀畏惧。具有讽刺意味的是,正是维特作为一名坚定果决的管理者的能力,使得

---

① Marks, *Road to Power*, p. 133.
② 引自 A. I. Dmitriev-Mamonov 和 A. F. Zdziarski 主编的 *Guide to the Great Siberian Railway* (1900; David and Charles, 1971), p. 66。

他,而不是他所把持的那位迟钝、笨拙的未来沙皇更适合于统治这个国家。尼古拉一旦成为沙皇后,也并不想铲除维特,因为他知道维特对西伯利亚铁路项目不可或缺的作用。然而,"尼古拉感到自己像是看着维特大显身手的旁观者,特别是在远东,这位大臣的强劲表现似乎挫败了尼古拉本人的雄心。维特凌驾于一切人之上,尼古拉心生嫉妒和怨恨。"①

然而,结构依然稳固。西伯利亚铁路委员会安稳如山,实际上对西伯利亚的统治负起责来,就连沙皇和他的主要大臣之间的争执也不能阻止工程的进展。再没有什么能阻拦这一进程了。推土机和工程师们组成的大军需要驱动这条钢铁巨龙穿越辽阔的西伯利亚,建成世界上迄今为止最长的铁路。

---

① Marks, *Road to Power*, p. 139.

第四章

开进大草原

跨西伯利亚大铁路建设者们遇到的困难，是怎么夸大都不过分的。这条铁路没有穿越像阿尔卑斯山或印度高止山脉（Indian Ghats）那样的山地，也没有像英国差不多同时在建的一条铁路那样穿越寸草不生的苏丹沙漠，但是单就其长度和工程队伍须忍受的极端气候条件而言，其建设也是一项无与伦比的壮举。就说其规模，西伯利亚大铁路长 5750 英里，比加拿大大陆铁路长 2000 英里。加拿大那条铁路从大西洋海岸纽芬兰岛（Newfoundland）上的圣约翰斯（St John's）到太平洋海岸不列颠哥伦比亚省的温哥华（Vancouver），是分阶段修建的。美国的第一条横贯大陆的铁路完工于 1869 年，长度要短得多，1863 年开工时只用修建 1750 英里新铁路，还不到跨西伯利亚大铁路的三分之一，因为其东段早已经修好了。与之相反的是，跨西伯利亚大铁路假如不计算已经修好的莫斯科至车里雅宾斯克段，需要新修的铁路仍然有 4500 英里。

除了工程浩大、任务艰巨，还有更多普通的困难。在树都不长的大草原，做路碴的石头和做枕木的木头都不能就地取材，铁轨也得从遥远的乌拉尔和俄罗斯欧洲部分的工厂运来。需要修建好几座巨大的铁桥跨越大河，还需要搭无数小桥，大多是木质桥，渡过不可胜数的小河和激流。铁路经过的大部分地区是沼泽，其余部分是永久冻土带。还有更糟糕的，有些地方的土冬天冻得硬邦邦的，春天解冻后很快就变成了泥塘。虽然经过的山脉都不很高，但也有好几座山需要修建长且通常是上坡的弯道，因为在大多数地段都要避免开凿隧道，以控制成本。继而，铁路从莫斯科出发，延伸至全程的约三分之二时，会遇到可怕的天堑贝加尔湖。这是世界上水量和深度都居第一的大湖，从北向南伸展了约 400 英里，南端还有一条山脉，给建设者出了最大的难题。劳工也是个大问题。铁路经过的广大地区都是无人区或只有游牧部落，部落的人不愿为铁路干活，因此工人也得从遥远的地方征召。

总之，这项工程没有容易的地方。为了使工程建设合理化，以免合同无法管理，铁路被分成了三大段——西段，西伯利亚中部段和远东段。大段之下又继续划分小段。西段和西伯利亚中部段都进一步分成了两个分别进行的工程，以加快建设。西段包括车里雅宾斯克—鄂木斯克（Omsk）段和鄂木斯克到鄂毕河段，西伯利亚中部段则以叶尼塞河（Yenisei）为界分为两段，一段从鄂毕河到克拉斯诺亚尔斯克（Krasnoyarsk），另一段从河的东岸修到伊尔库茨克。跨越宽阔而曲折的大河——如鄂毕河和叶尼塞河——的大桥，则留到最后再修。环贝加尔段铁路沿着贝加尔湖南岸的山区延伸，是工程最艰难的一段，也留到了最后。当时的想象是，夏天先用蒸汽机船承担跨湖交通，到了冬天再铺设环湖的铁轨。接下去是阿穆尔铁路，从贝加尔湖东岸到阿穆尔河（黑龙江）畔的哈巴罗夫斯克（Khabarovsk，即伯力）；最东边的一段是乌苏里铁路，从阿穆尔河（黑龙江）畔向南到符拉迪沃斯托克（海参崴）。速度至关重要。1892 年，东部的乌苏里铁路在符拉迪沃斯托克（海参崴）与西段铁路同时开工——或者毋宁说是复工。第二年，西伯利亚中部段也开工了，意味着整个地区都在进步。这些铁路都是分别建设的，但实际上，每一段单独来看，都堪与美国和加拿大的横贯美洲大陆的铁路相媲美。由于地形、居民点生活水平和各地气候的千差万别，每一段都会遇到许多各自不同的困难。总而言之，工程的规模和艰巨程度，比世界上此前的任何铁路，实际上也比此后的铁路，都要巨大得多。

所有这些工程都由总部在圣彼得堡的西伯利亚铁路委员会监督实施。该委员会对重大问题做出决策，例如：决定较长的大桥是由钢铁还是由木材制造；确定最终的线路，比如在伊尔库茨克和贝加尔湖之间，铁路沿安加拉河（Angara）的哪一侧河岸修建；特定的路段什么时候开工；当然，还有最关键的，分配预算。不过，鉴于决策交流需要时间而建筑工地又极其遥远，所有的日常决定都是由总工程师和承包商做出的。

开工之前进行的勘测工作极其草率。根本没人打算选择一条最佳路线，而只是由圣彼得堡的官员们在地图上随意地画了一个4俄里的地段，实地勘测者便对这块弹丸之地进行了考察，也不管勘测结果是否适用于其他地带。当时也没有合用的西伯利亚地图，使得准备工作更显得儿戏，圣彼得堡的官僚们能借以规划线路的信息实在是太少了。由于当时的绘图技术还不足以覆盖如此广阔的地区，在很多地段，将铁路线向南或向北挪几英里，情况都会好得多。按照史蒂文·马克斯的说法："俄国技术学会（Russian Technical Society）的一些成员怀疑，甚至在铁路开工之后，还有多达一半的路段根本没有进行过任何勘测。"[①]显然，乌苏里铁路有一段，勘测

---

① Marks, *Road to Power*, p. 176.

工作是由一名根本无资质的当地人，在他的两个儿子和一名会说蒙古语的向导陪同下进行的。难怪这段路程事后证明成了最难修的一段。俄国当时最主要的科技组织——技术学会——反复请求对整条线路进行细致的勘测。他们有很多科学依据，但却无济于事。政府心急如火，根本听不进这些"废话"，而且，"政府的工程人员否认他们所做的勘测和调查是不完备的"①。他们声称要想修一条完美的铁路，需要一个世纪，而他们只想确保在十年内完工。实际上，这种囫囵吞枣的作风也许的确是适合政府掌握的资源情况的，最终也证明是合理的，尽管毫无疑问的是，因为缺乏适当的准备工作，多花了不少钱。

军事上和政治上的紧迫性都要求加快铁路修建进程，这也是决定铁路最终状况的重要因素。政府一心要使铁路尽可能快、尽可能容易地到达太平洋海岸，因此根本不在意技术因素或地方利益。实际上，尽可能快地完工，也是19世纪60年代美国修建第一条横贯美洲大陆的铁路时的指导思想，只不过那次是金钱和贪欲决定了需要加快建设，因为那条铁路是在政府的巨大资助下由私人资本建设的。②

关于这条铁路最匪夷所思的决定是，居然绕开了西伯利亚中部最大的城市托木斯克。脍炙人口的传说是，勘测师曾向地方当局索贿，结果没有成功，于是让铁路远离了该城。实际上，更可能的原因是，他们依据地理条件做出了这一决定，因为托木斯克坐落在原始针叶林中，为巨大的鄂毕河冲积平原形成的沼泽所包围，如欲使铁路到达该城，则费时更长，耗资更高。后来又修了一条支线，将

---

① Marks, *Road to Power*, p. 176.
② 参阅拙著 *The Great Railway Revolution*。

该城与铁路干线连接了起来。托木斯克还被授予了一项安慰奖,成为西伯利亚大铁路的行政总部所在地。另外还有好几座西伯利亚城镇被绕开了,不过距离不很远,因为勘测师和建设者们选择了困难最少的路径。传统的城镇都坐落在山顶上或河曲处,使得铁路很难接近,有好几处车站和城镇都被河流隔开了。

关于这条铁路的另一项重大决策,后来影响要大得多。铁路没有始终走阿穆尔河(黑龙江)以北,保持在俄国境内,而是决定从南边穿过中国东北,连接到符拉迪沃斯托克(海参崴)。修成这条中东铁路(Chinese Eastern Railway),有好几处明显的技术便利。总长度减少了 514 俄里,在整条铁路的 10% 以上,而且这一方案的支持者们声称,每俄里的建筑成本也会降低,因为铁路经过地区的地形更容易修铁路,不过我们将在第六章中看到,情况并非如此。然而,尽管提出了技术原因来解释这一改变,但实际上,这一决定是植根于卑鄙的政治考虑的。实际上,修建跨西伯利亚大铁路时穿越中国领土,这一想法早在该铁路计划本身产生时,就已经存在了。顽固的俄罗斯帝国主义者一向视修铁路为侵占中国领土的机会,这是为第二章中提及的穆拉维约夫的侵略行径所证实的,从军事的观点看,无论是攻是守,铁路均能提供极大便利。

尽管如此,1891 年起草的最初方案,设想中建设的阿穆尔铁路是从贝加尔湖经石勒喀河(Shilka)和阿穆尔河(黑龙江)河谷到哈巴罗夫斯克(伯力),在那里与从符拉迪沃斯托克(海参崴)延伸而来的乌苏里铁路交会。然而,这条外贝加尔线要经过的是一些很不利于修铁路的地区,如 1894 年完成的初步勘测显示,总长 1200 英里的阿穆尔铁路须翻过高山,跨越河谷,需要修筑造价昂贵的路堤和路堑。这段铁路要建上百座桥,其中在哈巴罗夫斯克(伯力)跨越阿穆尔河(黑龙江)时,要修一条长达一英里半的大桥。因此，阿穆尔铁路的造价将达到每俄里约9万卢布，是西段的两倍。还有其他困难。为修路提供补给的道路条件很差，实际上所有东西都必须通过河流运来；然而冬季河流却严重缺水；大量的铁轨须在永久冻土地带铺设，这方面的技术在当时也深受怀疑。但是，实际上，这些障碍都是在给让铁路经过中国东北的十分勉强的借口增加说辞，并不能决定性地证明阿穆尔铁路就是根本不可行的方案，正如事实所证明的，又过了几十年后，阿穆尔铁路的确建成了。

维特在他的回忆录中很不诚实地写道，当跨西伯利亚大铁路修到外贝加尔地区时，就铁路往东该走哪条路发生了争执，"我心生一计，让铁路直接穿过中国领土，原则上经过蒙古和北满，直到符拉迪沃斯托克"①。维特突发妙想，让铁路经过了中国东北，是政客篡改历史的典型例证。修建一条铁路穿越别国领土，这在整个铁路史上都是闻所未闻的，显然，假如事先没有进行过大量的准备工作，这样的重大计划是根本不可能提出的，更不必说郑重考虑了。实际上，中日俄三国之间的外交关系，才是决策的核心。19世纪晚期，羸弱的清帝国与日本的关系变得非常紧张，1894年时还爆发了一场短暂的战争，日本轻松取胜。中国被迫付出巨额的战争赔款，维特从中斡旋，帮中国向法国银行家借了贷，并保证俄国将为这笔贷款进行担保。

作为对俄国友善地帮助借款并予以担保的感谢，中国派出级别很高的官员，曾领兵作战的李鸿章，作为代表出席尼古拉二世的加冕礼。当维特得知这样一位重要人物将取道苏伊士运河而来后，立刻谋划务必确保不让李鸿章在旅程中会见任何欧洲政治人物，这样

---

① Witte, *The Memoirs of Count Witte*, p. 86.

当他到达圣彼得堡时，他们就可以谈判铁路经过中国东北事宜了。维特派出叶斯佩尔·乌赫托姆斯基（Esper Ukhtomsky）亲王作为特使，到苏伊士运河迎接李鸿章。沙皇俄国亲王不少，乌赫托姆斯基实际上是非常年轻的一位，但他的级别仍然使他成为迎接中国贵客的合适人选。事实证明，他办事非常得力，在英国和德国外交官们察觉之前，他就把李鸿章接到了圣彼得堡。

维特描述了与这位中国要人非常滑稽且毫无成果的首次会见。两人坐下喝茶，李鸿章掏出烟袋锅，由随从中一位内侍点着了火，抽起烟来，谈话始终没有超越对两国皇帝及皇室健康的问候，"无意谈公事"。但在第二次及之后的会晤中，双方就一项对俄国极其有利的协议进行了谈判。维特强调说，在最近与日本的战争中，俄国派出了军队，但因为没有铁路，当他们到达前线时，战事已经结束了。将来，假如有一条铁路经过中国东北，就能确保俄国更快地对日本实施军事干涉，帮助保护中国的利益。他甚至单刀直入地说："日本很可能会对铁路采取支持态度，因为铁路将把日本与西欧连接起来，而日本正在学习西欧文明。"① 这一说法后来被证明纯属无稽之谈。实际上，由于条约中的部分条款设想了在受到日本攻击时，双方应相互支援，维特的说法可以说甚至在条约拟定时，就没人相信。

维特无疑是位出色的外交家，他的策略是奏效的。中国人准许俄国人修建这条铁路，从贝加尔湖以东250英里的赤塔到符拉迪沃斯托克（海参崴），几乎是一条直线，不过李鸿章不许该铁路直接由俄国政府来建设。于是设计了一个幌子，这条铁路由一个名义上的私营公司——中东铁路公司（Eastern Chinese Railway

---

① Witte, *The Memoirs of Count Witte*, p. 89.

Corporation）——来建设。维特后来在回忆录里指出，该公司"完全掌握在政府手里"，而且这样甚至更好，正因为它名义上是个私人企业，因此它"处于财政部的管辖范围内"——换言之，正好在维特的地盘内。中国同意划出一条足够宽的地带来供铁路建设和运营，还划拨了侧线、停车场和车站的用地，引人注目的是，铁路拥有自己的警察，尽管是在外国的土地上，他们也有"完整和不受约束的权力"。中国人只是要求俄国人不要到铁路南边来，维特欣然同意了，不过几乎是铁路建设刚一开工，这个保证就实际上不管用了。

所有谈判都是在秘密中进行的，这令维特非常满意："关于我们和中国的密约，没有一丝风声走漏到新闻界去。"[1]保守秘密对李鸿章来说，也许同对维特来说一样重要，因为条约对俄国人非常有利，铁路建设后来果然受到过义和团运动（1899—1901年）的影响。维特实际上也承认："中国授权建设铁路的特许条款对俄国非常有利。"俄国人得到了36年的铁路特许经营权，但是即使在36年后，中国人要想收回铁路，代价也非常昂贵。维特本人都承认，到了第37年，中国人要花7亿卢布（约7000万英镑），才能赎回铁路控制权。尽管这很明显是俄罗斯帝国领土扩张计划的一部分，维特却坚决不肯承认，他后来曾写道："跨西伯利亚大铁路绝对不是领土扩张的手段。"[2]然而，就算他说的是真心话，建设中东铁路这一决策给人们的感觉，无疑促使日本得出了相反的结论。最终，这条铁路成为三大国之间许多摩擦的起源，这些摩擦引发了很多争执，甚至是冲突。

自1891年的"抢跑"后，跨西伯利亚大铁路的重新动工是在

---

[1] Witte, *The Memoirs of Count Witte*, p. 94.
[2] 同上，p. 87。

车里雅宾斯克的郊外。车里雅宾斯克是已存在的铁路的最东端,在叶卡捷琳堡以南大约120英里处,现在注定要成为西伯利亚的大门了。铁路将在一位工程师的主管下沿着即有道路修建,这位工程师需要承担修建任务的整体组织工作,更多的是要去雇用承包商。承包商绝大多数是雇有成百甚至上千工人的大公司,但也有一些小企业分到了特殊的任务。铁路的第一段——西西伯利亚段,从车里雅宾斯克到鄂毕河畔,新尼古拉耶夫斯克(Novonikolayevsk)的对岸。新尼古拉耶夫斯克是1893年因铁路的到来而修建的小镇,其命名既是为纪念沙皇,也是为纪念圣徒尼古拉,就好比在宗教和君主之间做的套期保值交易,不过现在它用的是苏联时期起的新名字——新西伯利亚(Novosibirsk)。为了使工程更易于管理,这个漫长的路段在大致中间处——鄂木斯克——被一分为二。受命建设西西伯利亚铁路的人是康斯坦丁·雅科夫列维奇·米哈伊洛夫斯基(Konstantin Yakovlevich Mikhailovsky)。他参加过克里米亚战争,有乌克兰贵族血统。他是一位技术精湛、经验丰富的土木工程师,曾在伏尔加河上建设过令人交口称赞的亚历山大桥(Alexander Bridge)。该桥于1880年竣工。米哈伊洛夫斯基接受铁路建设任务时,只得到了一张地图,上面画了一条细细的直线,穿越了大约900英里的平原地区。正如哈蒙·塔珀所描述的:"他想到了严寒霜冻将使能够全力赶工的时间只限四个月,但他没料到货车、马车、马匹、驳船和轮船等,也都如此短缺。"① 铁路的这个西段,大部分森林在好几个世纪前就已被砍光,缺乏树木成了最大的困难。只剩下一片可用的森林,还在车里雅宾斯克以东200英里处。因此,不得不从遥远的俄罗斯欧洲部分引进大量的木材,以及铁轨和其他部件。

---

① Tupper, *To the Great Ocean*, p. 101.

其他建材倒是都能就地取材，尽管价格经常很高，但是缺乏工人，特别是缺乏有技术的工人，才是承包商们最大的困难源泉。不可避免的是，整个工程对劳动力的需求，总是超过该地区所有地方所能提供的数量。机械化程度很低，而实际上，机械化是直到最近，才在当代欧洲和美国的铁路建设中成了标配。因此，西伯利亚铁路委员会估计，在建设的第一阶段，包括西西伯利亚线和中西伯利亚线，共需要3万名挖土工，此外还需要5万名懂技术和不懂技术的劳工来担负其他工作。虽然在西伯利亚铁路的这个第一段，无技术的劳工比继续向东时更容易获得，其中约80%都是就地招募的，但有技术的劳工极其缺乏，正如塔珀所描述的："即使在车里雅宾斯克到鄂木斯克之间人口相对稠密的农业地区，工匠都很难寻觅，因为定居的农民缺乏工艺技术。而在草原上，四处游牧的牧人们不愿离开牛羊。他们把牛羊看得很重，以致他们的风俗是，彼此先问候牛羊好，然后才问候家人好。"① 使用本地工人还有一大不利之处，就是到了收割季节，无论铁路多么需要，他们都习惯于回家，以致铁路建设条件最好的季节却成了劳力最短缺的时期。结果，米哈伊洛夫斯基的承包商们不得不既从俄罗斯欧洲部分招工，还要从土耳其、波斯和意大利找人。

工程很繁重，但与半个世纪前修建从圣彼得堡到莫斯科的尼古拉耶夫铁路的悲惨的农奴们相比，条件要好得多了。夏天的时候，大部分工人就露营住在帐篷里；但是到了冬天，由于只能修桥、建车站或进行其他辅助工程，工人的人数要少得多，他们就能住进简易的小木屋或有覆盖物的货车车厢。在短暂的夏天，劳动时间较长。从5月到8月，工人们一般要从早上5点干到晚上

---

① Tupper, *To the Great Ocean*, p. 101.

7点半,一天14.5小时,中间只在难得慷慨的午餐时间休息一个半小时,令人筋疲力尽。冬天时劳动时间只限于白天,但由于铁路线令人惊讶地靠南——实际上整条铁路线都在与伦敦相差不到5度的纬度范围内,很多路段其实比伦敦还要向南——这意味着即使在最深的寒冬,每天也至少能工作七八个小时,尽管低温和大雪会妨碍铺设铁轨。计划是一星期劳动六天,虽然逢节日会放假,但假如节日是在工作日,那么下一个星期天就会补上工时,因而实际上是无节日可休的。伙食是最低标准的,通常午餐时用一口大铁锅炖肉或者鱼,时常再配上一些蔬菜,由工人们用各自装在靴子里的小木勺盛上少许。晚餐是极稀的粥和面包,再配上一小块黄油或猪油,节日时会有少量的葡萄酒。不同的承包商制定的伙食标准显然千差万别,其中一些人(特别是在乌苏里段)提供的饭食实在糟糕,导致了抱怨甚至是骚乱,但大体而言伙食还是过得去的。不过,饭菜并不免费,饭钱要从工钱中扣除,但即便如此,工人们还是能挣到不少钱的,因为高报酬是吸引到足够数量工人的关键。根据当时的资料,"比如,在西西伯利亚,无技术的工人参加建设西伯利亚大铁路,挣到的钱比他们在农村里受雇于老式殖民者,能高出八倍"。① 有技术的工人待遇更好。石匠大多是意大利人,如果干活努力的话,一个月能挣100卢布,在当时是一份相当不错的薪酬了。

  这条铁路,不可避免地是一项危险的工程。按照最好的估计,死亡率也有2%。依今天的标准看,也许是惊人的,但与当时的其他巨大工程相比,要算好得多了。当年诸如(始终未完工的)从好望角(Cape)到开罗(Cairo)的铁路,或者巴拿马运河挖掘,死

---

① Marks, *Road to Power*, p. 184.

亡率有时能高达30%。不过，西伯利亚大铁路的死亡率，有可能被低估了，但更可能是被高估了，无论往哪个方向的估计，都是不准确的。一方面，研究布尔什维克革命后这条铁路建设情况的苏联历史学者，出于自己的政治目的，往往会夸大建设条件的艰苦，力图将邪恶的沙皇政权描绘得尽可能地糟糕。另一方面，贪得无厌的军需官们又会竭力地隐瞒工人的死亡和失踪情况，以便吃空饷；而且，承包商们也不肯报告所有事故，那样会显得他们很不得力。

条件有时艰苦得令人难以想象。在沼泽地段施工时，经常要在齐膝深甚至齐腰深的泥潭中劳作，不仅艰辛而且危险。在天气较热的几个月，蚊子是经常性的威胁，也是疾病的源泉，不过这条铁路比较靠北，远离了疟疾发作地带。除了偶尔会爆发霍乱，后来在修中国段时也时有瘟疫流行，西伯利亚大铁路倒是没有热带条件下类似的工程所特有的可怕的传染病发作。

最危险的工程是修桥，尤其是在冬季，工人们必须在河上方的高处或者周围的堤岸上作业，没有安全保护设备，一切听天由命。当年的一位观察家洛迪安（L. Lodian），发现那里估算事故发生概率的办法非常奇特：承包商们每花费100万卢布，估计就会有一名工人死亡。因此，鉴于一座大桥普遍的耗费是400万卢布，估计会有四起死亡事故发生。洛迪安提到，在私下聊天时，他听说建桥的死亡率似乎比这还要高，更像是每花100万卢布要死三到四人，但这个数字太说不过去了，是不能让当局知道的。他猜测死亡率高的原因是，桥上高空作业的工人们"的体温会不知不觉地降到令他们麻木的地步，结果当有人打滑时，他们冻僵的手指无法及时抓住任何支撑物，于是他们就会栽下去"[①]。而一向麻木不仁的俄国农民，

---

① Tupper, *To the Great Ocean*, p. 115.

会视这样的事故是理所当然的事情。

较大河流上的钢桥，都是根据俄国工程师在考察美国后照搬来的设计建造的。很多俄国工程师都曾到美国学习桥梁工程技术，其结果便是，桥梁的功能高于美观，很多桥梁都与其在美国的先驱极其相似，特别是有些桥梁连成套部件都是由美国提供的。桥墩必须格外结实，才能承受春天时铁路的压力。原本水量最小时蜿蜒曲折的小溪流，到了春天会突然变成凶猛的激流，裹挟着巨大的浮冰奔涌而来，大有摧垮一切量级不够的阻碍之势。届时许多桥上都会配备专门的卫兵，将扑向桥墩的浮冰拨开。西伯利亚的主要河流都很广大、宽阔和湍急，因此跨越这些河流的桥梁都是在铁路建设的最后阶段完工的。虽然铁路的其余部分都是按最低标准设计的，基本上没考虑省工减料会造成的长期影响，但桥梁建设却是过得硬的，丝毫没有冒险。所有较长的桥梁完工时，都会有四辆火车头各拉一列载满重物的货车驶到桥中部，在那里停留两个小时，以检验其抗压性和弯曲度。

神祇也受到了召唤。主要的桥梁在正式通车之前，都要在当地神甫的主持下，举行一个盛大的祈福仪式。桥头会装饰一个小小的神龛，供奉一位广受尊崇的神灵，当列车经过时，会减慢速度以便让旅客们有机会将一些硬币投入供神的碗中，以祈求旅途平安。因此，要感谢工程师们的技术——或许也要感谢神的保佑——在整个西伯利亚铁路历史上，这些桥梁始终安稳如山。然而，具有讽刺意味的是，神甫们在为铁路的其他部分祈福时，本该更用心一些，如我们在下一章将看到的，在铁路运营的最初几年，桥梁以外的部分致命事故频繁发生。

架桥不可避免，凿隧道却是躲得开的。直到今天，西伯利亚大铁路上隧道仍然极少，尽管的确开凿了一些以减少里程。洛迪安沿这条铁路线乘火车向东走了2000英里,才遇到第一个隧道。实际上,起初贝加尔湖以西的整条铁路线上都没有隧道:"俄国铁路工程师宁愿炸开一座小山,在岩石间留下一个狰狞的豁口,也不愿挖隧道;因为隧道像房子一样,总会给他们带来些麻烦。"①隧道不仅造价高,而且建设难度也较大,所以只是在比主体工程晚开工若干年的环贝加尔线上,才集中出现了一批隧道。

继续往东,劳动力的构成就大为不同了。于1893年开工的第二段主干线——中西伯利亚铁路,工程负责人是尼古拉·梅热尼诺夫(Nicholas Mezheninov)。他在招募人手方面面临着比米哈伊洛夫斯基更大的困难,以致在本地承包商都很缺乏的情况下,梅热尼诺夫不得不亲自解决大部分劳力问题。铁路到了这段,将主要穿越原始森林,无边无际的针叶林地带,人迹罕至,平均每平方英里还不到一人。由于铁路在这一地区没有走传统驿道,铁路经过之处以前只能通过水路到达。大部分工人是从俄罗斯的欧洲部分招来的,但梅热尼诺夫意识到人手还远远不够,他于是决定冒险起用这一地区唯一可用的主要人力资源:已被发配到西伯利亚的囚犯和流放犯。此举后来证明是个英明的决定。从中西伯利亚段的终点伊尔库茨克的一座监狱,征用了1500名犯人,用来砍树、挖土和在小河上架木桥。对犯人们来说,工钱尽管微不足道,每天只有25戈比(四分之一卢布,不过至少够他们买一些梦寐以求的奢侈品:由狱卒出售的土豆、白糖等,以及非法的伏特加酒),但有一项重大刺激:在铁路上每劳动八个月,可以折抵一年刑期。还有更好的事情,对政治犯来说——他们总能得到不同的待遇——每在铁路上劳动一年,可以减免两年刑

---

① *Cassier's Magazine, an Engineering Monthly*, Volume XVIII (May 1900), p. 33.

期。罪犯们的工钱起初只相当于自由工人们的三分之一,后来也提高到同等水平,这也是极大地刺激了他们的生产效率的一个动因。假如逃进森林,唯一的前景就是死得更早,因而也很少有人逃跑。事实证明,大多数犯人都是模范的工人。也有一项巧妙的惩罚制度来阻止逃跑。犯人们被分成了许多"合作社"(artel),进行严格的自我保护,实际上是自我监督。"合作社"成员有无逃跑,是名誉攸关之事,假如有一人逃跑,该"合作社"的其他全体成员都得连坐受罚。可以理解的是,罪犯们对狱友,比对狱卒更害怕。

再往东,是从贝加尔湖畔的赤塔开始的外贝加尔铁路,和从符拉迪沃斯托克(海参崴)到哈巴罗夫斯克(伯力)的乌苏里铁路,犯人的使用更为普遍,也更为必然。构成当地人口的绝大多数的原住民,主要是游牧的猎手,无意在铁路上劳作。寻找工人的所有其他尝试也都失败了。中国承包商倒是答应从中国境内招1.5万名劳工来,当春天来临,符拉迪沃斯托克(海参崴)附近太平洋海岸上的金角湾(Golden Horn)坚冰融化后,用船将他们运送过来,到了12月,再赶在重新冰冻之前将他们送回去。这似乎是个很好的主意,因为到了冬季中期,土地上也都结了冰,这段铁路必须停工。在美国第一条横贯美洲大陆的铁路修建时,其中的中太平洋段实际上多亏雇用了大量华工,尽管起初人们怀疑过他们的身材和力量,但事实证明他们是极其高效的劳动者,然而,奇怪的是,乌苏里铁路的建设实践却不同,似乎显示了华工根本不适合修铁路。他们很靠不住,雨天时拒绝出工,因为他们受不了潮湿的天气,而且他们对当地老虎的惧怕,尽管可以理解,却造成了极大的损害。根据哈蒙·塔珀的记载,工地附近只要"有一丝关于老虎的传言,他们就歇斯底里地大喊大叫,蜷缩在营地里不肯出工,直到承包商雇用的打手把他们赶出来"①。尽管这种描述或许有种族偏见的成分，但这段铁路与其他路段相比，进度的确缓慢，似乎又是劳工不力的证明。

军队被证明也不情愿参加铁路建设。奥莱斯特·维亚泽姆斯基（Orest Vyazemsky）奉命率领数千士兵与犯人们并肩劳动，但他们认为这种下贱的活计有失他们的身份，于是便实践起强工会弱管理的今天所谓的"怠工"。此举得到了军官们的支持和纵容。

于是，罪犯成了乌苏里铁路建设者的核心力量。不过，在乌苏里段起用罪犯修建铁路的计划，曾有过些许犹豫，因为在1891年太子举行了奠基礼，工程短暂开工期间，曾有过一段不愉快的经历。当时政府从敖德萨运来了一船共600名罪犯到符拉迪沃斯托克（海参崴），他们本该去萨哈林岛（库页岛）上的监狱服刑，但被改判到乌苏里铁路上做苦工。然而尽管他们的劳动令人满意，但对他们的监管却不得力，结果很多人逃进了符拉迪沃斯托克（海参崴）和附近城镇，导致抢劫案和谋杀案激增。1892年，在维亚泽姆斯基领导下工程重启后，西伯利亚铁路委员会就要谨慎多了。他们要求负责罪犯事务的当地总督们清除惯犯和曾犯下严重罪行的要犯。总体而言，在高峰时期，大约有1.35万名囚犯和流放犯在铁路上劳作，大概占总劳力的20%。由于他们别无选择，遂成为稳定的核心劳动力，不像许多自由雇用的劳工，一到收割季节或自认为赚够了钱，就会消失。工程刚刚完成时进行的调查显示，只有四分之一的劳工是外国人，其中大多是华人；只有约三分之一的劳工来自俄罗斯欧洲部分，鉴于使用了罪犯，这意味着由当地劳动力提供的自由工人尚不足20%。

---

① Tupper, *To the Great Ocean*, p. 175.

有鉴于劳力如此缺乏，补给如此困难，工程的进度实在要算是了不起了。在西西伯利亚段，米哈伊洛夫斯基克服了补给和劳力方面的所有短缺，设法使铁路在两年内修到了额尔齐斯河（Irtysh）西岸，也就是鄂木斯克的对岸，距起点500英里处。米哈伊洛夫斯基是个亲力亲为的管理者，他住在一节经过改造的头等客车车厢里，沿着已修好的路段来回巡视。经常陪伴他的有他18岁的女儿欧金妮亚（Eugenia）和她的朋友薇拉·波克罗夫斯卡娅（Vera Pokrovskaya）。她俩在铁路工地居住的时间很长，以致能亲口告诉塔珀，米哈伊洛夫斯基"是位沉稳的工作者和厉行纪律的管理者"[1]，这对所有担任首席工程师的人来说，都是必需的要求。塔珀的描述恐怕是亲眼所见："在工地上，用来制作枕木的原木，是由工人们俩人一组，单调乏味地手工锯成的。树干被水平地放倒在地上，俩人来回地拉着锯。尽管从美国进口了少量马拉的挖掘机，但大部分掘土作业还是由工人们用镐和锹完成的。挖出的土被装进手推车里，而手推车又经常没有轮子，要沿着木板推行。"[2]至于说锹，"有些完全是木头制成的，在锋刃端甚至都没有镶一条锡边"，而厚木块上扎进一根铁棍，就被用作大锤，以凿开大部分仍结着冰的土壤。无数小桥的桥墩也是木头制成的，是由挂在将树干捆在一起构成的三脚架上的滑轮吊起的大圆石砸进土中的，整个装置的外观就像是美洲原住民的圆锥形帐篷。这些桥梁建得很快，基本上不会耽误进度，但如遇到跨度较大的桥梁，就需要先派一队工人乘船过河，继续在前面开路，而由另一批工人留在后面架桥。

米哈伊洛夫斯基的更加令人钦佩之处在于，他同时还推动着

---

[1] Tupper, *To the Great Ocean*, p. 106.
[2] 同上。

另一段铁路的建设，就是从鄂木斯克到鄂毕河畔的长385英里的路段。这一段面临的是完全不同的问题，因为铁路通过的是荒无人烟的巴拉宾斯卡娅（Barabinskaya）大草原。塔珀对其的描述是"一片茫茫的绿色草原，其间点缀着浅浅的湖泊和池塘，粗糙的芦苇和莎草遮掩着湿地、泥炭沼泽和散布在各处的一块块硬地"①。

这段工程比车里雅宾斯克到鄂木斯克的平原上更为艰难："工人们从8英尺高的荨麻丛中砍出路来；伐倒由白桦、柳树和山杨构成的树林；挖掘沟渠以排干沼泽，改变地下泉水的走向；修建堤坝，把栈桥桩基打进烂泥塘般的河床里；还要从后方运来无数吨的填料，以奠定牢固的路基。"②1895年8月的最后一天，在开工三年三个月后，通向鄂毕河的铁路竣工了。只剩下额尔齐斯河上半英里长的大桥了，该桥于1896年3月完工，实际上使俄罗斯的铁路系统第一次深深地延伸到西伯利亚的腹地。

米哈伊洛夫斯基在可谓"荒无人烟"的地带建设了将近900英里的铁路，他使用的是原始的方法，克服了劳力严重不足的困难。而且，他还努力做到了在预算之内完成任务，这一成就使他得到了西伯利亚铁路委员会的感谢。毫不奇怪的是，塔珀后来在列宁格勒发现，苏联时代的铁路专家们"毫不犹豫地宣称，沙皇俄国时代最伟大的建筑工程师是康斯坦丁·雅科夫列维奇·米哈伊洛夫斯基"③。

这样说对于负责跨西伯利亚大铁路其他路段的工程师们，也许稍有不公。由于距离更长，补给需要长途运输，他们的任务更为艰难。中西伯利亚段也取得了很大进展，尽管更加恶劣的条件意味着其速度要缓慢一些。这段长达1130英里的铁路线所经过的针叶林

---

① Tupper, *To the Great Ocean*, p. 112.
② 同上。
③ 同上，p. 113。

地带，造成的是不同的困难。这是一段丘陵起伏的地区，森林极为浓密，一位早期的瑞士探险家曾描绘其为"暗无天日，无法穿透"。茂密的树荫意味着在西西伯利亚地区 5 月下旬开始的解冻，在这里要晚得多，直到 7 月中旬时地面仍冻得硬邦邦的，使得能够展开地面作业、奠定路基的短暂时间变得极为宝贵。即便如此，在短暂的夏季，施工条件也仍然不易，因为用不着下太大的雨，整个森林就会变成一个烂泥潭。

　　总工程师梅热尼诺夫在铁路建设的所有方面，无疑都比他西段的同行面临着更大的困难。不仅是地形更复杂，而且中段的供给也比其他各段问题更严重。在西西伯利亚铁路完工之前，所有供给物都不得不用轮船从俄罗斯的欧洲部分运来，穿越乌拉尔山后，再通过迂回曲折的河道运到建筑工地。正如维特所意识到的，跨西伯利亚大铁路项目绝不仅仅是修一条铁路，还包括大量其他的西伯利亚改造工程，从疏浚河道、排干沼泽到建设新城镇、建立新学校和教堂。因此，工程首先投入了好几百万卢布来改善铁路建材赖以运输的河流状况。随着河道被拓宽、疏浚和清除了障碍，驳船得以畅行无阻。然而，在铁路沿线，还有大量的河流和溪流在制造麻烦，因为每条河都需要架桥。在大草原上极易暴发洪水的一段，仅仅 44 英里的路段就须架设 82 座桥。从车里雅宾斯克到伊尔库茨克，总共建造了 635 座单孔桥和 23 座多孔桥。铁桥的总长度超过了 6 英里。虽然单孔桥最早都是木桥，但后来采用工程师尼古拉·别烈布勃斯基（Nikolai Belebubsky）巧妙设计的技术，全都改造成了铁桥，以免铁路中断。最长的桥是克拉斯诺亚尔斯克（Krasnoyarsk）的叶尼塞河（Yenisei）大桥，长 850 米，曾在 1900 年的巴黎世界博览会（Paris Exposition Universelle）上赢得了一枚金质奖章。其次是新尼古拉耶夫斯克的鄂毕河大桥，长 640 米。

令因难局面雪上加霜的是，从马匹到马车到道碴再到适用的木材，什么都缺。令人哭笑不得的是，这一地区的针叶林无边无际，木材原本极其丰富，但大都不够结实，耐久性差，基本无用。如果用当地未干透的木头做枕木，用不了一两年就得坏，因此适用的木材不得不从 300 英里开外的森林运来。

梅热尼诺夫还承受着额外的压力。维特和他的委员会为米哈伊洛夫斯基的进展情况深受鼓舞，决定把全线竣工的时间提前到1899年，尽管在各大河流和贝加尔湖处还需要水运将全线连接起来。梅热尼诺夫原本希望从西向东，先修从鄂毕河到叶尼塞河上的克拉斯诺亚尔斯克的第一段，待完工后再开始修通向伊尔库茨克的剩余路段（或者，像通常一样，修到大河安加拉河的另一侧）。然而，维特对速度的强调意味着中西伯利亚段必须在五年而不是七年内完工，这迫使梅热尼诺夫比计划提前开始第二段的建设。更糟糕的是，他原本希望从两端同时开工，并希望利用从伊尔库茨克附近流出贝加尔湖的安加拉河运输物资，但对安加拉河一次迟到的视察发现，该河太浅，水流也太急，需要载运铁轨和其他物资的驳船根本无法通行。屋漏偏逢连夜雨，他寄希望于能提供铁轨的伊尔库茨克的一个铸造厂又破产了。于是他决定只留一套人马在克拉斯诺亚尔斯克以东施工。

在困难如此众多的情况下，毫不奇怪的是，这段铁路成了整个跨西伯利亚大铁路项目中最偷工减料的一段。供给不足，时间又紧，这双重压力意味着处处需要权宜行事。梅热尼诺夫有意对铁路进行了省钱设计，增加了弯道的密度，也提高了上下坡的陡度。路堤建得不像规范规定的那样宽，高出地面的高度也不够；使用的道碴过少，铁轨的重量也不到每码 50 磅，比欧洲和美国铁路采用的标准少将近三分之一。所有这些都为日后埋下了隐患，跨西伯利亚大铁路通车后的最初几年,一大特点就是经常需要修理,需要追加投资来弥补最初铁路的不足。

然而,梅热尼诺夫还是做到了对这条铁路嗤之以鼻的许多西方铁路工程师们认为不可能的事情。他只用了五年,就完成了中西伯利亚铁路——从鄂毕河畔日新月异的新尼古拉耶夫斯克城,到与伊尔库茨克隔河相望的安加拉河对岸,相当于每年进展200英里以上。有鉴于极端的气候条件留给铺设铁轨的时间极其短暂,这一速度尤其令人惊叹。顺便说一句,梅热尼诺夫还修建了通往托木斯克的支线。尽管地形复杂使得54英里的线路耗费了18个月才完工,但成本却没有超预算,这令因为米哈伊洛夫斯基在西西伯利亚段的节省而被吊起了胃口的西伯利亚铁路委员会也非常满意。

中西伯利亚铁路的第一段——新尼古拉耶夫斯克到克拉斯诺亚尔斯克段——于1898年1月通车,一年后,定期的列车一直开到了伊尔库茨克,比1900年年中的原定计划提前开通。不可避免地,中西伯利亚段没能像米哈伊洛夫斯基那样将成本控制在预算之内,尽管处处克扣,但开销仍远远超出了预期,不过这并不出人意料。在建设期间,甚至工人的伙食和马匹的草料,价格都翻了三倍以上,不仅是因为需求增长,也因为当地庄稼出现了严重歉收,而且由于物资稀缺、运输距离遥远,所有其他物资成本也都极其昂贵。突然来了这么多劳工,当地粮商可想而知都想大赚一笔,粮价不可避免地被哄抬了起来。于是工钱也必须增长,才能保证工人们能够吃饱肚子。实际上,考虑到所有这些困难,工程没有超预算更多,实在已经算是奇迹了。

在东边,乌苏里段的工程,尽管长度不足500英里,经过地区地势也很平坦,似乎相对容易,但却是进度最慢的。不仅是因为难觅合适的工人这种寻常的困难,而且由于这一地区实在太偏僻遥远，物资也难以供给。所有东西都需要从黑海之滨的敖德萨船运而来，一趟穿越苏伊士运河的行程少说也得 40 天，经常还需要更多时间。此外，维亚泽姆斯基的部下们也受阻于多变的气候。虽然人们普遍预计到仲冬时分，当气温降至零度以下时，工程被迫停止——尽管临近大海意味着这一地区的冬天比西伯利亚腹地最深处要暖和——但却是夏天的雨水造成了未曾预料到的延误。地势虽然平坦，气候却潮湿得可怕。频繁暴发的洪水使得施工地域变成了巨大的烂泥潭。照片显示就像第一次世界大战的战场一样，人畜身上都覆满了黑黑的淤泥。铁路有相当长一段都沿着乌苏里江延伸，而乌苏里江到解冻季节会上涨 32 英尺，不时淹没甚至冲垮已铺好的铁轨。另一条河伊曼河（Iman），决堤也是家常便饭。更糟糕的是，潮湿的环境还培育出一种西伯利亚特有的炭疽病，能在马匹间迅速传播，然后再以同样致命的方式传染给接触马匹的人们。该地区蚊虫的叮咬也对这种病的盛行起到了令人谈虎色变的作用。维亚泽姆斯基还受到许多承包商不力的连累。这些劳力承包商收了钱后，费尽了心机，但就是没能提供铁路所需要的工人。符拉迪沃斯托克（海参崴）就相当于美国一个边境小镇，里面充满企业家和罪犯，但可想而知的是，短时间内是很难分清良莠的。维亚泽姆斯基迫不及待地要招够充足的人手，不得不与大量形形色色的承包商签约。这些承包商大多是商人、退休官员和公务员，很多人始终没能完成与工人们的讨价还价，而远在一个大陆之外的圣彼得堡的西伯利亚铁路委员会，又对监督这些合同鞭长莫及。因而面对如此众多的难题，维亚泽姆斯基的误工某种程度上也是可以原谅的。

  这段铁路的大部分工程，都是由从符拉迪沃斯托克（海参崴）向北施工的队伍建设的，但是当工程队主力向哈巴罗夫斯克（伯力）推进时，又有几座桥——伊曼河和霍尔河上的大桥——被留到了最后。

在哈巴罗夫斯克（伯力）南边，第二个大本营最终也建立了起来，以之为基地的工程队修建了从哈巴罗夫斯克（伯力）向南的铁路的最初的 40 英里。直到 1897 年 11 月，剩下的桥梁才最终完工，这条线路也才进入正常运营。乌苏里段建设中遇到的困难，由其成本便可豹窥一斑。其每英里的耗费为 8.5 万卢布（8500 英镑），比西西伯利亚段和中西伯利亚段相加的平均数要高出将近四分之一。这已经算是很便宜了。可供参考的是，英国早期修建的铁路成本大约为每英里 3 万英镑，美国则平均为每英里 1.5 万英镑（不过变量可能相当大）。①

外贝加尔铁路是跨西伯利亚大铁路中最晚开工的一个主要路段。这段铁路最初的规划是 700 英里，从贝加尔湖以东的梅索夫斯克（Mysovsk），经上乌金斯克（Verkhneudinsk，今乌兰乌德 [Ulan Ude]）和外贝加尔地区首府赤塔，到石勒喀河上的斯列坚斯克。外贝加尔铁路于 1895 年在总工程师亚历山大·普舍奇尼科夫（Alexander Pushechnikov）领导下开工，采用从东方运来的建筑材料，经水路和铁路从符拉迪沃斯托克（海参崴）运抵斯列坚斯克。

这是一片比西边更多山和多岩石的地区，因而铁路必须沿着蜿蜒曲折且河岸陡峭的音果达河（Ingoda）和石勒喀河延伸。有时候，被河水冲击了成千上万年的悬崖峭壁，不得不用炸药炸掉，这是一种危险但却实用的做法。尽管冬季的气温均在冰点以下，例如赤塔一带在最冷的三个月平均最高气温也只是 −15℃ 左右，但由于气候干燥，天气大多晴朗，工程在冬季依然持续。寒冷意味着工程会受到缺水的影响，工人们不得不熔化大量的冰，才能得到供自己和马匹饮用的水——实际上，还要为火车头上的锅炉供水。

然而，具有讽刺意味的是，最后却是因为水太多了，延误了整

---

① 引自拙著 *Fire & Steam* and *The Great Railway Revolution*。

个工程,还造成了难以估量的损失。1897年7月,一连串倾盆大雨使得整个河流系统全面暴涨,引发了大面积的洪水。铁路受到了巨大破坏。超过230英里新铺的铁轨受到影响。最严重的灾害发生在斯列坚斯克附近,一场巨大的滑坡摧毁了十多座桥梁和十几英里的铁路。缺乏适当的勘测,又一次加剧了灾害损失,某些地段易发洪水,是原本就应当查清的。

其他灾祸还包括,洪水之后那个夏天又出现了严重的干旱,还爆发了一场大规模的西伯利亚炭疽,导致大量马匹和部分人员死亡,但更糟糕的是,许多工人因此逃离了工程营。有两位主要的承包商,声称蒙受了巨大损失,退出了工程。然而,普舍奇尼科夫还是赶在1900年1月将铁路修到了斯列坚斯克,使全线临时开通,并于当年夏天投入了正常运营。

普舍奇尼科夫还负责修建了从伊尔库茨克到贝加尔湖湖边的一条短途铁路,长度大约为40英里。此处计划后来发生了大改变。起初是想在宽阔的安加拉河上修一座浮桥,使火车能够到达城区,然后沿着河流再到湖西岸上的利斯特维扬卡(Listvyanka)。然而,安加拉河作为从浩瀚的贝加尔湖流出的唯一河流,在其源头处宽约半英里,却比预期的要暴烈、难以驯服得多。架浮桥看来是个危险的下策,因而只能另想办法了。时任交通大臣的米哈伊尔·希尔科夫(Mikhail Khilkov)亲王,虽然在大部分事情上对维特亦步亦趋,但在监督西伯利亚铁路工程方面,还是发挥了积极的作用。他决定铁路走安加拉河南岸,这样工程要容易一些,距离也短一些,因此铁路始终未能到达伊尔库茨克所在的河那一侧,直到今天。[①]计划

[①] 不过,2012年11月我本人在跨西伯利亚大铁路旅行中发现,从车站步行过河,还不到15分钟。

这样一变，工程比先前是容易了一些，但全面勘测表明，也并不容易。由于施工困难，到湖畔的贝加尔港（Port Baikal）的一小段路，是直到1900年夏天才开通正常运营的。如塔珀所描述的："他们原指望在平缓的坡上修铁路，却不得不炸掉险峻的岩石，为路基（道床）开辟一个搁架来，而在有土壤而非岩石的地带，又必须筑起挡土墙，以防备每秒钟七英尺的安加拉河急流。"①

虽然最初的想法是沿贝加尔湖南岸修一条环贝加尔铁路，但这一主张很早就遭到西伯利亚铁路委员会的反对。结果，在对一次相对较细致的考察结果进行审查时，他们意识到在多山的湖岸上修铁路将非常困难，遂决定采用蒸汽轮船跨湖的方式来取代铁路，这将是一个成本低得多的选择。然而，尽管贝加尔湖可能是世界上最深的湖，但冬天仍然会结冰，于是，他们设想冬天时在冰上铺设临时铁轨，供火车通过，就像将波罗的海上科特林岛（Kotlin）的喀琅施塔得（Kronstadt）要塞与20英里外的圣彼得堡连接起来的临时铁路那样。希尔科夫设法说服了他在委员会中的同僚们，购置一艘钢壳船（而不是他们起初提议的便宜的木壳船）是必要的，因为钢壳船还将起到破冰船的作用，以使航道尽可能长时间地开通。②

于是，轮到英国为跨西伯利亚大铁路建设发挥主要作用了，尽管是相对微小的作用。在十多家造船厂投标后，纽卡斯尔的W. G. 阿姆斯特朗和米切尔公司（W. G. Armstrong, Mitchell & Company）中标了，并且很快以不少于7000个仔细标记的包装箱的形式，发来了一艘破冰船的成套组件，于1896年下半年，到达了贝加尔湖畔的度假小镇利斯特维扬卡。然而，由于难以在当地招到足够的熟

---

① Tupper, *To the Great Ocean*, p. 183.
② Soon after renamed Sir William Armstrong, Whitworth & Co., which eventually became part of Vickers Armstrong.

练工人，以及遗失部件，由一位轮机工程师和四名工长率领的来自泰恩河（Tyne）的组装队，用了三年多的时间，才将重达4200吨的"贝加尔号"组装了起来。该船于1900年春天投入了穿越贝加尔湖的正式运营。尽管塔珀将其描述得丑陋、笨拙，说它是一个"将臃肿的极地破冰船和头重脚轻的游览船的外表特征结合起来的细长的杂种"①，"贝加尔号"仍然是一个令人惊叹的奇观，是当时美国之外的世界上最大的火车渡轮。兴高采烈的当地人争相到船上的小礼拜堂举行婚礼。该船能够承载800名乘客——船舱分为三等——能够容纳整整一列旅客列车和28节满载的货车车厢。

在希尔科夫的请求下，委员会又购置了另一艘较小的船"安加拉号"（Angara），与"贝加尔号"串联进行跨湖运营。"安加拉号"只能承载150名旅客，船舱内也不能容纳火车车厢。在天气良好的情况下，两艘船一天能航行两个来回，然而，尽管坐船很舒适，但穿越贝加尔湖仍然是大多数旅客不希望的延误。当暴风雨肆虐湖面时，两艘船的航行就要艰难多了。实践证明，"安加拉号"太轻了，无法像其姊妹船那样有效地破冰。只有在"贝加尔号"半载，且不承载火车车厢的情况下，才能在前面破冰，开辟出航道来。

甚至在夏季，旅客们都有可能在港口被滞留好几天，因为轮船在坏天气下无法出航，而在冬季，很多情况下旅客们都必须乘雪橇滑行30英里，穿越湖面；冰上旅行是存在危险的，偶尔冰会破裂，突然形成大沟，任何掉进沟里的人都有可能一命呜呼。在另一些情况下，也可能因为"贝加尔号"无法开辟出航道来，航班会在湖中被临时取消，旅客们不得不下船改乘四轮马车继续从冰面上过湖。另一项选择，在冰面上铺设临时铁轨，供火车通过，被证明纯属是

---

① Tupper, *To the Great Ocean*, p. 228.

跨西伯利亚大铁路完工后，俄国政府为吸引大量西方旅客，付出了相当大的努力，包括提供豪华设施，如图中这节1903年的沙龙车厢

东西伯利亚塔尔巴加（Talbaga）车站的布里亚特人，他们在东西伯利亚的几个地区都占人口中相当大的比例

三等车厢旅客的候车室，如图中摄于1905年的克拉斯诺亚尔斯克的这一座，都是按标准的斯巴达风格设计的

符拉迪沃斯托克（海参崴）车站，未来的沙皇尼古拉二世在这里主持了铁路的开工仪式

1915年，旅客们在站台上

跨西伯利亚大铁路的终点站——莫斯科雅罗斯拉夫斯基（Yaroslavsky）车站，1908年时的旧貌

雅罗斯拉夫斯基车站1974年时的新颜

1978年,一名铁路员工站在白雪覆盖的铁轨旁

一队共青团员志愿者来到莫斯科雅罗斯拉夫斯基车站,准备前往贝加尔—阿穆尔干线铁路建设工地

苏联政府多次宣布过贝阿铁路主干线的竣工,包括 1984 年 10 月的这次,但实际上,该线路是直到 1991 年才竣工的——甚至在那之后,仍然需要大量的补救工作

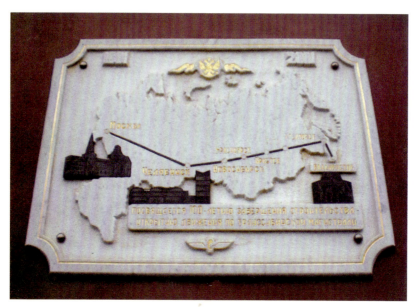

符拉迪沃斯托克（海参崴）车站的铭牌，纪念该线路开通100周年

新西伯利亚车站是俄罗斯最大的火车站，由尼古拉·沃洛希诺夫（Nikolai Voloshinov）以古典风格设计，内有数个巨大的候车大厅，陈列着苏联油画，其中一幅描绘了苏联于1960年击落美国U-2侦察机事件

安加索尔卡（Angasolka）附近的环贝加尔铁路，如今已不再是主干线的一部分，但仍保留下来，为当地村庄和旅游者服务

2007年11月，"俄罗斯号"列车在沿跨西伯利亚大铁路前往符拉迪沃斯托克（海参崴）途中，到达乌兰乌德车站

乌兰乌德车站，2012年11月的一天，黎明时分。烟雾是火车内部供暖所烧的煤产生的

克里斯蒂安·沃尔玛和德博拉·梅比与一位卧铺车厢列车员合影

异想天开,直到日俄战争(见第六章)时都未尝试,因此也导致了严重的后果。

当然,修建铁路绝不只是铺设几条穿越西伯利亚大草原的铁轨,实际上,是建立一套运输服务体系。铁路需要车站、侧线、信号系统、车辆维修场、火车头、各种其他车辆等等,很多很多。这样规模宏大的工程由政府发动并实施,其好处是这些设施都可以标准化,按既定规范建设。车站之间的距离不得超过50俄里(33英里)——但在西伯利亚铁路的其余部分,这一距离标准实际上宽限到翻了倍。制定这个标准,是为了确保当铁路因故障中断时,旅客能及时得到救助,铁轨也能得到维修保养。还规定每100英里必须设一个小维修场——鉴于机车的性能不稳定,这一规定是至关重要的。

车站和其他建筑物必须适应铁路本身的建筑风格。这种风格是由一个专门的设计图研究室制定的。该研究室自1842年就是交通部下属机构,设计了铁路所属工业建筑、旅客建筑和办公建筑等等的规范。这并不意味着建筑将千篇一律,只是使它们有了相同的设计特色。用今天的话说,就是形成了品牌,就像多年后伦敦地铁所制定的规范。等火车的旅客应该感谢,双层玻璃和强大的隔音隔热设施,从一开始就是作为标准提出的。

车站所设等级至少有五等。起初没有规划一等车站,即便是鄂木斯克、克拉斯诺亚尔斯克、伊尔库茨克和赤塔这些在跨西伯利亚大铁路建好前就有的车站,也都被评为二级车站,但它们的车站至少都是砖结构建筑,并饰有融汇了俄国和西方风格的绘画和雕塑。除了少数三等车站外,其余的小停靠点都是木结构建筑。它们不乏魅力和个性:"并没有要求这些建筑都呈现出令人厌烦、可以预知的整体形象。这意味着你能看到丰富多彩的各种改良版造型。这些木房子与当地的传统建筑极其相似,也是用当地村镇盖房子的同样方法建筑的。"①

　　设计团队的方案也不总是正确的。许多乡村车站都没有设计有顶棚的仓库，以储存等待运输的谷物，这意味着一旦下雨谷物就会受损，且很容易被盗。最低级的两等车站也根本没设计候车室。旅客们获准在员工宿舍等车。员工宿舍的标准是592平方英尺，这恐怕倒是足够了，在那样偏远的地方，很少有成群的旅客等火车。

　　围绕着有铁路员工的车站，迅速发展起了"铁路殖民地"。铁路实际上创建了有独特风格的新社区："跨西伯利亚大铁路的整个建筑的群体、风格和结构，都形成了一个巨大的建筑实体，一种集合。全线采用同样的设计、建材、细节和装饰，创造出一种建筑上的统一性和整体性。这种统一性和整体性又因为采用统一的色彩而得到进一步巩固。木质建筑都呈绿色和淡棕色，其他建筑则呈红色和白色，装饰局部使用砖和灰泥。"②

　　尽管存在着贪污腐败、人员无能、工艺低劣等现象，铁路的完工速度之快，却是令人惊叹的。然而，当代西方作家中仍然存在着一种贬损俄国人成就的倾向，早在西伯利亚大铁路开建之前，他们就对此持轻蔑态度，而我们所能了解到的铁路建设信息，大多是从他们的记载中流传出来的。马丁·佩奇（Martin Page）发表于20世纪70年代的著作，就很好地概括了这一点："神圣的俄罗斯，既不属于工业化的西方，也不属于奇异的东方。它对两者都不了解，似乎以为修建一条铁路，就能让自己神奇地摇身一变，成为东西方之间的一大强国。由于兴建这条铁路基本上是一个沙文主义的行动，外国专家自始至终严

---

① Ivan V. Nevzgodine, "The Impact of the TS Railway on the Architecture and Urban Planning of Siberian Cities", in Ralf Roth and Marie Noelle Polino (eds), *The City and the Railway in Europe* (Ashgarth, 2003), p. 85.
② 同上，p. 87。

格地被排斥在外，哪怕是最小限度地参与工程都不行。俄国人自身缺乏能够顺利地推动这一工程的人力资源，他们企图这样做的结果是可悲的（这些都被西方铁路杂志忠实地记录了下来，西方杂志的编辑们似乎一直饶有兴味地关注着工程失败的前景）。"①

还有许多其他类似的评论，既有当年的也有最近的，都出于无知和偏见。这种态度在跨西伯利亚大铁路建设的时代尤其盛行，但一直流传至今，完全无视这条铁路是在不到十年的时间内建成的这一事实。跨西伯利亚大铁路的建设成就堪与19世纪的任何其他宏大工程相媲美，然而其他工程都没有招致同样尖刻的批评。有一本关于铁路在日俄战争中的作用的书，发表了一种更中肯的观点："在很多方面，跨西伯利亚大铁路和中东铁路的建设，都体现了计划、执行和技术的顶峰。铁路的建设是节俭地进行的，在规划和管理方面都取得了引人注目的成就。"②作为这个观点的证明，跨西伯利亚大铁路比激发了其建设的加拿大跨美洲大陆铁路，建设速度要快50%左右。实际上，英国的《工程师》（*The Engineer*）杂志在1897年发表的一篇文章中，曾赞扬过俄国的桥梁建筑技术，认为"俄国工程师正在迅速地跻身于欧洲最好的工程师之列"③。

而且，如我们所看到的，事实与佩奇所述正相反，许多外国专家都应邀参加了西伯利亚铁路工程，帮助设计了许多桥梁、车站、车辆维修场等重要设施。像跨西伯利亚大铁路这种规模的工程，实际上必然是真正的全球性事业，必然会牵涉进欧洲，特别是美国的供应商，并产生持久的影响。西伯利亚大铁路使用的钢材，实际上

---

① Martin Page, *The Lost Pleasures of the Great Trains* (Weidenfeld & Nicolson, 1975), p. 169.
② Felix Patrikeef and Harold Shukman, *Railways and the Russo-Japanese War* (Routledge, 2007), p. 3.
③ Nevzgodine, "The Impact of the TS Railway", p. 86.

大多是由美国制造的,很多美国人都因为这条铁路制造铁轨、机车和桥梁构件而发了大财。例如,火车的刹车系统就来自美国的西屋电器公司(Westinghouse)和纽约空气制动公司(New York Air Brake company),"因为这项庞大的工程而与俄国政府谈,获得了铁轨、机车和桥梁构件的制造合同,美国的许多轧钢厂、机械加工厂和锻造厂都得到了巨大发展,赚得盆满钵盈"[①]。因铁路建设,特别是跨西伯利亚大铁路建设而得到推动的俄国工业化,是建立在美国技术的基础上的:"据计算,跨西伯利亚大铁路供养了不少于12.8万名美国家庭成员。"[②]跨西伯利亚大铁路建设给美国冶金工业带来的动力,的确产生了长久的影响,帮助美国在世界上很多地方取代英国,成为铁路建设原材料的主要供应国。另一方面,英国的工程投入很大程度上仅限于制造了"贝加尔号"轮船,尽管英国皇家工兵部队(Royal Engineers)的确指导了一些复杂的工程作业。像法国一样,英国也为俄国政府提供了相当大一笔资金,其中一部分无疑帮助建设了跨西伯利亚大铁路。

  换言之,跨西伯利亚大铁路对于19世纪末仍在努力成为主导性经济理念的全球资本主义,起到了巨大的推动作用。但从这个意义上讲,却有不小的讽刺意味,因为这条铁路的建设在很多方面,都比后来共产党人建成的专政体制更具苏联特色。这是国家计划和国家出资建设重大项目的典范。维特作为财政大臣,也许通过其熟练地处理经济事务,加强了俄国的资本主义和私人企业的发展,但那是以增进其祖国的利益,而不是以提高私人企业利润的名义实现的。他明白需要一定量的资本主义企业,但那必须有利于政府的需

[①] Patrikeef and Shukman, *Railways and the Russo-Japanes War*, p. 45.
[②] 同上。

求,跨西伯利亚大铁路就是这一思想的证明。

　　铁路的成本无疑因为腐败而大大增加——这是沙皇时代(实际上也是现代)俄国根深蒂固的弊病。西伯利亚铁路委员会在几千英里外的圣彼得堡遥控工程,加强财务管理便是不可能的。然而,人们对腐败和浪费的习以为常仍然是令人惊叹的。大规模地使用承包商,是很多腐败现象的根源。少数大承包商垄断了项目,经常会负责大量各种各样规定不清的任务,这便出现了许多漏洞。据说,任何价值在 5000 卢布(500 英镑)以上的合同,都须由委员会授权,但实际上,只需将大合同划分成许多同样的小合同,使每个合同都低于这个门槛,就可以避开这一规定。马克斯曾举过一个例子,西西伯利亚段的一名木材供应商,就曾收到过"36 份单独的合同,总价值便达 18 万卢布"[①]。

　　承包商大多是有少许企业家头脑的当地农民,他们的工作基本上是没有监督的。他们只是得到合同,修建某一段铁路,没有任何竞争性的招投标过程,即便如此,一旦开工后,他们还往往提出额外的要求,因为他们知道工程紧迫,他们没有替代人选:"承包商自定高价,后来还会要求支付更多的钱,为了让他们继续工作,工程负责人往往不经更高层授权,就会同意他们的要求。"[②] 预先付款是惯例,如我们在乌苏里段所看到的,经常是钱流进了承包商的腰包,他们却没有履行合同。由于工程监督极少,承包商们为扩大利润,经常会偷工减料或降低工程标准,导致路堤过窄、道碴过少、排水不充分等等许多问题。利润达到 30% 是常见的,而成本往往只有承包商叫价的 60%。结果许多承包商都发了大财,其中一位为

[①] Marks, *Road to Power*, p. 189.
[②] 同上。

普舍奇尼科夫干活的承包商非常诚实地告诉他:"你推荐我为环贝加尔线承包工程,让我成了有钱人。"①

只使用少量大承包商,要价会很高,但似乎对所有人都很合适,即使这意味着成本会增加。负责监督合同的会计师们对这类猫腻往往会视若无睹。这会使他们的工作更容易,因为这意味着他们只须和极少数供应商打交道。实际上,腐败是制度化的:"这使工作能迅速完成(而不计成本),也使他们(总工程师们)省却了不少时间,不用对劳工们直接负责,也不用细致地检查作业情况(对此他们也缺乏必要的知识)。"②而且,远在圣彼得堡的管理中心也很高兴,因为这意味着供应商与签订了主要合同的工程师们之间很少有纠纷。

这里有个矛盾之处。本章所讲述的铁路建设中的种种困难,与铁路实际上进展非常迅速,完工周期令人惊叹这一无可争议的事实,似乎非常抵触。然而这样的故事通常都是一样的,困难和灾祸能够上新闻,成为当时各种记叙描述的焦点,而穿越西伯利亚大草原的不同路段稳定而平静的进展,却很少有人关注。但是,真实的情况却是,日复一日,年复一年,成千上万名大多只拿着锹和镐的工人,建成了这条非凡而不朽的铁路。

取得重大进展,除了要有大量的人,当然还得有大量的钱。而跨西伯利亚大铁路在用钱方面似乎是没有限制的。维特尽管当过财政大臣,但可不是维什涅格拉茨基那种抠门的人。他和沙皇都认识到,铁路一旦修成,就会产生价值。因此,一旦项目上马,就总能得到充足的资金以确保其完成。维特明白这条铁路使俄国经济和俄国人民都付出了沉重的代价,但他从来没动摇过推动其前进的决

---

① 见普舍奇尼科夫对他在这条铁路上的工作的回忆,引自 Marks 所著 *Road to Power*, p. 190。
② 同上,p. 189。

心。维特提高了税收，帮助铁路开支，还竭尽全力地促进出口，以致国内出现了商品短缺："西伯利亚铁路要求俄国人民付出巨大牺牲，维特不止一次地意识到这一悲惨的事实。"[①]

因此，这条铁路的造价不可能便宜。实际上，最终的耗费不可避免地比最初的估计高出许多。委员会最初的预算是大约3.5亿卢布（3500万英镑），平均每俄里不到5万卢布，还包括阿穆尔铁路，而阿穆尔铁路实际上直到1916年才建成。不考虑其替代者中国东北铁路——我们在第五章将看到，该线路造价极昂贵——总耗费达8.5亿卢布左右，超支了将近150%，每俄里的成本翻了倍，高达10万卢布以上。不过，这些1901年统计出的数字，包括了通车头三年的运营损失。然而，这些数字恐怕还是低估了，政府财政具有不透明性，而且前面介绍过的政府财会采用的单账制度，也使人们很难确定哪笔钱是专门用于铁路建设的。

然而，就西伯利亚的开发和俄罗斯加强了对其辽阔疆域的控制而言，此举无疑是值得的。我们在后面的几章将看到，这条铁路还将继续伸展和完善，至今仍是该地区基础设施关键的一部分。不过，在估量这条铁路的耗费和收益时，有一项节省是应当考虑到的。这条铁路省却了从莫斯科到符拉迪沃斯托克（海参崴）修一条公路的紧迫性，两地之间是直到20世纪末才有了一条可供汽车来往的可靠公路的。铁路的存在使得这样的投资变得没必要，因而也就无须估算修公路的成本了。而且，从积极的角度看，尽管消耗比预期要大，但用途也比预期大得多。铁路刚一开通，当地居民和长途旅行者们便蜂拥而至，争相乘火车出行，即使早期的旅行条件远非理想。

[①] Marks, *Road to Power*, p. 130.

第五章
旅行或者苦行

19世纪末20世纪初完工——或者毋宁说是接近完工——的跨西伯利亚大铁路,并非一条代表着时代先进技术的光彩夺目的新铁路,而是一条蜿蜒曲折的单线铁路,比寻常的山路要拐更多的弯,比一根绳桥还要摇摇晃晃。这条铁路上行驶的火车又慢又不可靠,但它仍然堪称世界上最长的铁路、人类迄今最伟大的铁路工程。像塔珀那样,说俄国人"做了一流的工作,却修了条三流的铁路"[1],实在是过于肤浅了。

塔珀的评论在西方作家中很是典型。如上一章所提到的,西方作家有一种倾向,不假思索地批评这条新铁路,或者(极其罕见地)过分赞扬它。早期的评价中最为公平的,是威廉·奥利弗·格林纳(William Oliver Greener)于1902年做出的,可谓毁誉参半:"有些路段很糟糕;但没有特别好或特别坏的部分;一些路段比其他的要好得多。"[2]格林纳在早期批评家中几乎是独一无二的,他认

---

[1] Tupper, *To the Great Ocean*, p. 245.
[2] William Oliver Greener in Deborah Manley (ed.), *The Trans-Siberian Railway: A Traveller's Anthology* (Century, 1988), p. 60.

识到建设者们是在套着枷锁跳舞，"一切都精确计算过；但是一切也都采用的是（工程手册上）规定的最小计算值，根本不给土壤和建材可能存在的差异留有余地"。结果，不可避免地会遇到沉陷、滑坡，以及铁轨分开导致脱轨等情况。格林纳强调了铁轨过轻的问题，特别是在东段。东段需要较重的火车头来拉火车，但轻轨却很不适合较重的火车头，结果使火车的速度慢了下来，因为跑快了会给铁轨施加更多的压力，导致铁轨破裂。虽然格林纳认为，假如使用外国承包商的话，铁路造价会降低许多，但他也意识到，坚持使这条铁路成为俄罗斯自己的事业，"俄国人获得了他们迫切需要的东西：推行一流的技术工程的实践经验。如果不看其他方面，单从这方面看，国家是受益的"。他对西伯利亚地区的看法也是充满希望和客观公正的："这里不是某些人描绘的理想黄金国，也不是有些人认为的荒凉的不毛之地……这里就是一片平原，是普遍的乡下，就像你期望在英国的任何大殖民地看到的景象一样。"①

随着外贝加尔铁路完工和贝加尔湖上建立起轮渡服务，以及许多大河，如鄂毕河和叶尼塞河上架起大桥，跨西伯利亚大铁路开始营业了。1900年夏天，前往东方的旅客们可以从莫斯科和车里雅宾斯克，乘火车一直到伊尔库茨克，然后到湖边的贝加尔港，乘蒸汽轮船渡湖后，可以继续乘火车，从梅索夫斯克到石勒喀河上的斯列坚斯克；然后再乘江轮航行将近1000英里，到哈巴罗夫斯克（伯力），再从那里乘乌苏里铁路火车，到达符拉迪沃斯托克（海参崴）。这趟行程至少需要六个星期，比通过旧时的驿路时间要短得多了，但仍然是一次艰苦的跋涉，有时候路上还会因故障、事故

---

① William Oliver Greener in Deborah Manley (ed.), *The Trans-Siberian Railway: A Traveller's Anthology* (Century, 1988), p. 63.

和机车缺乏而耽误很长时间。由于运力严重不足，有时候等火车也需要很长时间。起初每天每个方向只能运行三列火车。由于客运优先，而货运的直接需求量又迅速地成长起来，因而出现了极其严重的货物积压。就连铁路的官方指南都承认早期的运力严重欠缺，指南以其特有的僵硬风格指出："（西西伯利亚铁路的）现有能力，远不足以应付其面临的旅客和货物运输量。"①

尽管如此，早期来坐火车的人可不少，包括大量外国人，他们对自己的经历留下了全面有时甚至是扣人心弦的记述。许多当地人也来坐火车，来往于西伯利亚各目的地之间，数量远超预期。在桥梁全部完工之前，许多路段只能开通临时交通，旅客们须乘坐挂在工程列车上的四等车厢，并且靠摆渡过河。冬季有时会在小河和溪流上铺设临时铁轨，但被认为有风险，因而旅客们会下车，从冰面上蹒跚渡河。希尔科夫亲王对于已完工路段的开通运营非常热心。1898年8月，尽管条件还很低劣，莫斯科到克拉斯诺亚尔斯克段开始运营了，在没有灾祸的情况下，全程需要八天。从克拉斯诺亚尔斯克，旅客们乘渡轮渡过叶尼塞河后，又可以乘火车一路到达伊尔库茨克（或者说该城在安加拉河的对岸）。1896年，西西伯利亚段通车的第一个整年，共运送了32.9万名乘客，其中包括16.9万名迁往西伯利亚的移民。到1902年，当铁路大部分路段都通车时，已经运送了上百万名乘客。对旅客们的阶级分析表明，这条铁路在很大程度上是当地普通百姓在使用。只有8000人次享用过头等车厢，14万人次乘坐过二等车厢，其余的都坐的是三等和四等车厢，乘这两种车厢的人数大抵相等。

这是最低标准的铁路旅行。阿诺特·里德（Arnot Reid）在1899年出版的一本书中，描述了他从北京到圣彼得堡的旅行，抱

---

① Dimitriev-Mamonov and Zdziarski, *Guide to the Great Siberian Railway*, p. 76.

怨说他在又一座无桥的河流——奥卡河（Oka）渡口，在暴风雪中足足等了三个钟头，才等到渡船渡他过河。让他非常不满的还有，到处都没有列车时刻表——每隔一天，会有一列火车离开伊尔库茨克，但是"那趟车会在什么时间到达某个地方，好像没人知道"①。里德还抱怨说没有一等车厢，看来他没发现，其实二等车厢也是没有的，车厢里的座位，实行的是先到先得制度。结果，他旅程的头24小时不得不坐在过道里他的行李包上。不过，在许多方面里德也很享受这趟旅程，尤其是有机会在排档里买食品："很多车站都有乡下人摆的货摊，你能买到很美味的冷烤鸡、松鸡、山鸡和其他野味。"②配上自带的法国白兰地和克里米亚干红，里德吃得很不错。这很幸运，因为据他说，火车在中西伯利亚段，从克拉斯诺亚尔斯克到伊尔库茨克，一共走了四天，平均时速还不到7英里。火车的最高限速是，客车每小时20俄里（12英里），货车每小时只有12俄里（8英里），均远低于俄罗斯欧洲部分和当时世界其他地方的正常标准。实际上，在很多地方，一名健康的长跑运动员都比火车跑得快，因为铁轨的状况不佳，限速是必须的。

  里德至少是安然无恙地活了下来。铁路实在是修得太匆忙太劣质，对旅客们来说是件很不保险的事情。早期的旅行者们面临的是毫不夸张的危险。1901年总共发生了524起事故，这个数字虽令人咋舌，不过大多都只是货车脱轨。事故中有93人死亡，500人受伤。过失清单几乎无穷无尽。在这样一条铁路上，任何事情都可能出错——只除了大桥没有垮塌，（如前所述）因为坚持了较高的标准。较小的木桥在火车的重压下会弯曲；原本是永久冻土带的

---

① Arnot Reid, *From Peking to Petersburg* (Edward Arnold, 1899; BiblioLife, 2009), p. 184.
② 同上，p. 194。实际上，当2012年我沿这条铁路旅行时，在一些车站我也看到了类似的货摊。

地区夏天解冻后,铁轨会消失在泥中;道碴不够的铁路,直线段的枕木时而会在没有石头支持的情况下陷入泥中,然后在重压之下断裂;铁路修建得匆忙和廉价,意味着拐弯处往往远比政府规范规定得要急,因此火车必须减速,否则就要冒脱轨的风险;坡度往往也比规范规定得要陡,意味着一台火车头最多只能挂 16 节货车车厢,只是预期的二分之一;在山上需要凿出路堑的地方,路堑往往凿得过窄,以致大块的石头或土块时常会坠落到轨道上,有时会阻断铁路。铁路开通早期,有大片大片地区的铁轨两旁没有树木保护,在政府后来沿铁路线种植桦树之前,冬天的雪堆成为持续的威胁,火车头经常扎进雪堆里,需要车组人员用铁锹将车头挖出来,为此经常要耽搁好几个小时。还有很多很多风险,简直不胜枚举,任何一趟火车能跑完全程都足够让人惊讶——何况最初的列车时刻表居然规划的是一天要跑三趟火车。故障是家常便饭,火车延误一两天也是司空见惯。铁路主管部门的确曾向旅客们发出过警告,要他们为旅程留出富余时间。事故——通常是货车事故——的照片登上了欧美媒体,被配以讽刺性的说明文字,如"西伯利亚大铁路常有的事故",更增强了西方人对跨西伯利亚大铁路愚妄的蔑视。不仅是事故和故障会造成延误。铁路不可避免地会雇用大量不熟练的人手,即使有列车时刻表,他们也对其必要性满不在乎。似乎在每个车站,司机及其副手都能遇到久未谋面的老朋友,依照惯例,他们都要和所有当地员工一一握手,寒暄一番,一起喝杯茶。如果赶上宗教节日,通常全体车组人员都会离开火车,到每个大站都会有的礼拜堂去祷告一番。

有些事故的确令人惊骇。按照一位早期旅行者理查德·杰斐逊(Richard Jefferson)的描述,中西伯利亚段从马金斯克(Martinsk)到阿钦斯克(Achinsk)的第一台火车头,就因为铁轨垮塌而栽进了河里,需要好几个月的时间修复。杰斐逊于1896年至1897年的那个冬天铁路西段几乎完工时,曾沿该线旅行,对他来说这趟旅程不乏历险。杰斐逊想到中西伯利亚的金矿去发笔大财,因而走遍了完工路段的全程。最令他难忘的是到达丘利姆河(Chulim)的时候。按照西伯利亚的标准,那是一条相对较小的河,但已经相当大了,据他描述,"是伦敦桥处的泰晤士河的两倍宽"①。通向阿钦斯克城的桥梁还没有完工,但由于俄国人急切地想开通铁路,便做了权宜安排:"在离河四分之一英里处,铁路从(呈直线的)主干线上岔出一条支线,火车沿这条支线一路下坡通过冰面到达阿钦斯克一侧。""列车员跑过来,要求我们下车,步行到河对岸——他满面笑容地打趣说,假如火车栽进了冰水里,只有他、其他列车员和火车司机会被淹死。"当火车停下来时,杰斐逊松了一口气。杰斐逊很怀疑冰是否足够结实,能够承受火车头及其挂载的15节沉重车厢的重量。他饶有兴味地蹒跚着走过"一大片阴郁荒凉的冰面",抬头望去,"在河上方,我们能看到阿钦斯克大教堂黄铜色圆顶反射的阳光,教堂后面,灰暗的暮色正在积聚。刚修了一半的桥梁从我们的右边伸展到河面上,破烂且布满了蛛网,我们四周什么也没有,只有无穷无尽的白雪"。你简直能感觉到那寒冷。

杰斐逊注视着开过冰面的火车,成群的旅客裹着动物皮毛跟在火车后面缓缓移动,看上去就像一个个"巨大的羊毛包"。火车头沿着通向河面的斜坡缓缓向下,鸣着汽笛,喷着蒸汽。朴实的当地养路工为使枕木固定在冰上,还在结了厚厚的冰的河面上凿开一个大洞,舀出水来浇在枕木上,使之凝固。当第一节车厢咔嗒咔嗒响

---

① 本条及随后的注释:Robert L. Jefferson, *Roughing it in Siberia* (Sampson Low, Marston & Company, 1897; 有重印版), pp. 104-109.

着开上冰面时，又发出了一声响亮的嘎吱声，但冰面仍很牢固，旅客们只是偶尔漠然地瞟上一眼，仅仅五分钟工夫，火车便车轮滚滚地开进了阿钦斯克。

这条河对杰斐逊和他的旅伴们来说，至少没有形成不可逾越的障碍。暮春时分，当大量的冰融化之后，火车就不能再从河面上通过了，这时渡船也无法过河，因为大块的浮冰会构成威胁，旅客们就只能耽误几个星期了。同样，到了晚秋，在冰冻得不够结实之前，也有一段时间无法过河。甚至在夏天可以渡河的时期，渡船也会造成极大的延误，就像铁路没建成之前一样，因为所有的旅客都带着大包小包的行李，小小的渡船不得不在宽阔的河面上来回好几次，才能将旅客们渡完。

下面的记录证明了杰斐逊的这趟行程有多慢，从阿钦斯克到当时铁路的终点克拉斯诺亚尔斯克，只有120英里，杰斐逊乘坐的火车足足走了一夜和大半个上午："我们连夜赶路，火车费力地翻过一个又一个山口，穿过一个又一个幽深的峡谷，出入于一片又一片巨大的森林，满眼只有无边无际的积雪，没有任何令人感到振奋和鼓舞的景象。"叶尼塞河上的大桥还没有完工——该桥总共修建了三年，最多时同时有9.4万名工人在参加建设——因此杰斐逊和他的旅伴们不得不乘雪橇进城，然后再乘四轮大马车继续前往伊尔库茨克。对于这条铁路为什么建得这么差，杰斐逊也有一番精彩且并非完全不令人信服的解释。他曾同一位在这条铁路上工作的工程师交谈。工程师说这实际上是一条创造就业机会的"深谋远虑"的计策："我们受雇修这条铁路，只需三年就修完了，那么以后我们干吗去？"实践证明，和杰斐逊谈话的这个人的确说得对。铁路完工的大约前十年，经常需要修理和改善，尤其是在其缺陷被日俄战争（将在下一章概述）放大后。

在旅程早些时候，离开托木斯克没几天时，杰斐逊乘坐的火车因故障抛了锚，他得知至少需要好几个小时才能修好。他不愿等，便跟随一位旅伴，步行了 15 俄里（10 英里），到了最近的车站，得到的回报是，作为第一名旅客，尽情地享用了车站站长为预期到达的火车准备的自助餐。餐毕，他像一只吃得过饱的猫一样，在候车室里酣然大睡。候车室可比咣当咣当的火车要舒服多了。

车站提供的伙食，有时很丰盛，有时却根本不够吃，但由于全线通车之前的那些年，火车没设餐车，车站上的伙食就是不可或缺的了。假如没有当地的摊贩，就像冬天时那样，那些没有自备干粮的旅客就得挨饿了。在一次旅行中，一位（自称）英国贵妇的安妮特·米金（Annette Meakin）及其母亲，在外贝加尔段铁路还没有完全向公众开放之前沿该线出行，结果惊恐地发现火车只有四等车厢。为了躲避蜂拥而入的农民，她们在一名会说法语的卫兵帮助下，被重新分配到一节行李车厢中，和一些和善的士兵们在一起，结果她们又发现，四天的旅程中只有牛奶、茶和面包能充饥。

有些时候，高级军官们还不如普通乘客助人为乐。另一位早期的冒险家威廉·奥利弗·格林纳乘坐的火车上，军官们买光了车站上能看到的一切。有一次，一个贪婪的将军独占了 40 个鸡蛋和 7 瓶牛奶，除了咸鱼外，没给车上需要哺育婴儿的母亲们留下任何东西。

杰斐逊预订了头等车厢，却发现并非所有火车都有头等车厢，所以有好几个晚上，他都是在三等车厢的硬板上度过的。许多早期的外国旅行者，像米金母女，都有同样的经历，因此他们最终都很不习惯地委身于三等或四等车厢，这可不是什么令人愉快的体验。美国新英格兰公理教会的牧师弗朗西斯·克拉克（Francis Clark）博士，1900 年夏天大约在与米金女士母女同样的时间，从斯列坚斯克向东前往贝加尔湖，当时该线路仍未全面开通正常运营。他算是幸运的，乘的是三等车厢，设有无软垫的硬板座和三层仅 5 英尺长的木质卧铺。实际上，他还应庆幸的是：2012 年当我参观新西伯利亚铁路博物馆时，看到的 20 世纪最初十年的阴暗的火车车厢，里面是三层金属的硬板卧铺，还有像牢房一样的格栅门。克拉克还到列车后部寻找过铺位，发现那里的条件远比他曾经乘坐过的车厢糟糕许多："其他车厢，也许是五等车厢，就是没有座椅的货车车厢，外面写着能载 12 匹马或 43 人。"①（实际上，通常他们只说是 40 人）克拉克还以有点缺乏基督徒悲悯之情的语气，描述了乘坐这些车厢的形形色色的人们："如果说这些是五等车厢，那么却挤进了大量六等和七等的人，有些人穿得破破烂烂，很多人的衣服碎片甚至挂在空气中，不过没有穿天鹅绒礼服的人。"他说他们身上有"令人说不出口的寄生虫"，"难以形容的臭气铺天盖地，简直让空气都厚重和阴暗了起来"，随着旅程继续，情况还会变得更糟。

1900 年，为了吸引更多像克拉克这样的旅客，俄国政府开设了直达符拉迪沃斯托克（海参崴）的全部是头等车厢的豪华列车，由私营企业和国营企业共同运营。希尔科夫亲王宣布了几项雄心勃勃的计划，要将这些豪华列车从莫斯科一直开到符拉迪沃斯托克（海参崴）和阿瑟港（Port Arthur）。阿瑟港是中国东北辽东半岛上的一座深水港，俄国颇有争议地从中国租来了该港，为前往远东的旅客和游客服务。俄国人很奇怪地以一名曾在此靠岸修理护卫舰的英国皇家海军军官的名字命名了该港，如今这里叫作旅顺（Lüshun）。这些豪华列车意在比过去几十年在欧洲已经非常普遍的同样的豪华列车，如著名的"东方快车"（Orient Express）更胜一

---

① 本条及随后的引语，均引自 Tupper, *To the Great Ocean*, 自 p. 253 起。

筹。实际上，为了开设这样的列车，希尔科夫还和乔治·纳格尔马克斯（Georges Nagelmackers）形成了伙伴关系。纳格尔马克斯就是"东方快车"和欧洲各地其他类似列车的创始人。他答应提供一些火车，而另外一些则由俄国政府直接运营。纳格尔马克斯是个出色的自我宣传者，也是真正先驱性的铁路企业家。他利用巴黎世界博览会（1900年举办，以展示上个世纪的成就，这次博览会一个引人注目之处是建立了埃菲尔铁塔），让参观者们预先体验了沿跨西伯利亚大铁路的豪华旅行。

纳格尔马克斯并不仅仅是将几节客车车厢拉进了博览会展区，而且给参观者们带来了一番"铁路体验"。他们只要花5先令（25便士）就可以在餐车上买一顿饭，但真正的"大餐"却是铁路聘请的艺术家设计的展览，展示在跨西伯利亚大铁路上旅行的"体验"。为了让来享用由三道菜构成的套餐的"旅客们"产生动感，艺术家帕维尔·帕亚塞斯基（Pawel Pyasetsky）在餐车窗外精心设计了一套装置，能带来火车奔驰的真实感觉。他利用一系列精心制作的带子，创作出一幅动感全景画，以不同的速度移动。第一幅画移动得很快，展现的是平凡的景象，如沙子和石头等，第二幅移动得稍慢了一些，上面有了诸如灌木丛和矮树丛等植物。接下去是第三幅，又慢了一些，展现的是远方的风景，第四幅是所有画面中移动最慢的一幅，是帕亚塞斯基的杰作，是用漫长的卷轴展示的一系列水彩画，是他在沿西伯利亚大铁路早先完工的路段旅行时速写的风景。

这些水彩画中，包括莫斯科、鄂木斯克、伊尔库茨克和北京等城市的风景，旨在给观众留下一种印象：他们已经沿整条铁路旅行过了。展演实际上要持续45分钟，共展示了九个不同的卷轴，总长度达 900 米左右（将近 3000 英尺）。①展演和全景画在博览会上赢得了一枚金质奖章，同样获奖的还有埃菲尔铁塔，以及比较没有诗意的康宝浓汤（Campbell's Soup）。

开设豪华列车，并不是要为铁路赚钱，而是影响欧洲舆论，反击西方批评的手段。西方人士一贯嘲笑西伯利亚大铁路是无用的废物，是一条草率建成的不合格铁路。而西伯利亚大铁路建设在维特眼中，始终是使俄国与西方列强平起平坐的手段，影响能坐得起豪华列车的富人，是这一战略的关键部分。然而一开始，铁路的缺陷却意味着效果适得其反。因此，为吸引欧洲人走完其全程——例如，作为走海路去中国的替代方案——火车不仅配备了所有必要的设施，而且票价也相当便宜。实际上，为巴黎世博会制作的宣传材料上提出的票价低廉得惊人，乘一等卧铺特快从莫斯科到符拉迪沃斯托克（海参崴）只需要 12 英镑。

那么究竟是怎么个豪华法呢？纳格尔马克斯为巴黎世博会专门打造了四节车厢，他夸口说，车厢里的设施"相当于西欧只为皇室使用的专列"。这还真不是信口开河。每节车厢只乘坐八人，有四个包厢，每个包厢都以圣彼得堡私人沙龙的风格装饰，里面有两张卧铺，还配有一个设施齐全的卫生间。每节车厢都设有一间会客室和一间吸烟室，以不同时代的风格装饰："一节车厢饰以白漆椴木、镜墙，天花板上绘有希腊神话人物，还有绣花窗帘。另一节是路易十四风格，有金饰橡木胀形家具。第三节车厢是法兰西帝国风格，第四节是中国皇家风格。"②所有欧美豪华列车上曾配备过的能想象到的设施，这里都会提供。车上还将设一个备有四种语言图书的阅

---

① 这些卷轴最近被圣彼得堡的埃尔米塔日博物馆（Hermitage Museum）收藏并展出。
② Page, *The Lost Pleasures of the Great Trains*, p. 164.

览室、一间有全尺寸大钢琴的音乐室、一间美发沙龙，甚至还有一间配有固定自行车和划船器的健身房。对于摄影师们来说，车上辟有暗室，不过其开设目的恐怕既是为旅客服务，也是为了审查的便利，因为沙皇俄国仍然在很大程度上是个警察国家。针对虔诚的教徒，车上还专门设有教堂车厢，是一间"流动的长方形教堂"，配有圣像、拱窗和华丽的圣坛。

这趟旅程的广告称，能确保旅客们在两个星期内到达北京，但在早期，鉴于故障频发，加之车速总体较慢，这种说法太过乐观了。到这些豪华列车开始运营时，铁路已经进行了一些早期的改进工作，这要感谢希尔科夫亲王推动的一项额外的投资计划。他意识到铁路的缺陷未来有可能在国际上引起无尽的尴尬。几乎是每段铁路一完工，改进工作就必须立刻展开，以保证铁路能正常运行。困难重重的外贝加尔段铁路尤其如此。该段相当多的部分，实际上都是在峡谷一侧凿出的狭窄路基上铺设的山地铁路。希尔科夫设法说服了西伯利亚铁路委员会，再追加投资8000万卢布（800万英镑），立刻进行改进工作。这些资金保证了最严重的缺陷得到弥补。不仅是铁路状况问题多多，而且错车环道和侧线的缺乏也造成了运力不足。不可避免地，追加的钱需要过些时间才能到位，但在1899年年初，希尔科夫就已经下令建设新的铁路调车场和错车环道，并改善铁轨，增加车厢的数量，使得较好路段的最高时速提升至23英里，而不再是最初的13英里。作为安全措施，许多小河和溪流上架设的木桥被替换成更为结实的钢结构桥，有些路段的轻轨，比如拐弯处，一处断裂就可能是致命的，于是被换成了较重的铁轨，不过仍然比欧洲的正常标准要轻。

为鼓励外国旅行者，并帮助他们打发车上的漫长时光，俄国政府还编写了一本长达500页的《西伯利亚大铁路指南》（*Guide* to the Great Siberian Railway），可以在法国、英国、德国和俄国买到。书中充满了照片和图表，描绘了一幅俄罗斯乡村生活的浪漫美丽的图画，展示了火车经过之地各种各样的人物，充足的细节能满足最挑剔的人类学学生，全部配以稍有些僵硬，但语法还算正确的译文。书中也有大量关于动物的资料，既有家养动物，也有野生动物。比如柯尔克孜马（Kirgiz horse），"外表看上去其貌不扬，却有价值难以估量的内在素质。纯种马有下列特点：中等身高（约2阿尔申*）；短背（12沃绍克**），比例匀称，肌肉发达，面部表情丰富……"，诸如此类。①同时，柯尔克孜猎手通过穷追不舍来猎狼，"在追逐了15俄里之后，狼会筋疲力尽，瘫倒在地"，只消一棍子或一鞭子，就能打发掉。

指南也表现了俄国人对苏联时代之前的粮食收成和工厂产品的详细数字的痴迷。书中有无穷无尽的图表，提供了大量统计数字，如从符拉迪沃斯托克（海参崴）和尼古拉耶夫斯克（Nikolaevsk，即庙街）进口的货物的重量（以普德［pud］计，这是俄国计量单位，1普德约等于36磅），赤塔周围各地区马、牛、羊及其他家畜的数量，秋明周围各地区的农田播种面积，正是埃里克·纽比在他的《红色火车大旅行》一书中描述的在他无数次参观苏联集体农庄时人们热衷于向他介绍的那些情况。这种痴迷出自植根于俄罗斯人灵魂深处的一种极其强烈的冲动，就是要展示，欧洲人能做到的，他们也能做到，甚至做得更好。由于旅途实在漫长，难免会有令人厌烦之时，假如旅客们夜晚就寝前，因火车颠簸而睡不着觉，这本指南应当是一剂很不错的安眠药。

---

* 阿尔申：原文为 arshin，旧俄长度单位，等于71.12厘米或28英寸。——译注
** 沃绍克：原文为 vershok，旧俄长度单位，1阿尔申等于16沃绍克。——译注
① Dimitriev-Mamonov and Zdziarski, *Guide to the Great Siberian Railway*, p. 164.

最好的火车是沙皇专用的。据当时的一份记载，该列车"远比后来为德国皇帝建造的豪华列车要壮观。是车轮上的皇宫"。[①]当时欧洲各国皇室就谁家有最豪华的火车，曾暗中较劲。似乎沙皇最终胜出，他的御用火车实际上是一座车轮上的豪华饭店："客厅的墙上覆盖着浅玫瑰色的丝绸，皇家卧室里则悬挂着淡蓝色的缎子，家具上覆盖着同样颜色的印花饰布。每节卧车车厢都配有一间卧室和一间客厅，里面有麂皮的沙发。"车上还有育儿车厢，有为孩子们准备的游戏室，里面有"非常可爱的摇床"。最令人咋舌的是，火车上还有"华丽的"牛用车厢。显然，沙皇的医疗顾问向他建议过，喝同一头奶牛产的奶对他的女儿们更为有益，于是他们每次乘火车出行，都有两头荷尔斯泰因奶牛随行。[②]

实际上，乘豪华列车的其他旅行者，待遇可比沙皇差远了，甚至不及巴黎世博会勾起的期望。每星期只有一班豪华列车，星期六晚上从莫斯科出发，前往伊尔库茨克，而常规列车每天下午3点发车。由于豪华列车在很多车站都不停，全程只需要九天，比日常列车快两天，但纳格尔马克斯仍然给他的俄国伙伴们使了个障眼法，他在跨西伯利亚大铁路上使用的是标准客车车辆——当然，是为了适应俄国较宽的轨距——而没有使用在巴黎展出的更精致的车辆。1902年沿该线旅行的英国人奥利弗·雷迪（Oliver Ready），从莫斯科一路到旅顺，又从那里乘船去了上海，全程花了34英镑10先令（34.50英镑，按照2013年的价格，大约得3600英镑），说明巴黎世博会上发布的促销价后来涨了。火车上的设施也不及宣传，不过与欧洲其他国家一等车厢的条件相当，根

---

① 均引自 Page, *The Lost Pleasures of the Great Trains*, p. 183.
② 这倒并不稀罕。美国富豪杰伊·古尔德（Jay Gould）乘火车时，也习惯于自带奶牛——参见拙著 *The Great Railway Revolution*, p. 188。

本没做到承诺的"适合王室"的标准。然而,雷迪在旅程结束后不久发表的一份游记中,并没有太多抱怨,尽管他感到餐车"太小了",为自己"等了太长时间才吃上饭"很是生气。①但是,他仍然认为在整个旅程中,"火车上吃得很不错",有时候还锦上添花,"女人和姑娘们用瓶子装着我平生尝过的最美味的牛奶和奶油,以极便宜的价钱卖给旅客"②。

另一位早期的旅客哈利·德·温特(Harry de Windt)于1901年游览了该线,他的评价更为正面:"这火车实在是一座移动的豪华宫殿。有极好的餐厅,有图书馆,有钢琴,有浴室,最后,也是最重要的,有宽敞且布置得很好的包厢,有一切舒适的设备,有各种电器,(却没有同室的其他旅客)使得我们这次地面大旅行的头等住宿地,将成为日后长久怀恋的回忆。"③德·温特在火车上注意到一群军官在玩惠斯特纸牌时,合伙骗一个倒霉的犹太同僚的钱,但对他来说,这是一次漫长的社交聚会。他说,没有人知道一天中正处于什么时间,所有人的表都保留的是圣彼得堡时间,但也没有人在乎:"我们的钢琴真是天赐之物,大多数俄罗斯女人都是天生的音乐家。于是早餐之后,我们就和美女们在一起,在格林卡和柴可夫斯基的音乐声中愉快地消磨时光了,直到她们弹完和唱完所有的乐曲。"④不过,另一位早期的旅行者迈克尔·迈尔斯·休梅克(Michael Myers Shoemaker)则与他相反,抱怨说钢琴室纯粹成了脏盘子贮藏室,图书馆里只有俄文小说和少量折了角的法文和德文

---

① Oliver G. Ready, *Through Siberia and Manchuria by Rail*(1904;在 Project Gutenberg 网站上可在线阅读),p. 3.
② 同上,p. 5.
③ Harry de Windt, "A Cure for Insomniacs", quoted in Manley, *The Trans-Siberian Railway*, p. 42.
④ 同上,p. 42.

图书。如今，车上的餐食是按照当地适合的时间供应的，但时间表上却标的是莫斯科时间，因此所有车站的大钟上都显示的是莫斯科时间，以提醒粗心大意的旅客。

一些其他的早期旅行者有着更深刻的抱怨。曾在更早的旅程中乘坐过感觉是载牛车厢的牧师弗朗西斯·克拉克，后来又于1900年6月乘最早的豪华列车之一离开伊尔库茨克，继续西行。他非常傲慢地对俄国人运行豪华列车的努力嗤之以鼻："比起我们刚刚坐过的四等移民列车，的确是奢侈多了，但跟美国最好的火车比，还要差很多档次。"①这列火车使用的是俄国烧木材的火车头，行李车厢却很奇怪地有一个浴缸，餐车分成两部分——一部分有可供二到四人用餐的小桌；另一部分有观察窗和供烟民们用的安乐椅。一天供应两种套餐，下午1点时是包含两道菜的午餐，价格为1卢布，晚6点供应晚餐套餐，价格为1.25卢布，全天都可以点菜吃饭，不过菜单上的品种很有限。其余的车厢中有两节二等卧铺和一节头等卧铺，但是克拉克看不出两者之间有什么差别。实际上，克拉克很喜欢自己的包厢。他说，每个包厢能乘两人或四人，"有一扇窗户，有一张桌子，每个人都有一张既宽且非常舒服的卧铺"。车厢里"铺着漂亮的地毯，有蓝色长毛绒的坐垫，出于保护目的，上面覆盖着红色条纹粗棉布"，放行李的空间很大，还有很多方便挂钩供挂衣服用，"你会觉得像海轮船舱一样舒服，空间也差不多一样大"。其实，让他很是自相矛盾的是，他又写道："这样的布置，远比美国杂乱而大众化的铂尔曼（Pullman）火车卧铺要高级得多。"当时的美国卧铺是开敞式布置，就像玛丽莲·梦露（Marilyn

---

① 此句及随后的引语均出自 Francis E. Clark，见 Manley, *The Trans-Siberian Railway*, p. 82。

Monroe）著名的电影《热情似火》（*Some Like It Hot*）中所表现的那样。

安妮特·米金也将此行与她在加拿大太平洋铁路上的经历做了比较，赞许了俄国火车。她说她觉得不舒服，就"躺到自己的床上，静静地躺了三天"，没有人打扰。与此相反的是，她说："假如我在备受赞扬的加拿大太平洋铁路上病倒了，我也许就没法活着回来讲这个故事了。每天早上我恐怕都不得不早早起来，把我的床变成座椅，接下去一整天就只能笔直地坐着，不管有多累。"[①]她将西伯利亚大铁路旅行的环境称为"'逍遥厅'，如果你愿意的话，可以在这里关上门，睡上一整天；如果你喜欢的话，你可以在这里尽情地吃喝、抽烟和玩纸牌"[②]。令她尤其难忘的是在车上点灯夜读，以及床头的铃，一边的铃是召唤清洁工来打扫房间，另一边的铃则是召唤服务员来送餐。她还写道，这里丝毫没有在欧洲和北美铁路旅行所特有的匆忙和慌乱。

克拉克还估算出，这趟行程的旅费只相当于他此前穿越美国之旅的四分之一。那次穿越美国，距离要短一些，克拉克乘坐的是一列"铂尔曼"列车。不过，俄国的火车要慢得多，包括停车，平均时速只有14英里，其中有那么几英里，还有一位西伯利亚"牛仔"跟克拉克乘坐的火车赛跑，他很轻松地就能做到与火车齐头并进，直到"他停下来，随意地挥了挥帽子，仿佛在说，他觉得跟这么慢的对手继续比赛下去，实在是太不值得了"。

克拉克可以在行李车厢洗一次澡，但一个半卢布的要价使他却步了。他还抱怨图书馆缺少英文书，只有"两三本五流简装小说，

[①] Annette M. B. Meakin, *A Ribbon of Iron* (Archibald Constable & Co, 1901; BiblioLife, 2009), p. 21.

[②] 同上。

显然是以前的乘客捐献的"。尽管 1 月份旅行的德·温特喜欢西伯利亚及其白茫茫的大地，他发现"即使在无边无际的白雪覆盖下，这仍是一片微笑的应许之地和富饶之地"，但这里的风景实在是太"乏味"和单调了，没法向旅游者们推荐。然而，游客仍然蜂拥而至，其中大部分回去后，又都心满意足地夸耀自己的旅程。

早期旅行者们这些相互矛盾的记载说明，跨西伯利亚大铁路不同列车之间差异极大。一些乘客有幸享受到管理良好的服务，车厢也始终保持了清洁卫生，结果旅途很愉快，而另一些旅客则显然遇到了不愿尽职尽责的铁路员工。有人怀疑克拉克牧师被索要的 75 分卢布洗澡费，纯粹是列车组人员一次小小的诓骗，因为再没有其他人提起过这样的收费了。而且，如前面所解释过的，虽然部分火车是由纳格尔马克斯提供的，但另外一些则是由俄罗斯国家铁路公司（Russian State Railway）运营的，该公司的服务就良莠不齐了。实际上，这种情况一直持续到了今天。2012 年，当我沿这条铁路旅行时，也有类似体验。感觉好不好，很大程度上要看你所遇到的当班列车员怎么样，以及列车长制造出的火车"文化"如何。而且，我发现执行"俄罗斯号"（Rossya）班次的列车——从东向西行驶的被定为第 1 次列车（从西向东行驶的被定为第 2 次列车），要跑完从符拉迪沃斯托克（海参崴）到莫斯科的全程——人员和设备的配置标准都比只跑部分路段的"地方性"火车要高得多，每个包厢里都有电视，每个卧铺上都有柔软得多的垫衬物。

在早年，寻找到适当类型的工人并不容易。西伯利亚鲜有工业，因此有过领工资劳动经验的人极为罕见——除了大部分从俄罗斯欧洲部分招募来的政府官员——更不用说曾经在像俄罗斯国家铁路公司这样的庞大组织中工作过的人了。跨西伯利亚大铁路需要相当数量的人手。1902 年时，全路有 1.47 万名员工，顺便提一句，有 750 台火车头和 550 节客车车厢，很多都是从俄罗斯西部已有铁路上征用来的二手车辆。

的确，找到能够运行铁路的合适员工，比建设铁路还要难。招募来的大部分人员素质都较差。在遥远的西伯利亚生活，对俄罗斯西部的铁路员工们来说，可不是什么有吸引力的事情。不仅是因为西伯利亚偏僻遥远、气候恶劣，也因为消费品奇缺、生活成本高，此外，铁路开通初期孩子无法上学，也增加了障碍。结果，只有最不胜任的铁路员工和就业记录不良的人，才会东迁。就连高薪都无法吸引到足够多的优秀工人。

当地大部分原住民都过着游牧生活，对于领薪水受雇佣没有兴趣，因此有可能成为劳动力的人极少："西伯利亚从其极为稀少的人口中，贡献了一批文盲和受教育程度不高的流放犯和前罪犯。"① 铁路方面实在是无可奈何，以致雇用的夜间看管财物的看门人，许多都是因犯抢劫罪才被发配到西伯利亚来的强盗。其他一些获得了招待旅客工作的人，曾经是暴力罪犯，而杀人犯和强奸犯受雇于铁路养护工作。

铁路的开通，由于使一些应聘者的生活境况变得更糟糕了，因而并没有使招募情况有所改善。铁路建成初期，没有机械的信号系统，因此每段铁轨都由每隔十几英里就设立一个的小木屋监管。每当有火车驶近，信号员都必须出门立正，因为每列火车都代表着沙皇至高无上的权威。他必须展开一面绿旗——晚间则举起一盏灯笼——以表示该路段平安畅通。你可以想象信号员在铁路的这些偏远的部分，过的是什么样的生活，谁会愿意沿着铁路跋涉好几英里去上岗值班，然后再走回家呢？

---

① Marks, *Road to Power*, p. 186.

至于说货车上的司闸员，铁路上并没有为他们提供守车。按照铁路记者洛迪安（L. Lodian）的记载，这些人必须抓住一切能搭手的地方："这些可怜的学徒工紧紧地蜷缩在羊皮袄里，静静地守在他们栖身的地方，在零下 20 到 40 度的严寒中尽可能地躲避着冰暴。他们甚至都不能打个盹儿——因为实在太冷了。因此他们只能盼望着快些到下一站，那样他们就有机会冲进屋里去暖和一会儿，喝上点儿热茶。"①按照洛迪安的说法，他们的工资只有每月 28 卢布（2.80 英镑），他估计根本不足以谋生。

因此，毫不奇怪的是，许多新招募的员工，面对极端恶劣的气候和疾病的流行，没有在工作岗位上待多久，结果是劳力经常处于短缺状态。在铁路的某些部分，员工的年流动率达到了 87%，相当于每年都差不多换了一批新人。

在这样的情况下，腐败盛行，也就同样不足为奇了。无论如何，腐败实际上是俄国的地方病，各种各样的骗局很快就在跨西伯利亚大铁路上发展了起来。必须贿赂官员才能办事，这种现象不仅极其普遍而且实际上是制度化的："索贿是必然的，行贿是公开的，通常还开收据写明他们支付了多少钱。受雇、调任、升职、免罚和要求货运车皮，行贿都是必须的。"②接下来还有偷窃问题。所有储存的东西都很容易丢失，以煤炭为最。有一份估计材料表明，鄂木斯克储存的煤中，只有 20% 真正被火车头消耗掉了，其余的都被铁路工人卖了，以补贴家用。由于有黑市交易，一些地方机构，如学校甚至是城镇政府，其建筑都是由铁路的煤供暖的。

管理的效率低下又极大地加剧了这一形势。按照史蒂文·马克

---

① Tupper, *To the Great Ocean*, p. 252.
② Marks, *Road to Power*, p. 187.

斯的说法："铁路管理集中化，到了荒唐的程度。"①伊尔库茨克以西的路段归托木斯克管理，以东路段归哈巴罗夫斯克（伯力）管理，但地方官员拥有的权限极其微小。传说中的官僚主义——像腐败一样，是俄国的又一地方特色——也因为西伯利亚铁路委员会事无巨细一律严格管控而进一步加剧。即使要求一笔小小的额外开支，也需要实际上远在地球另一端的该委员会批准。例如，一旦发生了事故，对工人的每一笔拨款、对死者家属的每一笔抚恤，都要由委员会考虑并做出决定，哪怕数额仅仅是几百卢布。

尽管许多铁路员工的出身都很成问题，但是沿着这条新建成的铁路穿越西伯利亚，实际上却并无危险，因为就连火车相撞事故，涉及的也大多是货车，在事故中遇难的几乎总是铁路员工。西伯利亚这个名称本身就会引发莫名的恐惧，诸如德国贝德克尔（Baedeker）公司的旅行指南提议带一把左轮手枪旅行，但其实根本没必要，而且反倒会成为危险的来源。实际上，贝德克尔旅行指南似乎在无所不用其极地阻止人们沿这条铁路旅行。指南建议带上各种各样的生活用品，如毛巾、香皂，甚至是"印度便携式橡胶浴缸"，但其实这些用品火车上全都提供。指南上还说，为了避免引起警察的怀疑，路上只能带小说阅读，不能带任何政治性书籍。宾馆的房价被说成高得离谱，而且几乎所有角落里都潜藏着小偷。实际上，虽然的确应该多加小心，但这些早期旅行者在谈及同行的旅客们时，大都不吝赞美之词，并且没有人提起过曾担心遭到打劫。

而且，沿跨西伯利亚大铁路旅行很快就将变得更加容易。所有前往符拉迪沃斯托克（海参崴）的早期旅行者，都必须乘船走两次水路，一次是穿越贝加尔湖，另一次是从斯列坚斯克到哈巴罗夫斯

---

① Marks, *Road to Power*, p. 191.

克（伯力）须乘船沿多条河航行。经过中国东北而使全线贯通的铁路线剩余的两段——中东铁路和从贝加尔湖南边绕过的环贝加尔铁路——眼看着在几年之内就能建成，但这两段路仍将麻烦不断。实际上，按照一位分析家的说法，中东铁路就是"日俄战争的根本起因，也对俄国革命的发生起到了重要的推进作用"[1]。对于一条长不过1000多英里的简朴的单线铁路来说，这意义可真够重大的。

---

[1] Chin-Chun Wang, "The Chinese Eastern Railway", *Annals of the American Academy of Political and Social Science*, Vol. 122, The Far East (November 1925), pp. 57–69.

第六章
开战借口

　　选择修建中东铁路，无论从实用角度还是战略观点上看，也许都会被视为巧妙的一招，但这一决策注定要引发麻烦，实践证明了这一点。当然，俄国境内与中东铁路相连路段的铁路，都被证明要容易修得多。1897年夏天，在符拉迪沃斯托克（海参崴）以北，乌苏里铁路上距今天一个叫作乌苏里斯克（Ussurisk，即双城子）的小镇不远处，一条通往与中国东北相邻的波格拉尼奇内（Pogranichny）的70英里长的铁路开工了，并将在两年后竣工。在西边，仍然负责兴建外贝加尔铁路的普舍奇尼科夫，也在大约同样的时间，开始了距离更长的西段铁路的建设，从赤塔到斯列坚斯克之间的一点，通向中俄边界。俄国政府由于迫切需要一条直达太平洋海岸的连贯的铁路，因此不断要求加快进度，在此压力下，普舍奇尼科夫于1901年完成了到达边境小镇满洲里（Manchouli）的长215英里的铁路线，比计划提前了一年。这两条相对容易修的铁路，都很快投入了运营，尽管最初它们实际上都只是支线，没显出多大的重要性来。

　　穿越中国东北的主体部分，涉及微妙的外交局势，既不稳定，也隐藏着危险。1898年，俄国政府一直遮遮掩掩的帝国主义野心终于彻底地暴露了出来。俄国强迫中国签订了条约，强租中国南满的整个辽东半岛25年。此举揭示了，维特此前关于中东铁路绝不是将中国东北殖民化步骤的声明是彻头彻尾的谎言。俄国人一直觊觎着辽东半岛最南端的旅顺港和与之相邻的达里尼（Dalny，今大连），这里不像符拉迪沃斯托克（海参崴），是常年不冻港。自从和李鸿章签订了修建中东铁路的条约，俄国人就开始在中国东北建立其霸权。中东铁路上的中心城市及铁路总部所在地哈尔滨，很快就取得了相当于俄国省会城市的地位，大批前来建设铁路管理机构的俄国移民如潮水般涌进了该城。

俄国对中国东北偷偷摸摸的侵略，是当时世界所有列强——引人注目的有德国、法国、英国和美国——在远东建立贸易中心和殖民地阴谋的一部分。港口对此类扩张至关重要，因为港口既是立足点，又是向内陆挺进的通道。俄国捷足先登，显得很是精明，但其每一步骤都在竞争对手的虎视眈眈之下，它们全都在等待猛扑的机会。1897年11月，借口来了。两名德国传教士在中国青岛附近被反对传播基督教的当地民众杀死，德国以保护传教士为幌子，强占了青岛。俄国对此的反应是厚颜无耻的。1898年3月，俄国胁迫中国签订了租借辽东半岛的协议，其外交大臣米哈伊尔·穆拉维约夫（Mikhail Muravev）伯爵立刻安排了占领旅顺港的行动。作为协议的一部分，俄国人承诺修一条铁路，将旅顺港与中东铁路上的哈尔滨连接起来，实际上将打造一条从莫斯科一直到中国东部的铁路通途。俄国人声称其占领辽东半岛将保护中国的利益，免受德国和其他欧洲列强的染指，但这是个根本站不住脚的借口，糊弄不了任何人。占领辽东显然是更大的帝国主义战略的一部分，显然违反了与李鸿章谈定的协议。维特表达了他真实的想法，在就中东铁路修建问题进行谈判时,他曾对中国人说俄国绝对未怀有这样的野心,因此当军事行动发生后,他当真惊骇了。他后来在回忆录中写道:"中东铁路是专门为文化与和平目的设计的,但沙文主义冒险家们将其变成了进行政治侵略的工具,此举违反了条约,背弃了君子协定,也无视其他国家的根本利益。"① 维特非常气愤,向沙皇提交了辞呈,但被拒绝了。他对帝国的用处还大着呢,尽管他的政治生涯最终还是栽在了俄国的远东政策上。

这种错综复杂的政治局面,就是这条铁路建设的背景,它丝毫没能使建设者的任务变得容易一些,因为当地民众对俄国人怀有极大的仇恨。中国东北段的铁路是在 1897 年开工的,负责人是一位富有经验的俄国工程师亚历山大·尤戈维奇(Alexander Yugovich)。如果说跨西伯利亚大铁路的不同路段在初步勘探时,都给建设者们留下了望而生畏的印象,那么将近 1000 英里长的中东铁路无疑还要甚之。这条铁路经过的大多是崎岖起伏、无路可达的荒山野岭,也没有地图可供预先规划路线。为数极少的道路路况极差,一到多雨季节还都会变成无法逾越的烂泥塘。河流皆无桥梁,运货马车只能在渡口过河,或者把几条小船扎在一起将其载运过河。大部分路段都缺乏木材,东段连石头也缺。勘测者估计,沿途至少要经过 14 条大河,一年有四个月处于冰冻中,都需要架桥。而且,跨西伯利亚大铁路全程基本上都没有开凿较大的隧道,这段路却至少需要开凿八条长长的隧道,其中西段穿越大兴安岭的最长的一条,估计将长达 2 英里。自然地形的艰难,又因为当地民众的仇视而雪上加霜,特别是在地方军阀控制的山区地带。

不仅是建材缺乏,来修建铁路的当地劳工同样缺乏。当地人不

---

① Witte, *The Memoirs of Count Witte*, p. 102.

会说俄语，能劝说他们来修铁路的翻译也很少。需要引进劳力和建材，导致建设方案必须革新。尤戈维奇的副手斯坦尼斯拉夫·克尔别兹（Stanislav Kerbedz）没有采取传统的筑路办法，而是提出了全新战略。由于缺乏道路，在维特的默许下，他决定先在该地区铺设一条简陋、粗糙的临时铁路，将建材、更精巧的工具和设备运进来。工人们——俄国技工和数以千计的中国"苦力"——也的确是通过这条临时铁路来到筑路工地的。他们开凿路基，铺设路床，以建设永久性铁路。劳工人数最多时曾达到20万人。第一批工人于1897年8月开始，从乌苏里江向西开始开凿路基，与此同时其他工人正通过火车和轮船赶往哈尔滨。到1903年时，哈尔滨已经从一个村庄发展成一个相当大的城镇，有4万居民，其中一半是俄国人。

鉴于工期紧迫，西伯利亚铁路委员会一向不吝于拨款以确保进度迅速，并准许工程在多达二十多个工地同时展开，每处工地负责修建50到100英里。如外贝加尔铁路的建设一样，大片的永久冻土地带被用炸药炸开，或者用木材烧火予以解冻，而在很多路段，木材是从好几百英里以外运来的。跨西伯利亚大铁路修建时遇到的很多困难都在这里重现了，比如春天的洪水冲垮了新修的铁路，然而工程进度仍可谓惊人地迅速，这全赖项目投入的资源。

然而，除了自然要素外，铁路建设还有两个更大的障碍：疾病和叛乱。为了巩固俄国对辽东半岛和旅顺港的占领，1898年夏天，从哈尔滨到旅顺港、550英里长的南满铁路（South Manchuria Railway）也开工了。俄国已经将旅顺港加固和建设为其远东舰队和商船队的海军基地和加煤港，需要铁路来为其提供补给。这条铁路穿越了中国东北人口最稠密的地区，开工后不久，旅顺以北约200英里处的营口就爆发了一种特别致命的瘟疫——黑死病。由于俄国当局行动迅速，疫情在很大程度上被遏制了，但还是在不同建设工地的中国劳工中造成了恐慌，许多人都开了小差。1902年，到了铁路建设的后期，南满又爆发了一场霍乱，一直沿铁路传到了哈尔滨。这回很多俄国工人都染了病，于是又一次引发了恐慌，多个建设地点都因此错过了春天的施工期。

中国人普遍怀疑俄国人宣扬修建中东铁路的困难是虚张声势，完全是帝国主义阴谋的一部分。这条铁路的一位前经理人王金军（Chin-Chun Wang，音译）曾在20世纪20年代撰文，认为除了漫长的大兴安岭隧道和哈尔滨处的一座桥外，这条铁路的大部分路段都很容易修，这条铁路实际上"被镀了金"，以吸引俄国人来中国东北定居："有很多证据似乎都在加深人们的这一印象，在花钱方面，毫无必要的挥霍是受到普遍鼓励的。巨额的资金被用于兴建富丽堂皇的住宅区、无数的营房、华丽的俱乐部、宏伟的教堂和学校，诸如此类，一切都旨在吸引俄国人沿中国东部定居。"① 他提出，是这些奢侈建设，而不是筑路的困难，导致了这条铁路耗资巨大。其总成本达到4亿卢布，相当于每英里耗费了约4万英镑，远比跨西伯利亚大铁路本身要高，因为所有这些附加设施都被计入了总成本。这的确有些低估建设的困难，因为这条铁路需要修建912座钢桥、258座石桥，不过王断言超高的成本应归因于这条铁路并不仅仅被视为一个运输系统是正确的。没有争议的是，俄国人将这条铁路的建设及其需要保护的要求作为楔入中国领土并在实际上将中国东北殖民化的手段。维特和李鸿章谈判时，商定的铁路卫队更像是一支军队的小部队而不是警察，但这支部队迅速地发展到2.5万人。

这条铁路的存在，使俄国有了极其迅速地跨大陆调兵的能力，改变了整个地区的军事态势。仅仅几天之内，一大批传统上用于在

---

① Wang, "The Chinese Eastern Railway".

地方一级维护俄罗斯权威的哥萨克兵，就可以通过铁路运送到任何发生麻烦的地方。实际上，俄国所做的，正是维特承诺不会做的——将铁路作为占领的推动力。1899年中国的义和团运动爆发后，这一点就变得很明显了。从铁路开通之初非法抢劫就一直存在——被称为"红胡子"的歹徒袭扰当地居民，向旅客们勒索保护费。实际上，这是一种半合法的制度，因为想在乡间行走的商人可以在东北的主要城市向官方购买保险，官方会向他们提供文书和小旗子，供他们挂在车上以免受攻击。然而，这些袭扰与正向北方蔓延的，以中东铁路为主要目标的义和团的袭击相比，规模就微不足道。义和团的成员是一群保守的民族主义者，有神秘倾向，他们认为在付出充分的努力、具备充足的纪律后，打仗时就不会有人逃跑了。他们曾短暂得到在世纪之交统治中国的慈禧太后的支持，这使得他们加强了对外国目标的攻击。他们摧毁了奉天（Mukden，今沈阳）一带南满铁路的很多路段，导致俄国工人因为惧怕被杀而仓皇逃走。他们对中东铁路也有袭击，因为两条铁路都被视为可恨的洋鬼子对中国的公然侵略。

对匪徒袭扰的过度反应已经为扩大军事介入提供了极好的借口，而义和团运动又为俄国加强对中国东北的控制，扩大其占领的领土地盘，提供了更多的炮弹。实际上，按照维特的说法，尽管东北的义和团曾发动过袭击，但其力量始终没能强大起来，铁路卫队能够很轻易地将他们赶走。维特看穿了军方的阴谋："我们的军队在满洲的行为就像是在征服一个国家，这样做将会埋下隐患。满洲拳匪的力量其实无足轻重。"① 尽管军队击败了义和团，一遇到"红胡子"也会立刻处死，俄国陆军部仍然坚持要扩大在中国

---

① Witte, *The Memoirs of Count Witte*, p. 110.

的军事行动进一步激化紧张局势。俄国人又采取了一些无法为自己辩解的行动，对当地人民犯下了一系列暴行。最骇人听闻的是1900年7月，在阿穆尔河（黑龙江）俄国一侧的布拉戈维申斯克（Blagoveshchensk，即海兰泡），俄国军队为强制驱逐当地的所有中国居民，以枪口相逼，将他们——男人、女人和孩子——全部赶进了江中，除160人幸存外，数千人溺死。① 这绝非有历史记载的俄军犯下的唯一的战争罪行，不可避免地，这些罪行激发了进一步的冲突和暴行。铁路总工程师尤戈维奇对俄国人的意图毫不隐讳，他后来写道："这是个公开的秘密，从行动一开始，军方的欲望就不仅是惩罚拳民，而是永久性地吞并满洲。"②

尽管义和团袭击并破坏铁路，但是在尤戈维奇带领的大批中国劳工的努力下，工程还是在持续推进。到了1901年11月，从莫斯科坐火车到符拉迪沃斯托克（海参崴）终于成了可能，只除了渡过贝加尔湖时还需要乘渡轮或者雪橇，到旅顺港则可以走南满铁路。然而，中东铁路还绝不能说是完工了。主要的隧道还没有开通，火车还得沿着弯弯曲曲的山路小心翼翼地绕过沿途的最高峰。许多桥梁也是临时搭建的，颤颤巍巍。而且，这是一条缓慢的铁路，运力很有限。这条铁路全程都是单线，原计划最初的运量是每天对开10对火车，但由于会车线不够，无法达到那个目标，最高时速也只有14英里，而且在山区还得降至10英里。因此，尤戈维奇还不能收工。当西伯利亚铁路委员会了解到和日本的战争似乎不可避免时，又额外拨来了款，一场应急的完善工程开始了。中东铁路上又新修了将近150处侧线——既是为容纳等待的火车，也是为增加货运量，

---

① 死亡人数有3000到5000等诸多不同说法。
② Tupper, *To the Great Ocean*, p. 330.

但将全线建成复线铁路的计划搁置了,因为战争已经迫在眉睫。

冲突变得不可避免,是因为一批俄国鹰派将军摆出了越来越强硬的好战姿态,他们得到了沙皇的支持。尽管维特不断提出反对和警告,他们仍坚持推行扩张主义政策,这必然要遇到对抗。1901年,义和团运动刚刚被镇压,维特即提出忠告,要求将派往中国支援铁路卫队的军队撤回国内。列强们全都对俄国军队在中国领土上的存在感到不安,特别是因为他们各自也都对远东怀有野心,显然不能允许俄国在整个这一地区建立霸权。1902年在鸽派似乎还能掌控局面时俄国政府曾与中国达成一项协议,其中包括俄国军队于1903年9月前撤军的条款。当年夏天,维特也访问了中国东北以评估局势。然而他回国后,俄国人显然不打算遵守条约了,而只是从中国东北的部分地区撤出了军队。

沙皇本人也不愿全面撤军。于是,他派出了一位好战的新钦差大臣彼得·别佐布拉佐夫(Pyotr Bezobrazov)将军(乘一列豪华列车——维特酸酸地写道)来到了远东。他似乎被维特称之为"开发我们在远东的财富,尤其是满洲和北朝鲜的好大喜功、异想天开的计划"①所深深地吸引。别佐布拉佐夫不仅盘算着中国东北,还觊觎着与辽东相邻的朝鲜半岛。但日本人也同样对中国东北和朝鲜都打着扩张主义的算盘,他们原本或许只能在朝鲜得手,然而沙皇青睐于别佐布拉佐夫的主张,而不是维特更小心谨慎的策略。

别佐布拉佐夫的介入使得战争变得不可避免。他将维特的撤军主张说成是示弱表现,沙皇站在了他一边。维特提出辞去政府职务,并对战争发出了警告。日本和俄国之间就各自对这一地区的领土野心进行的谈判,不可避免地破裂了,沙皇并没有认清日本的武

---

① Witte, *The Memoirs of Count Witte*, p. 124.

力炫耀并非虚张声势。跨西伯利亚大铁路的完工,更准确地说,中东铁路的建设特别是其向南延伸,(如维特所警告过的)是挑衅之举。日本真的被激怒了。

像许多战争的起因一样,日俄战争的爆发基本上也是源于误解而非任何一方的战争欲望。俄国人不相信日本人会当真发动进攻,而日本人也坚信俄国人一定会做出符合自己愿望的让步。塔珀总结得很精辟:"从广义上讲,日俄战争是两个国家为掌控它们都没有丝毫的法律和道义权利的外国领土,而相互争斗的结果。"①两国相互之间的猜测被证明都是错误的,1904年2月,日本对旅顺港发动了进攻。在进行了几次攻占该港的尝试之后,最终一支日本军队在辽东半岛登陆了。

日本选择的开战时机并非偶然,而是源于对跨西伯利亚大铁路和中东铁路的担心。一旦这两条铁路彻底完工并得到完善,俄国人就能迅速地将大批军队运送到中国东北。日本人想利用这两条铁路的运力尚不足以承担战争重负,以及环贝加尔铁路在1906年前不可能完工的机会发起进攻,这是其决策开战时机的关键因素。此时莫斯科到中国东北的补给线长达五六个星期,而一旦这些铁路能充分畅通并发挥作用,运输周期就会缩短到十天左右。因此,某种程度上讲,俄国人是在为没有更早地实施跨西伯利亚大铁路计划付出代价,因为这一主张在四十多年前就在酝酿中了。比如说,假如这条铁路能提前20年完工,当时日本才刚刚走出闭关锁国状态,还根本没有力量阻止俄国的领土野心。然而不幸的是,现在日本已是一个组织严密、蒸蒸日上的军事强国了。

到战争开始时,中东铁路已经得到了完善,但其作用尚远未充

---

① Tupper, *To the Great Ocean*, p. 341.

分发挥出来。不仅主要的长隧道尚未开通，很多侧线和桥梁也都还未完工，因此其运力仍然大打折扣。至于说跨西伯利亚大铁路，尽管有持续改善的计划，但仍然深受建设时偷工减料之苦，仍然是一条运力很不充分且极缓慢的铁路。最最关键的是，日本人精明地意识到，环绕贝加尔湖的铁路尚未建成是整个铁路系统的一个严重瓶颈，果不其然，战争一开始，俄罗斯东西两个方向的交通都马上陷入了混乱。

补给物逐渐在贝加尔车站堆积起来等待过湖。共有三种不同的办法渡湖。第一种是一条用柱桩标记出来的路，供雪橇滑行，鉴于渡湖要行走40英里，运力十分有限，因而主要用于运送军官。雪橇并不像传说的那样舒适。甚至军官们时而也得离开雪橇步行，因为湖面上的冰有时会凝成厚片，使得载人的雪橇无法通行。第二种是为步行渡湖的士兵准备的道路，士兵们将冒着暴风雪行军穿过冰面。他们唯一能受到照顾的地方，是每隔4英里设立的一座结实的临时棚屋，那里提供热茶和汤，冻伤的人也能得到医疗。最后一种，一旦冰被认为足够坚硬（贝加尔湖到1月份才会结冰），就会直接在冰面上铺一条临时铁道。对于建设者来说，这是一个危险的任务，因为一不小心就会掉进冰上的裂缝或缺口，一命呜呼。实际上，一开始人们都认为火车头能够一路将列车拉过冰冻的湖面，但在最初的一次尝试中，火车就栽进了温泉导致的冰面薄弱处，死了好几个人，当然，火车头也报销了。此后人们就不再用火车头冒险了，而是改用马和人将车厢拖过白茫茫的冰面，这恐怕是就连西西弗斯都会望而却步的苦差。

于是，由于冰上铁路的运力只能满足每日到达伊尔库茨克和贝加尔港的物资的一小部分，这两个地方迅速地堆满了货物，挤满了成群的焦急等待的人们。根据一份当时的报告记载，车站里堆着"如山的箱子、金字塔般的毛包,里面塞满了已在满洲的部队翘首盼望的各种军需物资"[1]。不仅如此,铁路线上还有另一个方向的悲惨景象——逃离战乱的难民。《旗帜》(*Standard*)记者记录了西行列车上的混乱情景:"(车上)没有厕所,沿途没有食物,也基本上没有水,没有牛奶,六百多个大大小小的孩子紧紧地蜷缩在一起取暖,因为痛苦和饥饿而号哭不已。这是战争最令人心酸的景象之一,但还只是后面更多的苦难的前兆。"[2]这也绝不是人们最后一次在跨西伯利亚大铁路上见识到巨大的苦难,正如随后的俄国内战和第二次世界大战将展示的。

部队甚至在到达贝加尔湖这个瓶颈之前,就得忍受艰苦的旅程。只有军官能乘卧铺车厢,有配软垫的座椅。他们甚至还配备有一个装饰极其豪华的教堂车厢。但与之形成鲜明反差的是,士兵们实际上相当于是在用运牛车厢被运送。他们挤在铺着毡子的货车车厢里,一部分人——但绝非全部——必须靠火炉取暖。有窄窄的木凳供士兵们坐,但他们只能睡在地板上。俄军中以强悍著称的突击部队哥萨克骑兵,必须和他们的马共用车厢。马被拴在车厢两头的马厩里,士兵们坐在中间。一列火车大致能载1100人,因为每趟车挂28节车厢,每节车厢能乘40人或8匹马。大部分时间士兵们得不到充足的食物,因为只是偶尔才会安排流动餐车为他们提供饭菜。部队因此怨声载道,特别是大部分时间,当车到大站时,摊贩们蜂拥而上,士兵们却买不起他们兜售的食物[3]——一名士兵悲叹道,整个旅程,他们全靠"又小又硬的黑面包、污浊的汤和热茶"

---

[1] *Cassell's History of the Russo-Japanese War*, Vol. 1 (Cassell, 1905), p. 67.
[2] Patrikeef and Shukman, *Railways and the Russo-Japanese War*, p. 51.
[3] 对比鲜明的是,日本人为他们乘火车奔赴前线的部队置办了丰盛的饮食补给站。

活着。① 当局意识到，在到达伊尔库茨克前的整整两星期（有时还要长得多）旅程中，如果士兵们一直这样受苦，他们将无法进入战斗状态，于是下令在旅途中每隔三天休息一次。这样，部队往往需要 30 天才能到达中国东北前线，由于延误和故障，行程经常还会被拖到多达 50 天。

实际上，当战争爆发时，环贝加尔铁路正顺利进展，但是就修铁路而言，这实在是世界上最最艰难的一段路——比修中东铁路还要难——因此当日军向旅顺港发起进攻时，它离完工差得还远。西伯利亚铁路委员会的一位委员曾发表了这样的观点，这条铁路的"困难程度和工作量，超过了俄罗斯帝国此前全部建筑的总和"②，他其实并没有夸张太多。西伯利亚铁路委员会是在 1898 年批准环贝加尔铁路建设的，次年开展的勘查工作证实，这的确将是一项非常可怕的任务，"一连 50 多英里的悬崖峭壁，夹杂着岬角、湖湾和窄坡"③。总体而言，这条铁路要求在 163 英里的路段中修建 200 多座桥和 33 条隧道，大量的弯道和之字形路使得铁路的直线长度只向东延伸了 40 英里。后来这条铁路被一条更直的线路取代，幸存的路段成了今天热门的旅游景点。

负责跨西伯利亚大铁路建设的另一位工程师亚历山大·佩尔佐夫（Alexander Pertsov），是个生龙活虎、勇敢无畏的人，在他的领导下，又一支由大约 9000 人组成的劳工大军建立了起来——主要是土耳其人、波斯人和意大利人，还有俄国人——承担起从贝加尔港沿湖岸到湖东的库尔图克（Kultuk）这一路段的艰苦的建设任务。主要的困难是，悬崖直上直下地垂入湖中，根本没有海岸。于

---

① Patrikeef and Shukman, *Railways and the Russo-Japanese War*, p. 70.
② Tupper, *To the Great Ocean*, p. 338.
③ 同上，p. 337。

是，建筑队伍必须为铁路打造一个"搁板"。这个"搁板"至少要高出湖面15英尺，以避免在这个相当于内陆海的巨湖司空见惯的狂风暴雨中，波浪冲击到铁轨。施工队大量使用炸药，为铁路开辟路基，但这不可避免地是一个缓慢而危险的进程。像其他路段一样，寒冬会阻止大多数作业的展开，比如铺设铁轨，尽管开凿隧道和架设桥梁仍能进行。

起初，环贝加尔铁路计划于1906年完工，但战争的紧迫性意味着佩尔佐夫和他手下的承包商们必须加快速度。建筑大军的总人数又扩充了50%，大量的钱又投入到该项目上。引人注目的是，第一列试验列车在开战刚刚六个月后，即9月中旬，便跑过了这一路段，但它脱轨了十次，尤其令承包商们感到尴尬的是，由于一个隧道开凿的高度不够，客车车厢通风设备中的烟囱必须移除。几天后，希尔科夫亲王也亲自来坐了一次试验列车。他算是幸运多了，只碰上了一次脱轨，不过因为担心铁轨的状态，火车的时速还不到5英里。由于进度要求和地形困难，铁路完工时，成本已经飙升得太高，每平方英里的造价甚至超过了中东铁路，达到7000万卢布（700万英镑）。铁路完工后，又立刻展开了必要的改善工程，这一成本又达到了平均每英里4.3万英镑。

由于国家在战时，铁路又在西伯利亚最偏远的部分之一，国家并没有举行盛大的典礼以庆贺这条将莫斯科与太平洋连接起来的大铁路的完工。希尔科夫视察铁路的日子——1904年9月25日——在铁路建设史上也很少被提及。没有像美国所有著名铁路完工时那样，举行钉金色道钉的仪式；也没有当地城镇居民举行的庆典，因为当地根本没有城镇居民。因此，也没有人对这一辉煌成就做出评价。自1891年5月开工以来，长达5500多英里的铁路，只用了13年多一点的时间完成，平均每年修成414英里。加拿大太平洋铁路曾是俄国铁路的比较基准，建设速度要稍快一些，大约是每年466英里，但其长度还不及跨西伯利亚大铁路的一半，其建设者也没有遇到劳力难觅、物资缺乏这样的困难。俄国人的确可以因创造这个重大的工程奇迹而自豪，即使由于地处偏远和战争爆发，外界并没有对这条铁路投入太多的关注。

铁路的开通使得俄国的军事实力顿时今非昔比，运输部队和物资的需要也导致仓促建成的铁路必须立刻完善。俄国政府又找来了钱，以弥补因加快进度而裁弯取直所导致的许多问题。一项重大改进的方案得以启动，包括普遍将轻轨替换为较重的铁轨；增建200余条侧线，使会车的火车均能通过，并供货车装货使用；调拨更多的车辆和火车头（通常是来自俄国其他铁路的二手车辆）；更改部分线路，以避开过陡的坡。经过这些改进之后，环贝加尔铁路的开通使得俄军能够大量调兵前往战场。起初，跨西伯利亚大铁路双向一天最多只能行驶三对列车，到战争结束时，每天已能满足16对列车对开。战争爆发时，俄国只有12.5万人的军队和边防卫队驻扎在远东，到战争结束时，已有大约130万人通过铁路运抵这一地区。开战之初，日军的兵力为30万，到战争结束时也得到了双倍增援，很大程度上也是通过铁路运输的。实际上，作为战争起因的铁路，因其运输人员和物资到达前线的巨大能力，也要为参战人数和阵亡人数的巨大增长而负责。的确，这场战争进行的方式——双方数量庞大的部队针锋相对——是铁路有能力将援军源源不断地运抵前线的直接结果。①这些人数众多的部队有时甚至挖起了战壕，这是在随后的第一次世界大战的西线导致漫长僵局的作战方式的一种前兆，因此日

---

① 如欲了解这一原理更长的发展历史，参见拙著 Engines of War。

俄战争成为正在准备更大规模战争的各国军方热烈调查研究的课题。

当然并不只是俄国人利用了铁路。日本人不仅迅速地在朝鲜修了条铁路，以帮助其将军队和物资运至中国东北，在击溃了俄军在旅顺港的抵抗后，他们还夺取了俄国人修建的南满铁路。俄国人至少没犯一个错误，没有丢下任何火车头。由于日本铁路的轨距与俄国相距甚远——日本是 3 英尺 6 英寸，而俄国是 5 英尺——一开始日本人不得不征用大量中国劳工在铁路上拉火车。最终，日本人更换了铁轨，大规模地使用起这条铁路来。

然而，俄国人的铁路补给线改善得太晚了。日本人也许没想到环贝加尔铁路这么快就完工了，或许也没想到跨西伯利亚大铁路能够这么迅速地得到改善，但他们的确准备好了投入足够的兵力以确保胜利。他们的补给线远比俄国人要短。俄国人的铁路线即使运转完好，也要受制于其漫长。日本人明白必须在俄国人调来足够多的部队之前取得决定性的胜利，他们将决战的时间和地点确定为 1905 年 2 月和 3 月在奉天。双方在战场上共投入了 62 万人，其中俄军为 35 万人，这是当时战争史上投入兵力最多的单一战役，日军虽然兵力稍处劣势，但却取得了胜利。

日本人在朝鲜修了铁路，又接管了南满铁路，越发突出了俄国人悲惨的讽刺境地。这不仅是让日本人能够很容易地进入哈尔滨了，而且理论上讲，现在有了一条铁路，能从外国而且很可能是敌国的土地上，直插俄罗斯的心脏地带。这场战争给了俄国人一个深刻的教训：他们为推动自己的帝国主义野心而兴修的铁路，也可以用来反对他们："俄国人建设的铁路系统，增强了自己威胁日本的实力，然而当这个系统被日本人夺取并控制后，又为日本人提供了发动迅猛而且很可能是不可遏抑的反攻的实力，因为铁路线使得日本人能像战争初期俄国人所做到的那样运输物资和兵力。"①实际上，事情并没有那么简单。接管战败对手的铁路线是困难的，正如日本人在不得不改变南满铁路的轨距时所领教到的。而且一支外国军队，哪怕是像日本人这样善于利用铁路的军队，能够利用跨西伯利亚大铁路一路打进莫斯科，这说法也没人会相信。不过，当我们看到第八章关于俄国内战的那部分时，就会看到无论是谁掌握了铁路，谁就掌握了西伯利亚。

然而，铁路增强的运力及其对日本未来扩张构成的威胁，无疑有助于俄国人在和谈中的姿态。在美国的斡旋下，和谈于1905年9月在美国缅因（Maine）州的朴次茅斯（Portsmouth）举行。俄国人的首席谈判代表是无所不在、此时东山再起的谢尔盖·维特。他的风度魅力令美国公众深为倾倒，这也为他的谈判地位加了分。日本人深知此时的跨西伯利亚大铁路，已经比开战之初高效多了，遂接受了一个并未反映出他们压倒性胜利的协议。不过，他们的确获得了对南满铁路的控制权，将俄国人逐出了作为开战借口的旅顺港。这一仗也使俄国人认识到，执意依赖中东铁路到达太平洋是愚蠢的。他们开始考虑另修一条阿穆尔铁路，尽管这条铁路又用了十年才完工，但俄国终于有了一条完全在自己境内的横贯其国土的铁路。

尽管在朴次茅斯得到了日本令人出乎意料，也多少有些不应当的让步，但俄国国内对这场恶劣战争的愤怒，已经酝酿很久了。这场战争是赤裸裸的帝国主义野心的产物，也几乎导致了沙皇政权的垮台。由于沙皇不肯放松任何权力，俄国国内不满情绪日益增长已有多年。1905年1月对圣彼得堡一次和平示威的屠杀，造成了上百人死亡，严重激化了紧张局势，奉天之败又催发了更多的抗

---

① Patrikeef and Shukman, *Railways and the Russo-Japanese War*, p. 93.

议活动。整个 1905 年，罢工和抗议的组织性和战斗性都在迅猛增长。抗议者威胁要推翻政府，但革命还是被《十月诏书》(*October Manifesto*) 避免了。这个诏书不可避免地，又是谢尔盖·维特起草的，其中提出建立一个杜马（议会），这吸引了不太激进的抗议者们的支持，使得沙皇的宝座又维持了 12 年，即便他后来又否定了诏书，并只在杜马于次年春天成立后给了它极有限的权力。

随战争结束而来的混乱，使得跨西伯利亚大铁路上的旅行变得更麻烦也更危险。英国诗人和金融世家子弟莫里斯·巴林 (Maurice Baring)，曾于 1905 年 10 月从伊尔库茨克乘跨西伯利亚快车向西旅行，他说在骚乱最盛时期，曾在乌拉尔山以西的萨马拉 (Samara) 被迟滞了四天。起初，局势还平静，铁路方面给旅客发了钱去买食品，但三等车厢的旅客只给打了白条换食品，于是他们洗劫了饮食店，抢走了全部食品。最终，一位会操作电报系统的官员给前方打了电报，得到了继续前进的许可。按照巴林的记载："我们找到了一位朋友，一位业余火车司机，又找到了一台由爱好者组装的火车头，于是我们向奔萨 (Penza) 前进了。"[①] 难以避免地，这台火车头中途抛锚了，但他们又找到了一台。当巴林抵达莫斯科时，正好赶上维特起草的诏书颁布，意味着和平暂时恢复了。

战争结束后，有很多将军，尤其引人注目的是陆军大臣阿列克谢·库罗帕特金 (Aleksey Kuropatkin) 将军，打算将战败的责任推到铁路的不足上。库罗帕特金声称，假如铁路的状况更好一些的话，他就能调遣更多的部队到中国东北，从而赢得胜利。这是对局势极其肤浅的认识。无疑，跨西伯利亚大铁路有其不足之处，但这位将军的指责低估了一个事实，在一条长达 5000 英里的补给线末

---

① Maurice Baring, *With the Russians in Manchuria* (Methuen, 1906), p. 184.

端发动战争，无论铁路功能多么完善，形势也总是困难的。实际上，考虑到将军们自身的过失，由他们来指责铁路，实在是有些荒唐可笑了。他们没有认识到，自俄国参加的上一次重大战争——1877—1878年的俄土战争以来，武器已发生了巨大变化，结果他们反复采用错误的战术，使成千上万的士兵成了炮灰。虽然日本实现了指挥系统的现代化，能保证士兵吃饱了肚子战斗，俄国对待士兵却仍然像对待农奴一样，无视他们的需求。而且，俄军未能有效地使用现代武器，比如机关枪和经过改善的大炮，妨碍了他们阻止日军进攻的能力。正如一篇关于铁路在战争中的作用的重要学术论文所论述的："虽然俄国在军事领域运用先进技术如此低效，其铁路建设却的确是这方面成功的典范，采用了最先进、最精密的技术。"[1]然而俄国人建设铁路的技艺，却没能像维特希望的那样传播到其他领域。

实际上，这场战争从一开始就打错了主意。铁路的存在证明对尼古拉是一个太大的诱惑，使他发动了一场不仅对他的国家，最终对他的政权都是灾难性的战争："俄国在其领土最遥远的一端，发动了一次军事行动——说是一场全面战争也不为过——这是违反常识的，激起了其全体国民的愤慨，并引发了深远的政治变化。"[2]实际上，维特认为当时是强硬的内政大臣维亚切斯拉夫·冯·普勒韦（Vyacheslav Von Plehve）在主张发动一场短促而猛烈的战争，以分散人们对俄国国内骚乱的注意力，并利用爱国主义旗号将民众凝聚起来。这是古往今来好战的政客们反复在犯的一个错误。冯·普勒韦也为他的如意算盘及其他错误，如暗中鼓动反犹风潮等，付出了

---

[1] Patrikeef and Shukman, *Railways and the Russo-Japanese War*, p. 84.
[2] 同上，p. 16。

终极代价。1904年7月在圣彼得堡，一颗炸弹扔进了他的马车里，他被炸得粉身碎骨。

归咎于铁路，就会对战争的实情产生误解。正如同样的学术著作不无讽刺地评论的："俄国能将超过35万人的部队运送好几千英里，然后又能在战场上供养他们好几个月，这真是一项了不起的成就。这使得人们完全可以赞扬俄国铁路是一个比俄国政府高效得多的行政机构。"[1]我们将在第八章看到，列昂·托洛茨基深刻地吸取了这次失败的教训，使得俄国铁路，特别是跨西伯利亚大铁路发挥了巨大作用。与此同时，跨西伯利亚大铁路也将回归正常，并从进一步的改进中获益。

---

[1] Patrikeef and Shukman, *Railways and the Russo-Japanese War*, p. 117.

第七章

新西伯利亚

虽然铁路最主要的推动者对其的设想是一项帝国主义事业和一个军事项目,但跨西伯利亚大铁路对西伯利亚产生的影响仍然十分深远。尽管有种种缺陷和不足,跨西伯利亚大铁路仍然使这一地区发生了巨变,甚至超过了铁路最热心的支持者们的预期。最显著的变化是人口的迅猛增长,因为从俄罗斯欧洲部分迁移来的人越来越多。按照西伯利亚编年史学家唐纳德·特雷德戈尔德(Donald Treadgold)的说法,西伯利亚移民,是除了19世纪大批欧洲人前往美国之外,当时人类历史上最大规模的移民。虽然西伯利亚移民的增长,是在铁路建设之前就开始的,但作为铁路建设的结果,其步伐急剧地加大了。当1896年第一段工程完工后,在大约十年的时间里,人们实际上像蜂拥般前往西伯利亚定居。

铁路促成了人们首次大批前往西伯利亚,开辟了西伯利亚的殖民化时代,也改变了这一地区的未开化状态,使得1896年至1921年当地人口翻了一番。正如哈蒙·塔珀所总结的:"铁路是在财政部负担着严重损失的情况下运营的;普通旅客列车经常晚点,车厢里之拥挤和肮脏,令人难以置信;很多车站站长、售票员和列车员都习惯于穿着邋遢，并且酗酒无度；然而尽管如此，跨西伯利亚大铁路还是开发了众多穷乡僻壤，为成千上万的人带来了无与伦比的福祉。"①

让来自俄罗斯欧洲部分的移民定居西伯利亚，一向是建设西伯利亚大铁路的重要理由。西伯利亚铁路委员会被授予掌管殖民事务的权力，这一事实就证明了殖民与铁路建设的目的是密不可分的。除了铁路建设本身之外，殖民事务占据了委员会大部分注意力，实际上也占用了剩余资金中的大部分。委员会的移民重新安置计划是基于对俾斯麦的研究而制定的，在普鲁士征服了若干波兰省份后，俾斯麦正是通过殖民而使其实现了"日耳曼化"。其他国家，如美国和加拿大的大规模殖民的历程，也被仔细研究，以从中汲取经验教训。总之，这是"一个大规模的人口学工程"②，是由阿纳托利·库洛姆津（Anatoly Kulomzin）设计的，维特委派他来执掌委员会的日常管理。库洛姆津还负责"辅助事业"，即委员会承担的所有其他任务，其中最重要的就是移民办法。像维特一样，库洛姆津也出身于省级小贵族家庭，是一位能干的行政官员，热衷于俄国的现代化，同时又坚决维护君主制度。他也像维特一样，曾长期供职于俄罗斯政府的核心机构。他的正式官职是大臣会议行政秘书，相当于现代英国政府中的内阁大臣。如果说维特可被视为西伯利亚大铁路的建筑师，那么库洛姆津就相当于提出移民重新安置计划的设计师。

在如此保守的政权下制定一套连贯的政策，其困难可想而知。库洛姆津也并不总是能按自己的心愿办事。一个潜在的大移民群体是旧礼仪派教徒（Old Believers）。这是一个从东正教会中分裂出来

---

① Tupper, *To the Great Ocean*, p. 356.
② Marks, *Road to Power*, p. 154.

的苦行而虔诚的神秘教派，之所以叫这样的名字，是因为他们反对主流教会推行的宗教经典，他们认为这些经典在多年的传抄中已经渗入了许多讹误。这样的分歧难以避免地会导致他们被指责为异端和邪恶，招致迫害。于是，17世纪晚期，很多旧礼仪派教徒都逃到了俄罗斯帝国偏远的角落里，他们在西伯利亚的很多地方都形成了最大的宗教团体。库洛姆津想给他们从全国各地召唤同样信仰教徒的自由，但一向反动的东正教会竭力阻挠这样的提议。

库洛姆津认为移居农民是将西伯利亚与俄罗斯欧洲部分紧密联系起来的关键。大量的金钱被用于资助移民迁往西伯利亚，为他们提供木材和建筑房屋的基本设备，并保证他们的福利。俄国政府对移民的这种鼓励绝非出于慷慨，而是受阻止"黄祸"的意图所驱使。他们担心中国或日本会侵占俄罗斯的土地，将其视为"黄祸"。某种程度上，这种危险的确是存在的。有各种各样的当地人都认为自己是中国皇帝——而非俄国皇帝——的臣民，在帝国最遥远的两个省份，三分之一的人口都是中国或朝鲜血统。而就在边界以南，还有3亿中国人。因此，引进大量忠于祖国、说俄语的新移民，是"俄罗斯化"的关键。正如史蒂文·马克斯所阐述的："库洛姆津的教化使命，其根本目标是加强俄罗斯国家对这片领土的政治控制。"[1]

在西伯利亚铁路委员会中，关于移民在什么条件下可以获准占有土地的争论非常激烈。虽然俄罗斯欧洲部分的农民是一个世代前刚刚获得解放的，但在西伯利亚，却从来没有实行过农奴制度。在铁路出现前，居住在西伯利亚的大多是游牧部落，定居的人则被视

---

[1] Steven Marks, "Conquering the Great East, Kulomzin, Peasant Resettlement and the Creation of Modern Siberia", in *Rediscovering Russia in Asia, Siberia and the Far East* (M. E. Sharp, Inc., 1995), p. 28.

为"国家农民",因为全部土地都是政府所有的。因此那里没有大地主或大贵族,那里的统治者不像俄罗斯欧洲部分的统治者,他们从来不需要保护自己免受侵犯,因而也就没必要给土地上劳作的人们强加奴隶身份。因此西伯利亚理论上是个比较自由的社会。在西伯利亚铁路委员会中坐而论道的贵族们,对于农民们前往西伯利亚并不当真高兴,因为他们在那里能过上更独立自主的生活,能够不受公社制度的桎梏,而公社制度在俄罗斯实际上一向是要让农民们服服帖帖的。然而,委员会成员们又迫切希望西伯利亚的土地上都有人居住,他们对安置计划格外感兴趣,对细节都非常关注,既要使移民进程能够持续,又要施加他们自己的权威。顺便说一句,正在蓬勃发展但受到镇压的左派,包括布尔什维克,不喜欢人们离开公社制度,部分上是因为凡是沙皇政府所做的他们都要反对,但更主要的是因为他们担心这会导致财产关系和人们对财产的态度的变化,将不利于实现某些种类的社会主义主张。的确,在共产党人掌权后,正是干得最好、积聚了大量财富的农民,即"富农"(Kulak),成了苏维埃镇压和消灭的目标。

委员会将移民视为一箭双雕之计。俄国有一个普遍存在,但却完全错误的观念,就是俄罗斯欧洲部分可耕土地上供养的人实在过多了,1891—1892年的饥荒又强化了这一错觉。这种观点忽略了一个明显的事实,更公平地分配农产品,提高农业生产效率,不要过于强调出口,就完全可以保证现有人口丰衣足食。因此委员会认为,沿铁路线移民,既能减少俄罗斯欧洲部分"过多"的人口,也能使西伯利亚广大的土地得以殖民。然而,这里不是美国,在美国移民是受到鼓励的,而且一旦铁路蜿蜒穿过西部,基本上机会是对所有人开放的。西伯利亚不等于美国中西部,而且这里的拓边精神是与对原住民的屠杀相伴的。西伯利亚没有牛仔,因为牛在那里主要是用于产奶,或者供当地人杀了吃肉,而不会被驱赶着穿过成百上千英里的草原。那里的殖民者要穷得多,而且由于他们刚刚从维系数百年的农奴制中获得解放不久,他们并不像美国的开拓者们那样早就被灌输有进取创业精神。他们大多数也行为规矩,因为他们是作为家庭迁徙的,不像美国,新到一地的绝大多数是单身汉,没有女眷来消磨他们的野性。西伯利亚的土地也远不及美国肥沃,私人企业的发展空间不大,尽管库洛姆津曾经梦想过在西伯利亚南部创造出一系列"小美国"来,即类似于美国中西部的巨大的谷物生产区。他甚至曾经提议过,将主要以游牧为生的哈萨克人从他们的土地上清走,代之以新的移民,因为他认为哈萨克人未能充分地利用土地,但这种观点是不切实际的,最终也没能尝试。

俄罗斯是个警察国家,在那里乘火车长途旅行,是需要国内通行证的(今天依然如此),因此根本不可能允许人们想去哪儿就去哪儿。俄罗斯欧洲部分的大地主们也有一种担忧,假如西伯利亚吸走了所有壮劳力,就没人在他们的土地上耕作和收割了。然而,库洛姆津和维特认识到,尽管有诸多限制,很多农民还是会怀着在新开发的土地上改善自己生活的期望,前往西伯利亚的。尽管1861年已经从农奴制下解放了,但19世纪晚期的俄国农民仍然过着受到很多限制的生活,他们被牢牢地吸附在地方性的公社中,公社中由长者主宰他们生活中的大多数事务,如分配土地和掌管法律。因此,更具冒险精神的人不仅将西伯利亚视为开辟新生活的机会,也视为摆脱自古以来就在俄国农村盛行的压迫性的公社制度的希望。是对土地和自由的渴望,驱使着广大的移民,而他们在西伯利亚也得到了两者。正如特雷德戈尔德所概括的:"对数以百万计的农民们来说,在他们故乡的村庄里是找不到自由的,而在几千英里外却有可能找到,这样的机会推动着他们背井离乡,甘冒一切风险。"①

移民事务甚于铁路建设,是当局难以掌控的事情。尽管有规定,每位铁路旅客都不仅要有国内通行证,还必须有当地警察机构开具的旅行特别许可,但实际上很多人都是抬腿就走,根本没有什么许可。从严格的法律意义上讲,移民新到一地,也要将其新的安置情况进行登记,但假如他们真的这样做的话,经常会被官僚作风耽误,于是他们索性不费那道麻烦了,不过这也会让他们为自己的法律身份而担忧。西伯利亚铁路委员会对成群的无地农民有可能在西伯利亚的乡间四处游荡也感到担心,便决定对移民程序进行管理,于是该委员会实际上成了一种福利机构,掌管起在移民们到达前后为他们提供综合保障的事务,以帮助他们旅行和安置。每个家庭可分到40英亩接近森林和牧场的土地。大约100块这样的土地围成一块圈地,往往会在其中心集中建筑房屋,形成密切结合的村庄。对移民们来说,还有一个诱因是他们前十年的收益不用缴税。为增加土地供给,当局在西伯利亚实施了大规模的排水工程,以排干沼泽,或者对草原上干燥的地区进行灌溉。大片传统游牧民的土地被征用,分给了重新安置的农民。

好几百万本赞扬西伯利亚生活好处的小册子分发给了农民,以吸引前往该地区的家庭。农民们无疑大部分不识字,需要有文化的人读给他们听。不过,库洛姆津还是保证做到了,分发给移民们的材料中摒弃了诸如"街上都铺着金子"等各种各样的流言。西伯利亚的山里当然有大量的金银,但移民们不大可能得到。吹嘘西伯利亚的土地肥沃得不可思议的谣言也很盛行,所以说库洛姆津的宣传

---

① Donald W. Treadgold, *The Great Siberian Migration: Government and Peasant Resettlement from Emancipation to the First World War* (Princeton University Press, 1957), p. 239.

手册中展示的,还是关于西伯利亚可能达到的产量比较符合实际的说法。这份宣传材料实际上很像美国较负责任的火车公司,在横贯美洲大陆的铁路完工后,为吸引适当类型的移民所制作的宣传品。

为了使迁徙的家庭更容易安置——实际上,有时候是整个村庄全部迁徙——西伯利亚铁路委员会组织家庭派人亲自前往西伯利亚,决定落脚地点,预做先期准备,然后再返乡接家人。政府殖民西伯利亚的热情如此之高,甚至在铁路的第一段完工之前,移民的大潮就已经开始增长了。移民们来到了已有铁路的终端秋明,在那里等待沿河继续向东。委员会竭尽全力地帮助他们,调派筏子来运送移民和他们的家畜。铁路的开建立刻刺激了预期中的移民的增长,但直到19世纪末,向西伯利亚发配的流放者和犯人的数量都始终没有减少。虽然由于国内通行证制度在广袤的西伯利亚大地上难以执行,先前对移民迁徙未加控制,但铁路的修建产生了规范移民程序的效果。不过掌控移民潮的企图并不总能奏效。毫不夸张地说,农民们吵着闹着要去西伯利亚,然而拖沓、内耗的俄罗斯官僚机构却跟不上节奏,结果许多家庭,甚至有时是整座村庄的人,在匆忙卖掉了牲畜和所有带不走的家什后,径直启程东去,不辞而别。

铁路完工后,委员会为到达车里雅宾斯克的人们提供补贴。车里雅宾斯克为有可能移民的人们设有一个营地,那里会再发放50卢布补助金供移民们购买火车票——对于愿意去贝加尔湖以东的人们,会发放100卢布。后来,政策又有所调整,整个家庭都可以享受折扣,而不再是只接受一笔补助金了,于是,到19世纪末时,移民们只须为车费付15卢布(约1.5英镑),这就是铁路早期连年要求大量补贴的部分原因。家庭和公社派出的先期考察人员,只须付三等车厢正常车票的四分之一。作为旅途中的支持,委员会建立了一个补给站网络,沿途提供医疗服务,以及不可或缺的免费俄式热茶。补给站的食品廉价供应成人，免费供应孩子。唯一欠缺的诱惑就只有皇太后玛丽亚·费奥多罗芙娜（Maria Feodorovna，尼古拉二世的母亲）本人亲手配发的热茶了——移民中广泛流传着一个谣言，说是她曾现身于一个补给站。

然而，为1896年在不成熟的情况下开通的西西伯利亚铁路所吸引的一些早期移民，却吃尽了该线路缺陷的苦头。一位早期的旅行者詹姆斯·辛普森（James Simpson），曾描述了铁路运力不足怎样导致了大量移民被困于货车车厢中过久，以至于不得不让他们暂离火车，迁入匆忙搭建的营地中。辛普森发现"霍乱、伤寒和人类其他可憎的敌人，曾在他们当中闲庭信步，畅行无阻——而且至今仍在肆虐——30%的人都死了"。可怜的移民们居住在溢水的水沟旁简陋的帐篷里，水沟里滋生出如云般的蚊子，遮天蔽日。然而，辛普森却为移民们直到深夜的歌唱所感动："那是一些温柔、奇异、忧郁的旋律，是俄罗斯民族的无价之宝。当那些垂死的歌声高亢起来，被女声拔到极高的高音时，男声却以低八度的音调低回宛转，似乎在用某种哀伤的曲调在询问：他们为什么要离开波尔塔瓦（Poltava，他们的故乡），死在这西伯利亚的大草原上？"①

旅行本身就可能是非常危险的。除了铁路开通之初无数的事故和脱轨现象之外，移民们也经常不了解铁路旅行的危险之处。俄国的车厢比欧洲的要高，车厢下有更大的空间，当火车在两站之间的铁轨上临时停车时——这种情况经常发生，今天依然如此——行人们往往会满不在乎地从车厢下爬过，以免走长路绕过车头或车尾。当火车出人意料地突然启动时，无数不幸的人便丧生车轮之下了。

---

① 两段话均为詹姆斯·辛普森所说，引自 Tupper, *To the Great Ocean*, p. 264。

也有人会在试图扒上奔驰中的火车时丧命，就像美国的铁路游民们那样。太穷而买不起车票的人则会爬到车厢顶上试图免费旅行——但车顶上既冷也危机四伏。

后来，随着由希尔科夫亲王推动的对铁路的紧急改进发挥出作用，旅程变得顺利多了。库洛姆津也保证提供给移民的设施迅速得以改进。基层的工作是由一批具有献身精神的开明官员执行的，他们的作为证明了西方的普遍观点——俄罗斯是个严酷且缺乏同情心的民族，对底层百姓漠不关心——是错误的。例如，法国移民问题观察家朱尔·勒格拉（Jules Legras）便对负责车里雅宾斯克和秋明的移民点的官员彼得·阿尔希波夫（Peter Arkhipov；他承担这一职责共有15年）特别进行了赞扬：“你只要听他说上几分钟话，就能明白他是个全心全意投身于他的艰巨任务的人，他视工作为慈善和奉献。”① 特雷德戈尔德描述了阿尔希波夫的同事之一安德烈·斯坦科维奇（Andrei Stankevich）多项重担一肩挑的角色，他负责监管移民们到达西部站点后的通路："他总是在路上，马不停蹄地视察各移民点……（他的）日常工作要求他对部下做出指示，计划土地、水、木材和粮食的供给，承担建筑师、农学家、移民供给品的检验师等职责，还要与各省省长们搞好关系。"② 很显然这些官员们的所为远远超出了他们仅仅管理移民事务的职责范围，他们为减轻无数走上前途未卜之路的人们的痛苦，付出了巨大努力。

铁路的出现引发了预期中的移民潮暴涨。在1896年首段铁路开通之后的五年，有四年都有20万以上移民来到西伯利亚，平均每天5500人。这是极其惊人的流量，既合乎逻辑，也是实际

---

① Jules Legras, *En Sibérie*（Armand Colin, 1899, 可在线阅读），p. 89（拙译）。
② Treadgold, *The Great Siberian Migration*, p. 145.

上的噩梦。铁路运力极其有限,每天只有少量的火车,其他交通基础设施也很不足,因此面对暴涨的移民潮,铁路应付起来十分吃力。1901年来俄旅行的另一位观察家理查德·彭罗斯(Richard Penrose),描述了移民如何"比以前快多了;所有的火车和船上都挤满了人,沿河望去,能看到许多移民都拉家带口,牵着马、猪,带着家当,乘筏子漂向他们的新家园"。[①]

在铁路修成前,移民是一件缓慢且危险的事情。一般来说,移民需要自备车马旅行,车上经常载满没必要的物件,只是因为感情因素而舍不得扔掉。到了晚上他们就露宿野外,顾不得风雨和严寒。尽管政府为移民设立了救济站,贷款给他们购买食物,并提供有限的医疗设施,但迁移仍然充满危险。由于缺乏适当的装备,不了解他们需要跋涉多远,移民们大批地死去。儿童的死亡率高达30%,成人也在10%左右。活下来的人中,有许多发现条件太过恶劣,也会返回故里——糟糕的年份这样的人会高达四分之一。

铁路不仅使迁移变得快多了,也安全多了。随着旅行条件极大改善,移民们在旅途中又得到了大车站设立的分配中心提供的食品和医疗支持,移民死亡率降到了1%。然而令人啼笑皆非的是,那些早先来到西伯利亚地区的"还乡者"返回俄罗斯欧洲地区也变得容易起来。"还乡者"的数量在1900年达到了巅峰,高达9万人,但此后随着定居点建立起来,生活福利设施得到发展,"还乡者"的比例也大幅下降了。

移民们一旦到达目的地,就能得到相当丰厚的财政资助,以帮助他们安家。新的国营商店以很便宜的价格出售建材(奇怪的是,

---

① R. A. F. Penrose, Jr., *The Last Stand of the Old Siberia* (William F. Fell, Co., 1922), p. 106(可在线免费阅读)。

这些商店却变成了西伯利亚铁路委员会管理的为数不多的盈利企业之一），在阿穆尔地区，甚至还向初来乍到者提供牲畜和粮食。定居者还可以申请高达 150 卢布的无息贷款，几乎所有人都利用了这一好处。正如彭罗斯所指出的："这些定居者所获得的待遇和照顾，恐怕比任何进入一个新国家的殖民者都要优厚。"①这要感谢库洛姆津："保证移民们旅途中的健康，始终是库洛姆津最为关心的事情。"②移民们当然需要一些特殊的关照了，因为大多数人都是空手而来的。他们往往为了还债，匆忙变卖了一切家当，因为他们普遍急于离开先前的家园，很少有人能把以前的牲口和家什卖出好价钱。无论如何，他们大都既没有土地，也近乎一贫如洗。正如特雷德戈尔德所说的："大多数移民都只是深深地吸了一口气，就一个猛子扎过了乌拉尔河。"③这又是一个和美国不同的地方。美国总体而言，是更富裕的农村移民奔向了西部。

虽然将西伯利亚移民与美国相比难免简单化，但西伯利亚的变化仍然可谓巨大，而且"西伯利亚移民创造的社会，更像美国而不像其所源自的俄罗斯社会"④。此外，由铁路负担的西伯利亚移民，不仅改变了西伯利亚，而且对整个俄国都产生了影响："西伯利亚移民创造了一个全新的西伯利亚社会，这个社会有着比俄罗斯欧洲部分更高水平的繁荣和更大程度的社会流动性。"⑤移民导致了一种新型农民的产生，他们拥有小块土地，与他们所脱离的公社模式完全不同。这种在君主政权下明显的解放，是对失败了的 1905 年革命

---

① Penrose, Jr., *The Last Stand of the Old Siberia*, p. 110.
② Marks, "Conquering the Great East...", p. 30.
③ Treadgold, *The Great Siberian Migration*, p. 95.
④ 同上，p. 7。
⑤ 同上。

的一种响应。第二年出任首相的相对进步的政治家彼得·斯托雷平（Pyotr Stolypin），迫切地想赢得心怀不满的农民的支持。针对仍留在俄罗斯欧洲部分的农民所进行的土地改革，为他们提供了更多的自由，并首次创造出生活在自己的土地上、法律上的独立的农民。

奇怪的是，尽管俄罗斯欧洲部分农民的生活条件有了这些改善，他们也逐渐从受压迫、低效率的公社制度下摆脱出来，日俄战争（战争期间迁往西伯利亚的移民潮流稳定在每星期800人左右）的结束却导致了移民率的显著增长。从1906年到1914年"一战"爆发，又有300万移民到达了西伯利亚，移民率于1908年达到了巅峰，当时平均每星期有1.5万人移民。①虽然这一时期的移民大多定居在西伯利亚的西部和中部，但后者中更高比例的人定居在东部，在高峰年代多达五分之一。

毫不奇怪的是，这股人潮导致了这一地区的巨变。铁路沿线迅猛的城市化和定居点的广泛蔓延，永远改变了西伯利亚的面貌和给人们的感受。由于定居点出乎绝大多数人意料地局限于铁路两旁约125英里的地域内，这样的改变是难以避免的。城镇人口的增长甚至比总体增长还要快，鄂木斯克、赤塔、克拉斯诺亚尔斯克和伊尔库茨克等城市虽然相距遥远，但是自1896年铁路的第一段开通后，20年间人口都翻了一倍以上。托木斯克州的人口这一时期增长了将近十倍。其他城镇则只是从无到有。朱尔·勒格拉在托木斯克以东的一个交通枢纽小镇泰加（Tayga）发现，该城由于在铁路线上的重要方位，在铁路开通后短短几年内，就从一无所有（据1896年之前的记录，那里没有任何建筑物）迅速发展成为一个有2000人的喧闹的居民点。就连像勒格拉这样对俄国富于同情心的观察

---

① 由于很少有人冬天到达，有些时期每星期的人流能达到2.5万人。

家，都无法掩饰他对泰加的脏乱差现象和无法无天状况的厌恶，这显示了管理一个距首都好几千英里外的定居点有多么困难："酒是俄罗斯人永远无法分开的朋友。自然，这里既没有警察也没有行政机构；这个小镇是从去年秋天人口普查后才开始正式存在的，还没有管理这个蚂蚁堆的命令从圣彼得堡传来。与此同时，盗窃、奸淫，甚至谋杀，在泰加都属家常便饭，而这是一个有可能在25年后规模超过托木斯克的城市。"[1] 他的最后一句话说错了，因为到2010年时，泰加的人口才勉强达到2.5万人，而托木斯克的人口却是其20倍。

由于当局无力掌控西伯利亚居民点的发展，像泰加这样无计划随意发展的城镇非常普遍，然而也有一些城镇，尤其是较大的城镇，发展是有规划的。参照大约同一时期英国的埃比尼泽·霍华德（Ebenezer Howard）倡导的运动，一批按相似标准设计出来的花园城市或地区建设了起来。霍华德主张城镇要布局良好，不仅要为工人提供产业，还要使每个人都拥有花园，住宅区周围要有绿色空间。铁路支线上的库兹涅茨克（Kuznetsk），显然是一座按照明确的规划图布局的花园城市，有九座不同类型的平房供铁路员工居住，有供单身员工居住的两层小楼，有一座砖厂，还有一座四层楼房供铁路管理人员居住。鄂木斯克和托木斯克也基于霍华德的理念建设了几座花园城市，也对后来的西伯利亚城镇，如新西伯利亚及其附近支线上的城市克麦罗沃（Kemorovo）等的规划，产生了深远的影响。

铁路完工后的头十年，不少于23个居民点被正式宣布为城镇，原先就存在的城镇也迅速扩张，即便如此，在大部分地方，居民点

---

[1] Legars, *En Sibérie*, p. 89.

往往都距铁路线有一段距离，因为铁路建设的政策是压低成本，假如需要建设昂贵的路堤或桥梁，铁路就不能建在居民点旁。发展最快的是新尼古拉耶夫斯克（今新西伯利亚），1893 年才有 764 人，到 1905 年发展到 2.6 万人，至革命爆发时已超过了 10 万人。如我们所见，在这城市里，不少于三分之一的城市用地的存在都要归功于铁路的修建，因为最早正是铁路设施占据了这些土地。而这其中大部分在 1909 年被一场大火烧毁，部分原因是铁路拦住了通往河边的道路，而那条河是灭火的主要水源。新尼古拉耶夫斯克因为完全是像美国城市一样规划布局的，因此曾被称为"美国城"，大火之后，该城又按照既定的规划重建，例如，每个主要的交叉路口都要建一座两层楼的小学校。

其他城镇的面貌也在改变。在较大的城镇，出现了第一批多层建筑，通常是铁路管理官员的办公楼，或者培养铁路人才所必不可少的技术学校。铁路带来了一种新的建筑风格，更多地基于较平朴的俄罗斯设计风格，而不是更具装饰传统的西伯利亚本地风格。西伯利亚无疑变得更像俄国其他部分了，正像威廉·奥利弗·格林纳所描述的："整齐的铁路居民点，到处是阔大的移民住宅、学校和漂亮的教堂——教堂是由以沙皇的父亲命名的亚历山大三世纪念基金资助建设的——结实而宽敞的寓所、工厂、商店和车站建筑，都不能说是西伯利亚建筑风格的代表，而是属于俄国竭尽全力在肥沃的北亚土地上到处建设的自由殖民地所具有的一种新的更好的建筑风格。"①

由于铁路起初与城镇存在距离，以及铁路对地方经济的重要影响，铁路实际上在把城镇往铁轨方向牵拉。一般来说，铁路占据了

---

① Greener in Manley (ed.), *The Trans-Siberian Railway*, p. 63.

城市边缘大片的廉价土地，随着这些土地开发出来，许多城镇又都分裂成两个分别的中心。在新城镇，铁路员工的住房和办公楼为城镇的未来发展树立了榜样。在一些地方，城镇规划的确由于铁路的需求而多少受到了些损害，因为铁路背后有政府和沙皇撑腰，是没有商量的。多达 750 英亩的大片土地都被划归铁路，以防其他设施建在车站附近。

妨碍车站周围建设开发的还有军事因素，因为如我们在下一章中将看到的，将军们意识到铁路是控制更广大地区的关键。大车站附近都要有一片地区划归军营。军营的建设规模很大，远比日常需求要大。如果说铁路带来了军队，那么也带来了上帝。库洛姆津拨款 15 万卢布，在大车站建设小礼拜堂和大教堂，此举又得到了亚历山大三世纪念基金的补充。到 1903 年时，有将近 200 座大教堂，以及差不多同样数量的教区学校，已经建成或在建设中。铁路沿线没有礼拜场所的居民点，可以获益于教堂车厢。这种车厢 1896 年起就在铁路上运行了，其容积之大，足以容纳 70 名礼拜者。后来共产党人也借鉴了这一办法，利用铁路进行宣传。所有这些设施由一个一向吝啬的政府如此爽快地提供，是因为库洛姆津认为，对于将西伯利亚俄罗斯化，实际上是文明化的计划，它们是不可或缺的。他在铁路竣工前视察西伯利亚时，就认为该地区缺乏文明和文化，而缺少学校和教堂更加剧了这一状况。总的来说，库洛姆津关于铁路是改变西伯利亚的关键的观点，得到了证实，因为到第一次世界大战开始时，西伯利亚已经不可逆转地发生了变化。不避讳像苏联宣传队鼓吹其"五年计划"的模式，我还是要列举一下那些令人惊叹的数字。由于在战前 20 年间涌进了数量惊人的 500 万移民，该地区的耕地面积翻了一倍以上，牲口数量翻了三倍多，达到 3800 万头，小麦和黑麦的产量也都很高。该地区的黄油产品在

1904年前的十年间增长了五倍，达到了200万普德（pud，俄国计量单位，约相当于36磅），创造出一个新的可盈利的出口市场，产品远销英国、丹麦和德国。

黄油列车成了这条铁路线上的固定特色。黄油由冷藏车运输，这种列车的车厢全都涂成白色，因而与众不同。人们能看到整列整列这样的火车在西伯利亚大铁路上来来往往。贸易额非常巨大："在初夏的高峰时期，每星期大约发12班列车，每列火车挂25节车厢。"① 西伯利亚农产品的巨大增长，还不仅仅是满足了出口。很快，整个国家都享受到西伯利亚增产的果实。到1911年，两座最大城市莫斯科和圣彼得堡居民吃的肉，有一半都是通过铁路从西伯利亚运来的。还不仅仅是食品，巨大的矿产资源，比如煤、石油、银和金，也开始在西伯利亚发掘出来，尽管大部分矿产是直到苏联时代后期才发现。

虽然建设铁路的决策曾经引发争议，但现在毫无疑问，这条铁路对该地区的福祉已变得至关重要。跨西伯利亚大铁路便利了人口的大规模流动，从而创造出自己的需求。铁路并未盈利，尤其是因为还将投入大量资金使铁路完全建设在俄罗斯的领土上（如我们在下一章中将看到的），但铁路的利用率极高，且西伯利亚巨大增长的人口最终要依赖于其高效运作。铁路给他们带来了所有当地没有的物资，也将他们的多余产品运往俄罗斯其余部分。虽然西伯利亚东部仍须依赖于俄罗斯西部供给粮食，但西伯利亚西部和中部已开始向俄罗斯西部供给产品。实际上，这还引发了俄罗斯欧洲部分生产者们的担心，不得不建立了一个称为"车里雅宾斯克关税截断"的机制来保护他们的利益。该机制人为地抬高了从西伯利亚到俄罗

---

① Westwood, *A History of Russian Railways*, p. 123.

斯西部通过铁路长途运输谷物的价格。①

跨西伯利亚大铁路为该地区经济和工业的发展奠定了基础。西伯利亚从一个流放犯人的垃圾场，真正变成了俄罗斯的一部分，乌拉尔山也不再代表分隔两个不同世界的屏障，尽管工业的发展比维特预期的要慢。不过，这条铁路显然不符合发给游客的《西伯利亚大铁路指南》中的吹嘘，而那些吹嘘的语句放在后来苏联的宣传传单上，也不会显得不合适："西伯利亚大铁路利润的迅速增长，与西伯利亚地区总体经济的增长一起，显著地展示了这个伟大工程对文明和商业产生的巨大影响，这是沙皇官员和俄罗斯斯拉夫国家治理的丰碑。俄罗斯注定肩负着在东亚推行基督教和文明的使命。"②这条铁路无疑没有利润，即使依照早期不切实际的预期也是如此。铁路经常需要修理和再投资，意味着它在不断地消耗政府的资源。然而，正如前面所提到的，铁路也没有明确的亏损记录，因为铁路的财政情况是与政府的综合数据混杂在一起的。1905 年 11 月，西伯利亚铁路委员会静悄悄地被废止了，它的使命终结了。然而，修完在俄罗斯境内的全部铁路，并使其不断提高标准以符合日益增长的需求，依然任重道远。

---

① 其运作是，假定将这段旅程一分为二，这样长途运输产品所享有的较低关税就不适用了。
② Dimitriev-Mamonov and Zdziarski, *Guide to the Great Siberian Railway*, p. 79.

第八章

完全在俄罗斯境内

虽然1903年环贝加尔铁路的完工意味着铁路最终将莫斯科与太平洋连接了起来，但跨西伯利亚大铁路表面上全线开通了，实际的工程却仍在进行中。如我们已看到的，改进工程与建设工程是同步进行的，每段线路开通后，改进工程仍不停止。实际上，起初是战争的要求，继而是大量移民的需求，扩大运力的压力是显而易见的，还有一个棘手的问题，就是要努力使铁路避免穿行中国东北。

因此，在灾难性的日俄战争结束后没几年，将西伯利亚铁路最繁忙的路段——从鄂木斯克到赤塔——改造成复线的工程便开工了。这段线路实际上包含了西伯利亚大铁路在俄罗斯境内的全部部分。改造计划几乎相当于建设一条新铁路，因为原先的路堤和路堑实在太窄了，不过一些桥梁上仍然保持了单轨，直到很晚才改造。工程花了八年时间，1914年夏天"一战"刚刚开始时才完工。那时从莫斯科到符拉迪沃斯托克（海参崴）最快的火车——仍须经过中东铁路——在列车时刻表上的行程已缩短到九天。因此，从圣彼得堡（"一战"开始后匆忙改名为彼得格勒[Petrograd]，因为原先的名字太像德国的了），到有蒸汽快船相连的东京，也只需要12

天。不仅是主干线进行了改造。起初，跨西伯利亚大铁路的影响远比政府预计的要小，只局限于铁路两旁各 125 英里内的大部分地区。为了扩大其用途，政府又规划建设了许多支线，支线大多数都是由私人公司修建的，主要是为了服务于采矿业，但也有从内地运出农产品的。不过，总体而言，铁路的影响并没有深入到大草原中很远。

铁路运力需要如此大幅的提高，不仅反映了其客货运输量极其繁重，也反映出铁路的一个间接影响：改善西伯利亚公路状况的工程——一项自 19 世纪晚期就一直在讨论的计划——在建设铁路的决策做出后，便被放弃了。缺乏一条公路这一事实，居然被一项铁轨上所能出现的最奇葩的用途突现了出来：帮助一位意大利贵族赢得北京到巴黎公路赛。

1907 年，法国《晨报》（*Le Matin*）为证明小汽车能够去任何地方，举办了一场汽车接力赛，希皮奥内·博尔盖塞（Scipione Borghese）王子是参赛选手之一。当他和他的司机埃托雷·圭扎尔迪（Ettore Guizzardi）来到贝加尔湖东岸时，他们认为公路无法通过，因此得到了伊尔库茨克总督的许可，使用环贝加尔铁路的路床，尽管火车仍在继续跑。幸运的是，枕木是与路表齐平的，而不是向上突出的，因此路床正好可供他那庞大的怪物汽车——一辆 7.4 升的伊塔拉（Itala）——勉强行驶。实际上，这段路比他此前曾遭遇过的某些路段好多了，证明了铁路建设者们技术之高超，正如他后来所回忆的："这趟汽车旅行的感觉，起初令人非常愉快。那条华美、平坦、干净的路上，除了车辙、森林和沟渠之外，还有许多许多引人入胜的风景。"① 然而，这趟旅程也是危险的："我们

---

① Newby, *The Big Red Train Ride*, p. 190.

越过了无数小桥,桥的宽度恰好是枕木的宽度。桥没有栏杆,高悬在深深的沟壑上。枕木与枕木之间的间隙很大,我们从中能看到沟壑的深处,河水在翻着白浪……汽车前进时,左边的车轮在铁轨之间,右边的车轮在铁轨外面——而外面的枕木只有几英寸。"

实际上,除了有一次差点儿撞上一列货运火车外,他在铁路上的行进比公路上还要顺利。在公路上,有一次他的汽车压垮了一座桥,一头扎进了急流中。不过,在求助于当地人后,他将汽车打捞了上来。车辆完好无损,他最终赢得了比赛。这次拉力赛另外只有四位选手参加,他于8月10日抵达巴黎,正好是离开北京两个月后。

跨西伯利亚大铁路的正常运营,于日俄战争结束两年后恢复,到1907年夏天时,莫斯科到符拉迪沃斯托克(海参崴)之间每星期有三列快车。其中最好的一列是由国际卧车公司(Compagnie Internationale des Wagons-Lits)经营的。该公司由纳格尔马克斯创建(他本人已于1905年去世)。虽然全部车辆都不及当初在巴黎展示的,但已经比另两列俄国国营的"豪华列车"强多了。因此,在两次世界大战之间,出现了一个在跨西伯利亚大铁路上旅行的短暂黄金时期,该铁路成为前往中国的外交官和前往日本的商人的首选。按照哈蒙·塔珀的说法,该公司"将其一些二等好的车厢派去跑西伯利亚,配备了会说俄语、法语、德语和英语的热情的列车员,车上提供美味的食品和葡萄酒;该公司还广为宣传,通过铁路,你能从伦敦或巴黎直抵远东,所花的时间和金钱还不及走海路过苏伊士运河的一半"[①]。这是至关重要的一点。跨西伯利亚大铁路无论有再多的缺点,比起漫长的轮船之旅,尤其是夏天还要在热带顶着印度洋上灼热的太阳,还是要快得多也轻松得多的选择。

① Tupper, *To the Great Ocean*, p. 347.

虽然国际卧车公司的票价比俄国国营列车要高，但仍然算是很便宜了。有一位约翰·克拉伦斯·李太太（Mrs John Clarence Lee），是美国费城（Philadelphia）一名教士的妻子，曾于1913年乘火车旅行。她以诙谐的笔触，精彩地记录下她向西旅行的历程。她从上海乘船到大连，然后通过中东铁路从大连到哈尔滨，然后到莫斯科，头等车厢的票价是44英镑8先令（44.40英镑），二等车厢的票价是32英镑4先令（32.20英镑），而俄罗斯国营列车的这两种票价分别为30英镑和20英镑。她在餐车上一日三餐的费用只有1.75英镑。旅行社经理建议她途中不要下车，"因为没什么风景可看"，但李太太没听他的，饱享了伊尔库茨克和贝加尔湖的风光。

在假道南满铁路前往哈尔滨时，她发现"有一节伊利诺伊（Illinois）出产的崭新的铂尔曼车厢，锃光瓦亮，一尘不染。车厢外用英文写着'Sleeping Car'（卧铺车厢）。车厢内有两人一间的包厢。每个包厢里都有最新样式的单独的洗手盆，有热水和冷水。到了晚上，你可以把门锁上，把窗户打开，真是惬意极了"①。在南满铁路的终点——哈尔滨南边的长春，铁路的所有权从日本人手中转到了俄国人手中，她换乘到将通过跨西伯利亚大铁路本身将她一路载到莫斯科的火车上。她发现新的车厢同样令人愉快，里面有天鹅绒的软垫，每两个包厢有一间厕所。每个包厢可乘两人。以往非常松弛的铁路纪律似乎也得到了梳理和整顿。比如火车离站时的信号就很清楚，为了确保不会有旅客不小心被落下："在开车前五分钟会打铃两次，就在火车启动前会打第三次铃。"②

跨西伯利亚大铁路上的大部分旅客，像李太太一样，是来往于

---

① Mrs John Clarence Lee, *Across Siberia Alone* (John Lane Company, The Bodley Head, 1914), p. 42（可在线免费阅读）。
② 同上，p. 54。

中国，而不是符拉迪沃斯托克（海参崴）的，这促使俄国政府重新审查起建设阿穆尔铁路的可能性来。当美国《时代》(The Times)周刊提出，跨西伯利亚大铁路并不是一条通往符拉迪沃斯托克（海参崴）的主干线，而是一条通向中国海的主干线，只是分出了一条支线到达符拉迪沃斯托克（海参崴）时，俄国人感到非常生气。这增强了东西伯利亚地区的公众压力，强烈要求建设阿穆尔铁路，以将企业和资金从中国东北重新导向西伯利亚。东西伯利亚人认为中东铁路正在抢夺他们的生计，该线路已经成了将符拉迪沃斯托克（海参崴）与其余世界联系起来的主要交通方式。俄国农民不愿前往东西伯利亚，而更愿意定居中国东北，或者继续待在更容易到达的贝加尔湖以西地区。

先前曾很兴旺的阿穆尔河（黑龙江）上的蒸汽轮船损失了很多业务，当地商人也抱怨他们的大部分生意被中国东北抢走了。因此，跨西伯利亚大铁路对东西伯利亚的总体经济影响，实在是有负众望，实际上，甚至可以说是在帮倒忙。符拉迪沃斯托克（海参崴）本身，本来被认为将会因这条铁路而大为获益，结果也吃了亏。尽管被日本人打败了，但俄国人还是保住了他们在旅顺的海军基地，没有将其移到符拉迪沃斯托克（海参崴），因此反而是两条铁路交会处的哈尔滨，变成了一座繁荣的城市。实际上，哈尔滨已经发展为与美国西部边境城市最为相像的城市，成为名副其实的种族和文化的大熔炉。在铁路修到之前，哈尔滨比一座村庄大不了多少，现在却成了中国东北一座繁华热闹的俄罗斯式城市。日俄战争后到访的一对游客，惊讶地发现哈尔滨仿佛被俄国人占领了，尽管从严格的法律意义上讲，这里还是中国的一部分："警察大多是俄国人。哈尔滨如此俄国化，旅馆居然堂而皇之地挂出印刷的告示，告诉你在打开皮箱之前，先要拿出你的俄罗斯护照，到俄罗斯警察局去接受检查。真是咄咄怪事。"①哈尔滨不仅是中东铁路的行政总部所在地,还容纳着无数雇有大量俄国人的企业和机构,包括各种工厂、军营,还有一个酿酒厂,每年生产300万加仑伏特加酒(或者按塔珀计算的,平均每个居民30加仑,不过可想而知的是,其中大部分是供出口的)。另一位游客丹尼尔·德·梅诺卡尔(Daniel de Menocal)是位银行家,曾经回忆过他1909年访问哈尔滨时的情况。他描述了一幅他认为非西方的景象:"从酒吧到台球厅,到处都是成群结伙留着大胡子、身强体壮,或者半醉或者酩酊大醉,吵吵嚷嚷的俄国人……还有半俄罗斯半蒙古的布里亚特人,以及一些日本人。这些疯子们中间夹杂着女人,都很高大强壮。"②然而,铁路及与之相关的发展还是带来了繁荣,街道上满是衣着华丽的来自亚洲各地的有钱人,穿着当地服装的当地男女,也同样显得境遇不错。尽管明显处于俄国人的控制下,哈尔滨仍然洋溢着繁华的国际大都会的气氛,群集在市中心的人们,也都显露出自信的神情。

中国东北和哈尔滨,而非西伯利亚和符拉迪沃斯托克(海参崴)的俄罗斯化,不仅使东西伯利亚人感到怨愤,也使俄国政府感受到危险。与日本人的和平是很脆弱的。日俄战争结束次年签订的三个条约,在很大程度上企图为限制双方各自的帝国主义野心建立基本原则,但由于双方互不信任,关系并不好处,因此避免与日本人发生对抗便成了俄国亚洲政策的基石。正如维特所挖苦的:"在远东,担任第一小提琴手的已经不再是我们,而是日本人了。"③中

---

① From R. L. Wright and Bassett Digby, *Through Siberia: An Empire in the Making* (Hurst & Blackett, 1913), cited in Tupper, *To the Great Ocean*, p. 348.
② Tupper, *To the Great Ocean*, p. 349.
③ Quoted by Steven Marks in "The Burden of the Far East: The Amur Railroad Question in Russia, 1906–1916", in *Sibirica*: *The Journal of Siberian Studies*, Volume 1, Number 1 (1993/4), p. 11.

东铁路一向是日俄矛盾的催化剂，因此减少对中东铁路的依赖，便成为俄国外交政策的关键。而且，由于跨西伯利亚大铁路的建设部分上是出于军事目的，现在除非它完全存在于俄罗斯国土上，否则将无法再发挥这样的作用。按照日俄战争结束后在美国新罕布什尔州的朴次茅斯签署的和约，俄国将不得使用中东铁路来载运军队。使形势更为严峻的是，中国人也开始对俄国人继续存在于东北表示愤怒，毫无顾忌地称之为侵略。

于是又一次，建设一条铁路成了军事目标。是否建设这条铁路，在圣彼得堡（稍微）民主了些的权力走廊里，成了重大的政治辩论话题。赞成修铁路的人赢得了辩论，建设阿穆尔铁路，便成了更具进取性的东方政策的重头任务。这一任务将准许在外贝加尔建立军事基地，通过改善符拉迪沃斯托克（海参崴）的设施和加强支援来强化太平洋舰队，并在与中国的界河阿穆尔河（黑龙江）上建立巡逻舰队。

这时已罢官赋闲的维特，仍然将修建铁路视为又一个侵略行动，他转而建议加强对中东铁路的保卫，尽管这当然反映了他本人当初在决定让铁路经过中国东北时所扮演的角色。不过，他称之为"战争党"的沙皇和其他政府高官没有听他的。因此，最终是由这些人在政治上和军事上的关切，而没有考虑当地商人的任何需求，决定了阿穆尔铁路的建设。事实证明，这条铁路的造价是极其昂贵的。

19世纪90年代勘查过这条线路的那些人的评估是正确的。这将是一条很难修建的铁路。铁路在很大程度上是沿着阿穆尔河（黑龙江）延伸的，但既要求离边界足够远，以防御有可能从阿穆尔河（黑龙江）的中国东北一侧发起的进攻，又希望尽可能靠近南边，因为南边的条件更有可能促成经济发展和人口增长。1907年杜马正式批准了铁路修建计划，工程于次年春天启动，主管者是尼古拉·K.沙夫豪森–舍恩贝格·奥·绍富斯（Nikolai K. Schaffhausen-Schönberg och Schaufuss）。尽管他起了个典型的德国贵族的名字，但他却是个地地道道的俄国人。新的铁路线在斯列坚斯克以西30英里处从外贝加尔铁路中岔出，呈弧形与阿穆尔河（黑龙江）平行延伸了1200英里到达哈巴罗夫斯克（伯力），从那里经西伯利亚大铁路上最长的一座桥（将近1.5英里）——跨过阿穆尔河（黑龙江）。

这是又一项史诗般的成就。劳力缺乏、条件艰苦和地形复杂等寻常困难，都因为一个问题而雪上加霜：这条铁路的大部分，不得不建在永久冻土带上，正如19世纪90年代勘探的人们所预测的。永久冻土带尽管叫这个名字，但实际上并不真的永久。虽然地表几英尺或几码以下的确是永久凝固的土壤层，但紧邻地表的土壤却会在夏天解冻，足以给铁轨带来麻烦。经常会发生路堤塌方和滑坡埋没路堑等情况，像外贝加尔一样，水是永久性问题。夏天，洪水会冲垮路基，冲走道碴；冬天，缺水又意味着会给火车头运行造成极大困难。

就仿佛该项目要让工程师们的困难再多些似的，这片地区是西伯利亚人口最少，也最寒冷的部分，铁路要经过一系列冷酷无情的森林、沼泽、湿地平原和山脉。尽管这条铁路将建成单线，但俄国人已经吸取了需要增加运力的教训，在桥梁上和隧道中都预留了空间，以备将来建设复线。虽然东西伯利亚其他路段的铁路大部分都是由亚洲劳工修建的，但这回俄国政府坚决要求全部由俄罗斯劳力施工，因为政府在该项目上投入了巨大资源，希望肥水不流外人田。因此，从俄罗斯欧洲部分和西西伯利亚招来了超过1.5万名劳工，以补充当地可招到的少量工人和罪犯，同时，作为一项例外，多山的地形要求从意大利招募一批善挖隧道的技术工人。强调使用俄罗斯劳工,并不是完全出于经济考虑,部分上也是由于建设这条铁路的首要动机是以之加强俄国对西伯利亚的控制。尽管跨西伯利亚大铁路不尽人意——或者说恰恰因为这些——俄国人有了更强烈的愿望,要通过一条完全在俄罗斯境内的铁路最终与太平洋连接起来,一劳永逸地避开来自中国的威胁。

因此,这是一个比先前的路段都明显得多的殖民项目。从俄罗斯各地招募来的劳工本身,都被视为潜在的定居者。为了吸引更多新的到来者,各种设施与铁路同时修建起来,而不是作为"马后炮"在日后匆忙拼凑。到1916年该线路完工时,"一片又一片此前无法利用的地形,都已为新的定居者们开辟了出来。在干旱地区,工人们凿开由基岩、碎石、沙子、淤泥、黏土有机物和冰构成的永久冻土层,打出井来。经常是要打到超过350英尺深,才能打出永久冻土层下的水"①。此番建设,机械化程度要比以前的路段多少高出一些,使用了蒸汽动力的挖掘机来排干大片的沼泽,使之成为可以利用的土地。然而,大量的工作仍然是挥舞着镐头和铁锹的工人们完成的,他们偶尔能得到炸药的帮助。甚至在铁路完工前,村庄就已经像雨后春笋般出现在森林中清出的空地上了,城镇也开始精心规划了起来。提供各种补给的道路,按照永久性而非临时的标准建设了起来,邮政系统也建立了,还盖起了教堂,在没有教堂的居民区,则由一节装饰华丽的流动车厢提供服务。俄国铁路历史学家韦斯特伍德(J. N. Westwood)对此不无讽刺地评论道:"为铁路工人修教堂,得到了大肆宣扬;不过建设新监狱或许才是更好的投资,尽管工程进行得不声不响。"②这

---

① Tupper, *To the Great Ocean*, p. 370.
② Westwood, *A History of Russian Railways*, p. 115.

样说并不完全公平，因为随铁路一起建成的设施，都是以高标准建设的，目的是为保证能将移民吸引到东西伯利亚来。极地探险家弗里乔夫·南森（Fridtjof Nansen）1913年访问过该线路，对铁路沿线建设的一系列医院和诊所留下了深刻印象，他看到"病房、手术室、浴室等等明亮，整洁，井井有条"，同时学校教室"很大，通风良好，孩子们看上去都很快乐。看不出气候对他们有什么危害"①。因此，与其说这是一项铁路建设工程，毋宁说是为俄罗斯开疆拓土的工程。具有强烈讽刺意味的是，恰恰是这种社会工程，革命后成为苏联思维的核心。

除了开凿隧道和搭建桥梁，铁路工程只有在从6月到10月的四个月间，才有可能推进，因此从俄罗斯其他地方招来的工人，到了秋天就得打发回家以节省开支。然而，铁路的总成本还是超过了4亿卢布（4000万英镑），尽管钱似乎又一次不算障碍。与跨西伯利亚大铁路的其他路段相比，每英里成本增高，不仅是因为俄罗斯这一偏远的部分条件艰苦，而且因为俄罗斯政府决定建设的路基要适合于日后建设复线，同时建设大量额外设施的费用也纳入了预算中。

政府一旦下了决心，工程就停不下来了，无论成本高昂还是条件艰难。由于当时俄罗斯政府每年的总预算也就是大约30亿卢布，该项目相应地便成为构成跨西伯利亚大铁路的所有工程中对政府资源消耗最大的。换言之，年收入的七分之一，都投入到在俄罗斯帝国的最远端建设铁路上，而当这个国家经常处于在革命的边缘摇摇欲坠的状态时，这条铁路在经济上一时还发挥不了什么作用。正如史蒂文·马克斯所说的："圣彼得堡将其注意力贯注在建设这条铁路上，不考虑当地条件、成本或预期中微不足道的影响，因为它视

---

① Quoted in Tupper, *To the Great Ocean*, p. 371.

其为捍卫帝国的问题。"①

如此巨额的资金投入到远东的这些冒险事业上，无疑助长了人们对沙皇政权的反对情绪。有一种看法认为，假如将这些巨大的资源投入到更实际的用途上，至少给群众一些改善命运的希望，以转移革命情绪，那么俄国的历史——实际上也是20世纪的世界历史——也许就大不一样了，这绝非胡思乱想。即使这算是异想天开，那么跨西伯利亚大铁路在紧随革命后的内战中，无疑也将发挥举足轻重的作用，在很多不同的情况下，都有可能导致完全不同的战果。正如塔珀敏锐地指出的："跨西伯利亚大铁路与这段血淋淋的历史，是密不可分的。"②

---

① Marks, "The Burden of the Far East...", p. 18.
② Tupper, *To the Great Ocean* , p. 372.

第九章
跨西伯利亚铁路大战

几乎是阿穆尔铁路刚一完工，西伯利亚就因1917年革命及其余波而陷入了混乱中。1914年，第一次世界大战刚一开始，俄国便卷入其中，但跨西伯利亚大铁路并没有因此而蒙上荣光。或者毋宁说，那些管理铁路的人，又一次没能在战时充分开发其潜能。协约国热切希望在东线拖住德国和奥匈帝国，极力通过符拉迪沃斯托克（海参崴）和跨西伯利亚大铁路向俄国提供援助，因为通过从比利时延伸到瑞士的西部前线输送物资，显然不可能，而且波罗的海上有德军的潜艇在巡逻。然而，作为其最后几个特别无能的表现之一，沙皇政府却未能保证让这条铁路运输这些援助物资。除了总体运力不足外，主要问题是西西伯利亚的托木斯克发生了拥堵，那里的一座煤矿极大地提高了产量，导致每天增加了15趟运煤火车，留给来自东方的火车的通路便少了。而且，跨西伯利亚大铁路仍然在用原始的办法运营，限制了其增加火车的可能性。与欧洲大部分地区不同的是，俄国的火车头仍然在用手工添加燃料——换言之，煤是用铁锹从地上铲进，而不是通过上方吊斗的引力充入煤仓的——加水也需要很长时间，因为按照俄国标准设计的火车头，安装的都是小口径的水管。这类细节问题对于提高效率，也就是提高运力，是至关重要的。

政府中没人考虑过优先运输这些数量庞大的物资的问题，于是符拉迪沃斯托克（海参崴）成了世界上最大的仓库。货物堆积在港口，或者城市周边无人看管的海滩上和旷野里，蔓延出好几英里。这是个由武器、原材料和奢侈品构成的令人惊叹的聚宝盆，比如有一千辆根本没从板条箱中取出的小汽车。按照一位研究美国干涉问题的历史学家的说法："这些援助物资是沙皇政权低效无能的重大标志。他们从来没为此付过钱。这些物资横七竖八地躺在码头上，或者露天堆积在野外，有如山的棉花包、好几百万发子弹、3.7万只火车轮、足以铺设从符拉迪沃斯托克（海参崴）到彼得格勒三分之一里程铁路的铁轨，以及足以把西伯利亚围起来的铁丝网。"[1]盛宴中的主菜是一艘潜水艇，原打算用于在日本海巡逻。按当时的物价计算，这些物资的总价值可达7.5亿到10亿美元，是个非常惊人的数字。堆积成山的物资，不仅在符拉迪沃斯托克（海参崴）相对温和但却潮湿的天气下逐渐腐烂，而且更糟糕的是，布尔什维克已开始对其产生兴趣，尽管他们还没有控制符拉迪沃斯托克（海参崴）。

这个阿拉丁的藏宝洞，在使跨西伯利亚大铁路卷入俄国革命之后的内战方面，发挥了至关重要的作用，因为它成了一系列极其引人注目的外国干涉的部分理由。英国、美国、日本和法国等国家都派出了军队，但都有一个特点：目的不明，行动犹豫。1917年"十月革命"后，布尔什维克从同年3月在首次暴动中推翻了君主政体的临时政府手中夺取了权力，仅仅几个月后就在俄罗斯西部的布列

---

[1] Carl J. Richard, *When the United States Invaded Russia: Woodrow Wilson's Siberian Disaster* (Rowman and Littlefield Publishers Inc., 2013), p. 18.

斯特—立托夫斯克（Brest-Litovsk）①与德国人谈判并达成了和约。虽然布尔什维克巩固了对俄罗斯欧洲部分大部分地区的控制，但想在更偏远的国土上立住脚，却证明要困难得多。

更广阔的背景是，协约国都把持着一个含糊的观念，也许适当的干涉，再加上些许运气，是能够逆转布尔什维克革命的。然而，这种想法并无逻辑，也没有人想出办法来实现这一目标。各国政府中很少有人能明白俄国革命的性质和起因，民众中支持这一革命的力量被大大低估了。或者更准确地说，他们没有意识到俄国人民对沙皇政权的仇恨之深。西伯利亚干涉是支持白色势力对抗红色势力的若干次企图中的一次。在北方，一支由英国领导的军队，在美国的部分支持下，在北极圈内的摩尔曼斯克（Murmansk）登陆，以保卫堆积在冬天会结冻的阿尔汉格尔斯克港（Archangelsk）的军需物资。在波罗的海沿岸各国，各种反布尔什维克的力量也有可能发起暴动。与此同时，芬兰也在为争取自己的自由而战斗。另一方面，在今天已成为阿塞拜疆首都的巴库（Baku），英国人与亚美尼亚反革命势力并肩战斗，试图阻止该城落入土耳其人之手，以保护石油供应。虽然这在局部上讲得通，却展现了这一时期的混乱。由于（直到1918年11月"一战"停战之前）英国的主要敌人仍然是德国，英国人实际上想不明白该支持谁。英国的政策其实是一团乱，因为外交部真心希望苏维埃俄国能拿起武器对德国作战，但同时它又支持最狂热的反布尔什维克势力，而这些势力是难以成事的。几乎任何人只要声称能拉起一支对抗红军的人马，就能很快领到英国政府发给的钱。

---

① 今白俄罗斯布列斯特。实际上有两个同名的条约，另一个是关于乌克兰与中央政府的关系的。

因此，在革命后的三年中，西伯利亚成了各种政治派别、武装力量和犯罪团伙无法无天的大漩涡。这里是内战后期白军和红军交锋的关键战场，是控制俄罗斯的最后决战的竞技场。

甚至在"十月革命"之前，协约国便对这一地区，尤其是铁路的运行情况，深感兴趣。美国人经克伦斯基（Kerensky）政府同意，专门成立了一个由300多名富有经验的铁路工程师组成的团队，派往俄国监督铁路运营，确保其不至于崩溃。他们于符拉迪沃斯托克（海参崴）登陆，经过视察后，总结说铁路是前往欧洲唯一可选的途径，尽管他们承认托木斯克的瓶颈所造成的困难。为了支持铁路运营，他们分成了14个小组，散布到中东铁路和跨西伯利亚大铁路主干线上，帮助铁路运营，但不承担军事任务。3月份，《布列斯特—立托夫斯克条约》签订后，协约国试图说服美国派一支军队到西伯利亚。他们认为，如果美国愿意承诺发动军事攻击，附近的日本就能提供数量庞大的军队——日本在"一战"中支持协约国，但在军事上参与甚少。为了推动干涉主张，情报部门散布了很多谣言，说布尔什维克征召了大量的德国和奥地利战俘。俄国内战期间英国外交部主管与布尔什维克政权关系的官员R. H. 布鲁斯·洛克哈特（R. H. Bruce Lockhart），后来在回忆录中写道："根据（英国情报部门）收到的报告，西伯利亚出现了大量由战俘组成、由布尔什维克武装起来的德国军团。"[①]这是英国情报机关提供不靠谱报告的又一事例。布鲁斯·洛克哈特派出调查的助手，在西伯利亚巡游了六个星期后，报告说根本没有任何德国军队的迹象，这是个令英国政府不快的发现，因为这消除了一个潜在的干涉借口。

美国总统伍德罗·威尔逊（Woodrow Wilson）在受到德国极大

---

① R. H. Bruce Lockhart, *Memoirs of a British Agent* (1934; Pan Books, 2002), p. 252.

的冒犯后，才于1917年同意派军队到西线作战。当时德国实施无限制潜水艇战，击沉了好几艘美国商船。但是尽管"协约国要求威尔逊进行干涉的压力既强劲又持久"①，威尔逊仍不愿卷入第二战场。这时又发生了一件看似无足轻重，但却改变了历史进程的小事：捷克和匈牙利士兵在乌拉尔山脚下的车里雅宾斯克的一次小小的冲突，导致了美国干涉西伯利亚事务，这是历史上唯一一次美国军队踏上俄罗斯领土。

一股7万人的捷克士兵发现他们自己因为革命而被滞留在了西伯利亚。捷克斯洛伐克当时是奥匈帝国的一部分，这股士兵中的大部分，都是在参加奥地利军队同俄国人作战时被俘的。他们其实并不愿意同俄国人打仗，实际上，俄国革命之后捷克人很快就加入了俄国军队，士气高昂且卓有成效地为克伦斯基的临时政府战斗。1917年7月，他们在乌克兰的兹博罗夫（Zborov）同他们的前宗主国交战，以推进他们最终的目标——争取捷克斯洛伐克的独立。

然而，当布尔什维克政权与德国签订了停战协定后，这些非常高效且颇受好评的捷克人便发现自己陷入了一种困难境地。他们不想同德国人媾和，于是便转而效忠仍在西线坚持战斗的法国，同时将自己的名称改为捷克军团，以向著名的法国外籍军团致敬。尽管当时顶着"民族事务人民委员"头衔的斯大林，为他们提供了返回西方的自由安全通道，捷克人却完全有理由担心他们最终会落入德国人之手并被作为叛徒处死。因为他们实际上背叛了奥匈帝国军队，而奥匈帝国仍在与德国并肩作战。唯一的选择是绕远道，先坐火车到符拉迪沃斯托克（海参崴），然后乘船跨越半个地球，经漫长旅程回家。他们争取到苏俄当局的同意这样做，但渐渐地，捷克

---

① Richard, *When the United States Invaded Russia*, p. 31.

人和布尔什维克之间的互信破裂了,正如研究俄国革命这段史诗般的历史的作家奥兰多·费吉斯(Orlando Figes)所写道的:"假如双方都恪守这一协定,内战就将完全是另一番进程了。"①

显然,有鉴于这段被过度使用的铁路的糟糕状况,捷克军团的这一大规模转移将会耗费上好几个星期,但是当其前锋已经走在前往符拉迪沃斯托克(海参崴)的路上时,军团的行动却因为1918年5月17日发生在车里雅宾斯克车站的一件小事而停顿了。一群捷克军团士兵,恰好与一列载运匈牙利战俘的火车同时来到了车站。匈牙利战俘是通过更直接的方式——西行,遣返回国的。尽管两国当时都是奥匈帝国的一部分,但两个民族传统上不和,就像邻居之间经常发生的情况一样,但是除了互相开了些无伤大雅的玩笑外,双方还算相安无事,直到匈牙利人的火车启动时。一个鲁莽的蠢货突然从一只破旧的火炉上掰下了一块重重的铸铁,猛然砸向了一群捷克士兵,结果其中一人应声倒地,血从头上涌了出来。②捷克士兵追上了缓缓移动的火车,逼迫司机停了车,在武力威胁下,他们说服匈牙利人交出了肇事者,杀死了他以为报复。

载运匈牙利人的火车获准离开了,但随后俄国人和捷克人之间又展开了像运动场上一样一报一还的冲突,冲突不断升级,终于导致了长达三年的混乱而血腥的战争,险些彻底改变了内战和革命的结果。当地的苏俄官员带着一队红军士兵赶来了,当即逮捕了几名捷克军团士兵,送往了城市监狱。一名捷克军官和几名士兵被推为代表,去打探将如何发落他们,结果也被投进了监狱。捷克人不干

---

① Orlando Figes, *A People's Tragedy: The Russian Revolution 1891–1924* (1996; Penguin Books, 1998), p. 577.

② 他究竟死了没有,说法不一;而对于匈牙利施暴者,他们到底是把他私刑处死了,还是径直殴打致死,也同样说法不一。

了，两个营的士兵开进了车里雅宾斯克，占领了该城，直到被捕的人获释。捷克人夺取了武器和弹药，然后撤退了。

本来这件事也就过去了，但布尔什维克的面子上却过不去。红军被激怒了，一向好斗的红军司令官列昂·托洛茨基发布了一道命令，跨西伯利亚大铁路沿线的所有捷克部队都要予以拘捕，捷克军团将被解散，士兵编入红军部队。在铁路上发现的任何武装的捷克士兵都要予以枪决。这是生疏的军事指挥官所犯的典型错误——发布的是不可能执行的命令。虽然布尔什维克占领了跨西伯利亚大铁路沿线几乎所有城镇，只除了符拉迪沃斯托克（海参崴），但由于控制西伯利亚这样广大的地区后勤保障非常困难，且红军在这一时期还主要是由同情布尔什维克理想的当地工人组成的缺乏训练、纪律涣散的民兵，他们对城镇的控制非常薄弱。不管怎么说，既无农奴也无傲慢贵族地主的西伯利亚农村地区不是蔓延革命热情的肥沃土壤。弱小的苏维埃力量——即掌控城镇的当地共产党委员会——还不是组织更严密的捷克人的对手。捷克人受益于控制了车站之间进行交流的电报系统，迅速地沿铁路线展开。他们极其高效地运用简易铁甲列车，在铁路上迅速机动，从布尔什维克手中攻城略地，大多不费吹灰之力。列宁于1918年7月发起了反击，派出了一列铁甲列车，由一台叫作"扎穆里茨"（Zaamurets）的著名铁甲火车头牵引，同捷克人交战。但这列铁甲车很快被捷克军团夺取，用于攻占大量铁路沿线城镇，继而又用于沿铁路线巡逻。在车里雅宾斯克事件之后仅仅几个星期，捷克人便与反布尔什维克的白军并肩作战了。白军突然得到强力盟友的支援，在西伯利亚大铁路西段全线，实际上也是西西伯利亚的大部，击溃了布尔什维克的抵抗。

捷克人占领了铁路线，引发了一位对俄干涉史专家所说的"世界性轰动"①,协约国就干涉问题进一步向威尔逊总统持续施加压力,因为1918年夏天对于协约国来说,是"一战"中最艰难的时期。德军于3月份发起春季攻势,突破了西线,使得战线自1914年以来首次出现了重大缺口。因此,在东线弥补俄军的崩溃,重辟战场,对于协约国来说,就成了极具诱惑力的期望。按照一本关于美国人在西伯利亚的冒险经历的书中的说法:"在威尔逊的头脑中,由俄国军队重新建立东线战场,哪怕是很小的规模,都将不仅重振协约国的士气……而且迫使德军在东线保留几个关键的师,那么战争的胜负将大不一样了。"②不过也有些小小的不利之处,东线由寥寥几千人组成的师,对西线数以百万计的大军恐怕影响甚微。协约国希望捷克人的胜利能够成为乌克兰、高加索和北极地区更广泛的反布尔什维克运动的一部分,能够推翻布尔什维克,使俄国重新回到对德作战中来。在这一切之上,是彼得·弗莱明(Peter Fleming,詹姆斯·邦德系列小说作者伊恩·弗莱明的兄弟,对俄干涉史专家)所谓的"一个朦胧的计划,展望在俄国南部某个地方建立一个棱堡或桥头堡,使得罗马尼亚人、乌克兰人、外高加索人,或者任何其他有可能在俄国成为我们的朋友的人,可以在其上会合,或者在其周围联合起来"③。

到6月中旬时,捷克人已开始抵达符拉迪沃斯托克(海参崴),不过那里并没有船只接他们回家。但这时,在当地反革命势力支持下,他们实际上已控制了从奔萨到伊尔库茨克的全部3000英里铁路,尽管布尔什维克仍然占据着阿穆尔河(黑龙江)和乌苏里江交汇处。在整个战斗中,捷克人伤亡很小,并且在他们发动重大攻势

---

① Paul E. Dunscomb, *Japan's Siberian Intervention* (Lexington Books, 2011), p. 50.
② Richard, *When the United States Invaded Russia*, p. 46.
③ Peter Fleming, *The Fate of Admiral Kolchak* (1963; Birlinn, 2001), p. 31.

的每座城镇都获得了胜利。他们展现出令人生畏的战斗力，但很显然，散布在如此广大的地区内，他们不可能指望始终占上风。他们需要支援和帮助，但协约国却不清楚自己究竟应该怎样介入。

尽管局势混乱，铁路却仍在运营，红军和白军令人惊讶地在这方面达成了合作，允许铁路员工正常开展自己的工作。然而，捷克人的胜利却产生了一个极其重大的负面影响，震惊了全世界。他们对沙皇被拘的叶卡捷琳堡的迫近，促使当地布尔什维克遵照列宁的命令，于7月17日处死了皇室家庭和他们的仆从，不过捷克军团的攻势原本就正好是处决沙皇家庭的有用借口。

威尔逊在拖拖拉拉很久之后，终于勉强同意派出一支8500人的军队。出兵干涉的表面理由，在给该部指挥官威廉·S.格雷夫斯（William S. Graves）少将的备忘录中提到了三条：帮助捷克人撤出西伯利亚，保护和追回协约国发到符拉迪沃斯托克（海参崴）的援助物资，以及"帮助俄国人组成新政府"。这最后一条理由还需要进一步细化，以解释要帮助的是什么政府，因为当时还在俄国各地战斗的白军有五花八门的指挥部，而红军则在他们的新首都莫斯科建立了唯一的指挥部。毫不奇怪的是，将备忘录交给格雷夫斯将军的人——陆军部长牛顿·贝克（Newton Baker）——警告他说："小心你的脚下，你将踩着装满炸药的鸡蛋行走。"①

英国、法国和意大利都派出了小股部队，但美国在这次干涉行动中的主要伙伴却是日本。日本在回应威尔逊发往东京的特别邀请时，承诺派出与美国大致相当的兵力，然而很快它就组成了一支人数多得多的部队，在东西伯利亚和中国东北兵力最多时达到7.2万人。由于日本国内相当多的民众都不愿卷入事端，所以他们的图谋

---

① Richard, *When the United States Invaded Russia*, p. 55.

非常复杂。参加"一战"至此,日本已经以极小的代价获得了极大的收益,无论是在财政上还是在人员伤亡方面。早在1914年,他们就在协约国一方参了战,但只派出了很少的兵力,只在战斗中损伤了1000人,却因为接管了德国在亚洲和太平洋地区的殖民地,在经济上收获甚丰。现在,他们似乎要卷入血腥得多的战斗了,这在国内引起了广泛的反对。然而,由于日本人蓄谋已久想在远东建立霸权,参加干涉行动也有潜在的巨大好处——使他们加强对中东铁路的控制,并进而控制北满。日本人对捷克人的命运,或者永久性驻扎西伯利亚并不感兴趣,但他们的确对蒙古有着暧昧且长期的野心。他们答应美国人不涉足伊尔库茨克以西地区,但在整个西伯利亚干涉行动期间,两个出兵最多的国家之间,始终没能达成互信。

日本人通过其对在西伯利亚战斗的最邪恶的势力——由凶残的哥萨克军官带领的匪徒——的强力支持,泄露了他们不可告人的目的。他们给这些匪徒提供了大量金钱、武器和实际帮助。其中两股实力最强,也最凶残暴虐的匪帮,分别由两个自封的将军——格列戈里·谢苗诺夫(Gregori Semyonov)和伊凡·卡尔梅科夫(Ivan Kalmykov)——率领。两个人仿佛在展开一场丑陋的竞赛,看看谁更穷凶极恶。谢苗诺夫长着一颗巨大的脑袋和一双明亮的眼睛,曾被彼得·弗莱明描绘为"草原上的希斯克利夫*",但又被格雷夫斯称为"刽子手、强盗、荒淫无耻的恶棍"。谢苗诺夫想象自己有几分拿破仑的气质,口袋里总是装着这位伟大的法国将军论战争的书《箴言论》(*Maxims*),不过他读没读过就不清楚了。他还总是摆出一个真正波拿巴式的姿态,将胳膊拢在上衣里,非常滑稽可笑。随

---

* Heathcliff,英国女作家艾米莉·勃朗特创作的小说《呼啸山庄》中的主人公,是个人格扭曲、暴虐无情的人。——译注

着内战展开，谢苗诺夫竭力拉起了一支由当地哥萨克和其他雇佣兵构成的2000人的队伍，曾短暂地夺取了跨西伯利亚大铁路的一段，就是与中东铁路交会的那部分。他将总部设在了边境小城满洲里。这番辛苦并没白忙，他得到了英国人资助的1万英镑。英国外交部热衷于支持任何潜在的反布尔什维克暴动，但很快他们就意识到自己支持的是一个嗜血成性的强盗。然而，日本人可没这么挑剔，谢苗诺夫因为他们的慷慨而受益无穷，因为"他搅和出的乱子很合日本人的口味。日本人的目的就是要阻止俄国在任何政府领导下统一起来，从而恢复其在远东与日本抗衡的地位"[1]。这一点彰显了他们与英国人的分歧。英国人是真心希望在西伯利亚建立起一支强大的俄国军队，以同布尔什维克作战。与此同时，法国人仍然梦想着创建一条东部战线，以迫使德国人从西部战区分出部分资源。对于协约国之间的混乱，费吉斯一言以蔽之："西方列强没有一家明白自己在西伯利亚的目的究竟是什么，但又没有一家肯于收手。"[2]

日本人给的钱用完后，谢苗诺夫就又去打劫，抢银行或者抢中国商人，而日本人似乎总是愿意重新给他补血。他从沙皇俄军那里夺取了九台铁甲列车，倚仗这些列车控制并巡逻老巢周边很长一段铁路。他故意给这些火车起了些可怕的名字，但也都很幼稚，诸如"无情号""恐怖号"和"毁灭者号"之类。其中"毁灭者号"威力最大，覆盖着钢板，还有18英寸厚的钢筋混凝土，配备有四门大炮和无数机枪。

卡尔梅科夫的老巢在更东边，哈巴罗夫斯克（伯力）一带。他在谋杀了乌苏里江地区哥萨克首领后，自己取而代之。格雷夫斯对

---

[1] Richard, *When the United States Invaded Russia*, p. 88.
[2] Figes, *A People's Tragedy*, p. 651.

他的评价比对谢苗诺夫还要苛刻："他是我见过或听说过的最卑劣的恶棍……在谢苗诺夫命令别人杀人的场合,卡尔梅科夫则会亲自动手,因此说卡尔梅科夫和谢苗诺夫还是有所不同的。"①他令当地人谈虎色变,几乎随心所欲地拦截火车。

美国人厌恶嗜杀成性的哥萨克,尤其是当他们意识到自己毫无办法减轻其残暴后。而厌恶是双向性的。卡尔梅科夫喜欢将死马从火车上掷向美国人的营地,希望他们能被臭气熏走,但当然是徒劳的了。美国人来俄的合作条款中明令美国人不得向哥萨克发动进攻,因为他们的任务只是保护捷克人和符拉迪沃斯托克(海参崴)的物资。因此,他们忍受了这些侮辱,没有报复。而且,当美国人试图说服日本人镇压这两个哥萨克将军时,日本人的回答是不可能,说这属于干涉俄国内部事务。格雷夫斯在回忆录中毫不含糊地指明,支持哥萨克将军是巨大的错误:"应当牢记谢苗诺夫和卡尔梅科夫都是土匪和杀人犯。他们会肆无忌惮地犯下任何罪行。"这两个人的主要活动就是破坏铁路。他们的金主日本人对此通常都会予以庇护:"谢苗诺夫的活动范围在外贝加尔,卡尔梅科夫则是在哈巴罗夫斯克(伯力)一带。在各自的活动范围内,这两个人经常性地切断铁路交通,骚扰协约国铁路工程师,拦截火车,抢夺运往鄂木斯克政府(即白军联合指挥部)的武器和其他贵重物资。他们还对当地民众中的游击队活动实施残酷镇压,即使是在没有游击队出没的地区。"②

这两个叛匪司令的凶残行为,简直无以复加,而他们也得到了白军最高领袖、海军上将亚历山大·高尔察克(Aleksandr Kolchak)

---

① William S. Graves, *America's Siberian Adventure* (1931; Peter Smith Publishers, 1941), p. 90.

② Dunscomb, *Japan's Siberian Intervention*, p. 93.

的支持。白军的残忍，由我父亲鲍里斯·库古尔斯基的一段亲身经历便可窥一斑。他是一名前沙俄军官，革命后从敖德萨叛逃，1918年，他作为潜在的新成员访问了叶卡捷琳堡（今克拉斯诺达尔［Krasnodar］）的白军总部，但是当白军人员带他参观了一番之后，他打消了加盟的念头。他看到沿路的每根电线杆上都吊着一个死人，其中有些人的阳物被割了下来，塞进了他们嘴里。邀请他去那里参观一星期的老长官利维茨基（Livitsky）上校对他说："那些都是共产党人，他们试图抢夺我们的一条船，我们阻止了他们。"我父亲终生憎恨布尔什维克，然而他也反感那些人受到的残害，他发现自己反而被那些还活着的俘虏的勇气感动了。他们厉声怒骂刽子手，尽管明知自己大限将至，却毫无惧色。我父亲拒绝签约，回到了敖德萨，对我来说幸运的是，他后来逃往了马赛和巴黎。实际上，格雷夫斯也记录过此类行为，他写道："人们普遍认为，只要说一声某人是布尔什维克，就足以让他从人间消失了。"①

谢苗诺夫曾声称，他如果白天不杀几个人，晚上就睡不着觉。他在一系列火车站建立了杀人场，每天都把敌人带去处决。1919年8月的一天，他拉了一火车共350名俘虏到一个车站，用机枪射杀。战争结束时，美国陆军情报机构估计，单是那一年，谢苗诺夫就要对3万人被处死负责任。卡尔梅科夫杀人没有那么多，甚至没有那么不分青红皂白。他估计未经审讯就杀死了至少1500人，最臭名昭著的是，他杀死了两名瑞士红十字会成员，偷走了他们的补助金。按照一位历史学家的记载，卡尔梅科夫"曾吹嘘说，他杀人时从来不会觉得厌烦，因为他不断地变换杀人方式"②。

---

① Richard, *When the United States Invaded Russia*, p. 151.
② Richard, *When the United States Invaded Russia*, p. 151.

这两个人是最邪恶，但绝非仅有的白军战犯。比如，带领着一支被称为"塞米巴拉金斯克哥萨克"的匪徒的鲍里斯·安年科夫（Boris Annenkov）将军，曾于1919年7月在叶卡捷琳堡的一次大屠杀中，杀死了2200名犹太人。哥萨克当然声称他们只是对红色恐怖下类似的屠杀做出回应，但这绝不能说明他们的行为是正义的。高尔察克本人与他的恐怖统治直接有关。他手下的军官们不顾一切地要征募尽可能多的西伯利亚农民，便直接进村抓适龄男人做壮丁。假如适龄男人躲藏了起来，他们就会对更老的男人用刑并杀害："有的人被打得很惨，血会溅在墙上。有的人胳膊被打断，牙齿被敲掉……有的人被吊得半死，然后又放下来……这些村里的老人遭受严刑拷打后，又会被开枪打死，通常是用子弹先打脚，然后逐次往上打身体的其他部位。有时候要打六枪以上才把人打死。"[1] 高尔察克在远东地区的指挥官谢尔盖·罗萨诺夫（Sergei Rosanov）命令部下，对于不肯透露游击队领导人藏身地的村庄，每十人中处死一人。后来在高尔察克政权行将灭亡之际，罗萨诺夫还在符拉迪沃斯托克（海参崴）进行了一次疯狂屠杀，至少杀害了500人。对于内战双方各种各样的屠杀和暴行，弗莱明文雅地概括道："你所能说的就是，锅是黑的，所以壶也是黑的。"[2] 事实证明，协约国对这些战争罪犯的支持，的确起到的是反作用。格雷夫斯将军感到，当地人民都认为，正是外国军队的出现，使得这些杀人如麻的哥萨克无法无天，于是他们越发同情起红军来："外国军队保护下的哥萨克和高尔察克的其他首领的胡作非为，是人类所能设计出的布尔什维克的最大财富。"[3]

---

[1] Richard, *When the United States Invaded Russia*, p. 153。
[2] Fleming, *The Fate of Admiral Kolchak*, p. 146。
[3] Graves, *America's Siberian Adventure*, p. 341。

1918年夏天到来的各种各样的协约国部队，在符拉迪沃斯托克（海参崴）制造出一种极其混乱的局面。穿着五颜六色军服的军人成群结队地四处乱窜，没人清楚他们的身份。英国形同儿戏般地派出了一支很不合适的部队——米德尔塞克斯团（Middlesex Regiment），①由特伦河畔斯托克城（Stoke-on-Trent）的工党国会议员约翰·沃德（John Ward）上校率领。令人感兴趣的是，沃德是一名活跃的工会活动家，是一个名字很奇怪的工会组织——挖土工、泥瓦匠和普通劳动者工会（Navvies, Bricklayers' Labourers and General Labourers' Union）——的创始人和首任总干事。按照彼得·弗莱明的记载，该团"由B1级士兵（即，在战区不适于服现役的士兵）组成，结果这支帝国主义的先锋部队，被人们亲切地称为'疝气营'"②。而且，他们是匆忙之中从香港附近调派过来的，当他们于8月初到达西伯利亚时，连基本的必要装备都还没有，比如帐篷和蚊帐，对于西伯利亚的夏天来说，这是严重的疏忽。为他们准备的冬装是黑裘皮大衣和帽子，而不是更适于在雪中作战的衣物——不过，当然谁也没指望他们打仗，他们的任务只是帮助捷克人，无论是怎么个帮法。

9月份美国人到来后，保卫跨西伯利亚大铁路东段的责任，就由美国人和日本人分别承担了，因为受到各种白军帮伙支持的捷克人，控制了贝加尔湖以西的所有铁路路段。至此，实力雄厚的捷克军团已经推翻了当地的苏维埃政权，日本人也站稳了脚跟，赶走了他们在哈巴罗夫斯克（伯力）的据点周围的共产党人。因此，跨西伯利亚大铁路现在完全控制在协约国手中了。美国军队集中在乌苏

---

① 其中五人葬身于符拉迪沃斯托克（海参崴）。
② Fleming, *The Fate of Admiral Kolchak*, p. 92.

里铁路东端，也承担着保卫符拉迪沃斯托克（海参崴）以西的苏城（Suchan）煤矿的任务，跨西伯利亚大铁路使用的煤主要由该矿供应。铁路的其余部分仍然掌握在捷克人手中。

当这些协约国部队在西伯利亚集结时，欧洲的局势发生了剧变，德国人开始退却，并且显然败局已定。这时威尔逊总统就更不愿意让美国军队卷入任何军事行动了，这使得可怜的格雷夫斯茫然不知所措。鉴于他在西伯利亚究竟该干些什么，并无明确命令，他脚踩的装满炸药的鸡蛋，甚至显得更加脆弱了。他决定采取不干涉政策，这在当时令其他协约国部队强烈不满。他坚决不肯听从日本人的指挥，令日本人非常失望，这两支在西伯利亚的主要外国军队之间，关系十分紧张。当1918年11月"一战"宣布停战时，西伯利亚的形势变得越发复杂起来。英国支持的沙俄海军上将高尔察克，在跨西伯利亚大铁路西端、距符拉迪沃斯托克（海参崴）4000英里的鄂木斯克，发动了政变。正如阴谋论者们后来指出的，米德尔塞克斯团和英国驻俄军事代表团团长阿尔弗雷德·诺克斯（Alfred Knox）刚刚到达鄂木斯克，高尔察克即宣布接管该城，这的确有些蹊跷。诺克斯是个俄国通，曾担任英国驻彼得格勒大使馆武官，是个狂热的反共分子，此前曾专程前往东京会见高尔察克，请他出山参与干涉行动。诺克斯也致力于进行政治干预。他曾试图推翻克伦斯基政府，并积极支持各种白军高级将领。高尔察克的行动发生在"一战"停火刚刚一星期后，也说明其决策与英国人有关。政变后不久，英国的第二支部队，第1/9汉普郡营（1st/9th Hampshires）[①]即到达了鄂木斯克，差不多同时到达的还有加拿大先锋部队。然而，渥太华原本答应共派遣5000人来，其余的部队却

[①] 其中四人葬身于符拉迪沃斯托克（海参崴）。

始终没有到来，因为加拿大政府担心他们的纪律。"一战"停战后，士兵们的纪律顿时严重败坏了。这件事情表明人们普遍不愿意继续打仗了，这便是捷克人拼命寻求支持，却得不到广泛支持的原因。

为共同对抗布尔什维克和维持跨西伯利亚大铁路运营而联合起来的各派武装，对待高尔察克政变的不同态度便揭示了其脆弱和不稳定。虽然英国人欢迎政变，美国士兵却大多对此不快，格雷夫斯认为，单是美国军队的出现，似乎便标志着对一个专制暴虐、不得人心的政权的支持。捷克人毫不含糊地反对政变，并对其深恶痛绝。他们厌恶高尔察克的极右和反犹政策，因为他们大多同情左派社会主义革命者。左派社会主义者中既有民主社会主义者，也有同情布尔什维克但还不是共产主义者的人，在跨西伯利亚大铁路上的很多战斗中，捷克人都是他们的主要盟友。夏天的岁月是捷克人控制铁路的全盛时期，当时他们对于能得到协约国的拯救还相当乐观。他们的4万兵力沿铁路线散布开来，根本不足以长期守住长达4500英里的铁路，到高尔察克政变爆发前的几个星期，他们已开始丧师失地。当捷克人明白了没有人会翻山越岭来拯救他们后，他们拒绝在高尔察克的旗号下同布尔什维克交战，开始准备向东进发，打道回家。高尔察克认为捷克人无足轻重，对他们的首领非常粗鲁，他非常愚蠢地忽略了一个事实，正因为捷克人占据了跨西伯利亚大铁路，所以他本应对他们尤其敬重。然而此时他却忙于招兵买马，打算组建一支大军直捣莫斯科。他将为他高傲地怠慢了捷克人而感到后悔。

高尔察克从来不是个谦虚的人，他自称"全俄罗斯最高执政者"，然而事实证明他完全不是高级政治职位的合格候选人。他的一位同时代的人这样描述他："神经过敏，爱发脾气，对于生活现实之艰难一无所知……无计划，无系统，也无意志；像一块软蜡一样，任由他的谋士和亲信们揉捏。"①

协约国或许不大愿意出兵支援白军，但在金钱和物质援助方面，他们却毫不吝啬。在1919年的前六个月，高尔察克受到了协约国的巨额援助。符拉迪沃斯托克（海参崴）再次变成了补给站，令人惊叹的援助物资滚滚而来。费吉斯开列的数目有："100万条步枪，1.5万挺机枪，700门野战炮，8亿发子弹，还有可供50万人穿用的衣服和装备。"②这足以装备一支相当规模的大军了，但因为腐败和无能，高尔察克始终没能将协约国的慷慨赠予派上适当的用场。

高尔察克最大的过失是太善于疏远潜在的支持者了。他和他的军官都爱炫耀自己的肩章，对周围的人轻慢无礼，正好表现出为沙皇引来杀身之祸的那种傲慢。西伯利亚的历史意味着这里不是布尔什维克事业的沃土，但其人民也不想要高尔察克这种压迫人的政权。农民尤其恨他，他们踊跃参加游击队同白军作战——尽管并不必然是为红军打仗。总体而言，西伯利亚人普遍在选举中支持社会主义革命者，他们对高尔察克的傲慢和他那种右翼政策深感失望。事实证明，他们不愿意为高尔察克当兵。高尔察克无力动员当地人，与红军善于将当地人吸引到自己的事业中来，形成了鲜明反差。高尔察克也未能很好地开发利用协约国的善意。他在宣传中对美国军队大泼脏水，愚蠢地疏远了美国人。一份支持高尔察克的报纸声称，来到俄国的美军士兵全都是"布尔什维克犹太人"，而实际上，这些美国军人大多来自犹太人很少的伊利诺伊州。

严酷的事实是，高尔察克的反革命行动从来没符合过协约国

---

① General Budberg, quoted in Figes, *A People's Tragedy*, p. 586.
② 同上，p. 652。

的期望，因为他是个无能的司令官，领导着一群大多腐败、自私且傲慢的军官。也许再没有什么比鄂木斯克城里发生的事情更能说明问题的了。当高尔察克向奥伦堡（Orenburg）发起他的主要攻势之后，他留在鄂木斯克的2000名"参谋军官"每天悠闲地坐在咖啡馆里，或者一边在办公室里玩着纸牌，一边管理着他那支最高时人数曾达到10万人的军队。按照弗莱明的说法，鄂木斯克"就是一个奥革阿斯的牛圈*，但人们很快就看清楚了，高尔察克却不是赫拉克勒斯。"① 腐败是地方病；不同群体间兴起了仇杀，而以谋杀和处决为形式的冤冤相报，也是寻常可见。然而，仍然有一句笑话在流传："咖啡馆、赌场和妓院，在夜以继日地工作。"高尔察克对部下也漠不关心。1919年夏天，当格雷夫斯来到托木斯克时，他恰好遇到一火车高尔察克部队的伤员和病号，他们似乎被抛弃在铁路上听天由命，都在车厢里慢慢等死。"这些人中有很多伤病重到无法自理生活，而每五六百名伤病员才有一名护士照顾。我们进到第一节车厢里看了看，发现有两个人已经死了，第三个正要死去，一名病友托着他的头，想给他喂些水喝。"② 有的人爬出了车厢，但筋疲力尽地躺倒在地上。然而，几百码外就有上千名"欢乐的人们"在公园里欣赏音乐会。

由于战争时期过度使用却疏于维护，跨西伯利亚大铁路本身处于失修状态。桥梁、车辆维修厂、水塔和其他铁路设备都因为战争和怠工而受到破坏。由于缺乏日常维护，隧道也有所损坏，机车和

---

* 希腊神话中，厄利斯国王奥革阿斯养了3000头牛，牛圈有30年未打扫。英雄赫拉克勒斯接受了一项侮辱性的任务，要在一天之内把牛圈清扫干净。他在牛圈两边挖了两条沟，让附近阿尔甫斯河和珀涅俄斯河的河水从一边流进，从另一边流出，一日之内把牛圈冲洗干净了，但"奥革阿斯的牛圈"却永远地成为藏污纳垢的代名词。——译注

① Fleming, *The Fate of Admiral Kolchak*, p. 120.
② Graves, *America's Siberian Adventure*, p. 321.

车辆状态不佳。为了改善这些情况，1919年1月协约国签订了《协约国间铁路协定》(Inter-Allied Railway Agreement)，成立了一个联合委员会，负责跨西伯利亚大铁路和中东铁路的运营和维护。该委员会由在西伯利亚派驻了军队的所有国家派代表组成，拥有协约国雄厚的资金支持。主要的四个国家——美国、日本、英国和法国——各出资500万美元，并承担大量战争和天气损坏的维修工作。负责实施这项工作的技术委员会，总部设在哈尔滨，牵头人为美国人约翰·F. 史蒂文斯（John F. Stevens），铁路各段责任的划分也最终确定了。美国人负责大约500英里，捷克人负责全部西段，而日本人仍然掌控了2300英里，中国人照管中东铁路，但需要日本人进行部分监督。所有这些都说明协约国期望长期留驻西伯利亚，尽管他们的密集活动引出了一些大问题：由于西方的战争已经结束，他们本打算"保护"的捷克人归心似箭，尤其是1919年6月《凡尔赛和约》签订后，捷克获得了国家地位，那么所有这些占领军还留在西伯利亚做什么呢？这些外国人还有什么理由运营铁路呢？协约国各国对这些问题的回答是不同的。日本人拒绝技术委员会对他们的军事行动进行干涉，继续对支持布尔什维克的游击队发动进攻，而美国人仍然坚决地——甚至可以说是痛苦地——保持中立，并声称保卫铁路是他们的唯一目的。日本人也拒绝撤离中东铁路，尽管该铁路被认为应该由中国人负责。

随着高尔察克政权土崩瓦解，外国军队出现在西伯利亚这个问题，变得越发令人尴尬了。高尔察克的全盛期是在1919年的春天，当时他的三路大军推进的最远距离达到了250英里。白军在政变后不久攻占了彼尔姆，但随即便面临着冬天无法驻扎的广袤无人区，他们的推进停滞了。然而，与此同时，高尔察克的补给线纷纷被切断，他的后勤基地也在减少。协约国运到符拉迪沃斯托克（海参崴）的大量物资，无法送到他的前线，因为跨西伯利亚大铁路上的火车太容易遭到伏击了。红军也在袭击他们能袭击到的所有铁路路段。根据费吉斯的记载："游击队时而一连破坏好几英里的铁轨，加之他们对火车经常性的伏击，实际上阻止了关键物资通过跨西伯利亚大铁路运输，而这些物资是高尔察克军的许多攻势所急需的。"① 甚至被视为高尔察克盟友的两个邪恶的哥萨克将军——谢苗诺夫和卡尔梅科夫——都把更多的精力花在袭击和抢劫火车，而不是推动白军的事业上。火车如欲毫发无损地到达目的地，唯有大量地行贿，既要贿赂铁路员工，也要向匪徒交买路钱。很多物资最终都落入了布尔什维克之手，以致列昂·托洛茨基给诺克斯发了一份致谢电报，以展示其幽默感。按照格雷夫斯的说法："到1919年12月时，已有10万穿着英国提供的军服，拿着英国武器装备的士兵，加入了反高尔察克武装，于是布尔什维克给诺克斯将军打了份电报，感谢他为苏维埃军队提供衣服和装备。"②

托洛茨基实际上是在一列装甲列车中指挥战争的。他无疑就是鲍里斯·帕斯捷尔纳克（Boris Pasternak）根据其在西伯利亚的经历创作的小说《日瓦戈医生》（Doctor Zhivago）中可怕的斯特列尔尼科夫（Strelnikov）政委的原型。从1918年夏天起，在两年半的时间里，托洛茨基乘火车进行了不少于36次旅行，总计里程达到6.566万英里（他有些铁道迷的气质，做了详细的记录），许多都是在跨西伯利亚大铁路上，乘一列装备良好的铁甲列车进行的。这列铁甲车成了他的指挥部和红军的一个集结点。"革命军事委员会主席号"（Predrevoyensovie，托洛茨基的头衔号）列车，一部分是装甲火

---

① Figes, *A People's Tragedy*, p. 658.
② Graves, *America's Siberian Adventure*, p. 301.

车，一部分是汽车运输列车，还有一部分是办公室，托洛茨基就是在这列火车上指挥内战的。虽然其外观和内饰随时间推移在不断变化，但其内部总是"有一间秘书室、一台印刷机、一个电报站、一个广播站、一个发电站、一个图书馆、一个汽车库和一间浴室"①。这列火车太重了，需要两台火车头来拉，后来又被一分为二了。

托洛茨基在车厢里"接见来报告的人，与当地军政官员开会，研究要发送的电报，口授命令和文章"②。当火车停下后，托洛茨基又会乘坐由火车载运，有机枪严密防护的汽车前往前线或当地军营。他记载了他的到访如何赢得了当地军民的支持，如何鼓舞了好几个星期的士气："火车上的工作全都是与军队建设密切联系的，与军队的教育、管理和供给息息相关。"③火车也是部队的流动后勤基地。红军部队曾经一度分散在 16 个不同战区。火车不仅载运着大量装备，如军靴、内衣、皮夹克、药品、机枪、望远镜、地图、手表和各种各样的礼品，而且，按照托洛茨基的说法："我们总是储备着一些热情高涨的共产党员，还有一百多名战斗好手，随时准备补缺……他们全都穿着皮制军服，总是给人一种威风凛凛的印象。"④

托洛茨基通过电报线，与莫斯科保持着经常的联系，要求提供补给和下战斗命令。他曾夸耀说："我们能够接收到发自埃菲尔铁塔的广播消息，收到发自瑙恩（Nauen，德国在柏林西边设立的一个主要发射站）的广播消息，以及其他发射站的消息，总共有 13

---

① Leon Trotsky, *My Life* (Charles Scribner's Sons, 1930), p. 326; 可在线阅读 http://www.marxists.org/archive/trotsky/1930/mylife/1930-lif.pdf.
② 同上，p. 325。
③ 同上，p. 326。
④ 同上。

个站。当然，与莫斯科的联系是首要的。"① 这列火车由于技术先进，能够经常性地收到世界其他地方发生的大事新闻，通过火车上办的一份报纸，传达给旅客们。

高尔察克没有这样高级的后援。他被彻底击败，不仅是因为他自己无能和红军强大，也因为他在后勤方面企图只靠一条薄弱的铁路来争夺如此广大的国家。红军有整个俄罗斯欧洲地区做后盾。只有比高尔察克伟大得多的领袖，在得到多得多的当地民众支持下，才有可能横扫俄罗斯。很多在高尔察克之前和在他之后的人，如拿破仑和希特勒，也都同样失败了。1919年初，不少人希望白军从罗盘的四个点上发起的全面进攻能够战胜红军被证明是不切实际的。这种希望很快就土崩瓦解了。当高尔察克的西进遭到猛烈阻击时，其他白军的攻势也开始瓦解。各派势力不能相互联系、协调行动，是一大障碍。他们因派系斗争和政见不合而被撕裂。他们中既有左翼克伦斯基的支持者，也有试图为被杀的皇室家庭复仇的绝对君权的传统支持者。到1919年3月底时，协约国的势力已被逐出乌克兰。4月，他们开始从中亚撤退，在外高加索、巴库和阿尔汉格尔（Archangel）等地发动的攻势也很快烟消云散了。高尔察克随即成了孤家寡人。然而，内战烽火仍然在俄国各地燃烧，直到秋天才不再有人怀疑问题的最终答案。那时高尔察克也已经在退却。

白军以西伯利亚为矛头发动反革命攻势，整个这一想法被证明就是彻底不切实际的痴心妄想，是距战场数千英里外、舒舒服服地坐在扶手椅里的乐观的将军们和政客们的春秋大梦。无数的承诺都落空了。英国人曾信誓旦旦支援高尔察克"任何必要的数字"，但在符拉迪沃斯托克（海参崴）倾卸了大量昂贵的设备，也不能解决

---

① Trotsky, *My Lite*, p. 326.

战场上缺少军靴的问题。实际上,英国和其他协约国从来无法从它们业已厌战的军队中召集到足够的人手,从符拉迪沃斯托克(海参崴)发动一场正儿八经的攻势。士兵们不仅厌倦了战争,而且很多人都有左翼倾向,因此不愿拿起武器来对抗布尔什维克,不肯执行推翻革命的任务。无论如何,西伯利亚大铁路也太脆弱且太长,不足以用作在俄罗斯欧洲部分作战的补给线。实际上,是缺人,而不是缺钱,起到了决定性的作用。

到7月时,红军收复了彼尔姆和叶卡捷琳堡,已经在沿着跨西伯利亚大铁路挺进了。胜负大局已定。在白军重新集结的鄂木斯克,恐慌开始蔓延。为逃避红军攻势的大批难民如潮水般涌来。然而假如白军组织得再好一些的话,也不至于满盘皆输。按照弗莱明的说法:"红军的先锋部队实力并不强,且战线来得太长,太过依赖铁路。"①然而,高尔察克的军队已乱成一团,他也无心再利用红军的弱点。随着跨西伯利亚大铁路上的火车不再向西运行,高尔察克濒临弹尽粮绝。他决定分乘七列火车逃跑,其中一列载运沙皇留下的大笔黄金。②这批黄金的价值众说不一,大致在5000万到8000万英镑之间。他的政府很缺钱,但他却愚蠢地坐拥这笔黄金长达一年多,这意味着他的士兵没有军饷且缺乏补给;甚至铁路工人都没领到薪水,这使得高尔察克的东逃变得越发困难。

1919年11月14日,红军几乎是兵不血刃地占领了鄂木斯克,差不多正好是高尔察克自封"最高执政者"一年之后,距他的随从们离开该城仅仅几个小时。白军将领们更关心的是自己逃命,而不是为事业而战。他们仓皇而逃,在城里留下了一个十足的聚宝盆。

---

① Fleming, The Fate of Admiral Kolchak, p. 156.
② 那里还有铂金和银。

布尔什维克发现了足够他们用上好几个月的物资，包括2000挺机枪、100万条步枪、300万发炮弹、16节铁甲列车和1000辆美国造装甲卡车。他们俘虏了白军3.5万人，包括1000名军官，还缴获了足够3万人穿的军装，说明白军军官宁肯将装备囤积起来卖钱，也不肯分发给部队。

虽然跨西伯利亚大铁路在战争期间已经见证过无数人类痛苦和残暴的悲惨故事，但在随后的撤退时期发生的事情，却更加骇人听闻。撤退是一场丑陋、血腥的事件，双方军队极端地冷酷无情，导致成千上万人丧生和数不清的人间惨剧。铁路这时已经完全建成了复线，但却没有西行的火车，南边的铁轨成了慢车道，北边原本用于开往莫斯科方向的火车的铁轨，成了预留给高尔察克及其随从人员的快车道。他的随从人员中包括许多军官的太太，也有高尔察克本人的情妇安娜·季米列娃（Anna Timireva）。实际上，"快车"绝对是用词不当，由于铁路路况、战争破坏和缺少煤炭，即使对于那些有特权的人来说，火车仍然慢得令人痛苦。而在另一条铁道上，随着成千上万惊惶失措的难民仓皇出逃以躲避乘胜前进的红军，一场悲剧正在展开。由于缺乏燃料，火车即使在开，也奇慢无比，而一旦没有蒸汽冒出，火车头就会瘫痪，水管会凝结，并在寒风中咔嗒作响。给水站的水泵坏了，旅客们不得不组成人链，传递雪来充满锅炉，这是一项艰苦而进展缓慢的工作。食品和供取暖的燃料都很缺乏。甚至有钱的人也买不到东西，因为当地农民已不再接受鄂木斯克钱币，只要硬币和贵重物品。

在快被人们遗忘的古老的邮路上，也在发生着同样悲惨的故事。邮路通常与铁路平等，上面川流着满身泥水的人们，既有士兵也有平民，或者步行或者骑马，缓慢地向东长途跋涉。他们是最可怜的难民，有赶着几头瘦骨嶙峋的牛的农民，有逃兵，有孤儿，也有赤贫的人。他们或者买不起火车票,或者乘坐的火车毁坏了:"邮路上的跋涉者们仰望着火车,就像遇到海难而靠筏子逃生的人们一样,眼巴巴地望着一艘经过的轮船,明知船不会停下来让他们上去。"①

最大的痛苦莫过于上了"伤寒列车"。一旦疫病爆发,就会沿铁路线播下恐慌的种子。每当有运送伤病员的列车进站,都会被怀疑载有伤寒死者,"车站人员会竭尽全力地阻止火车停靠,让其快速通过,根本不顾车上的人们需要救援和补给。经常是整整一卡车的人,在同行旅客的排斥下死去了"②。尸体被剥去衣服,很快冻得僵硬,像木头一样被堆起来,等着春天土变软时埋葬。红军部队单是在进入新尼古拉耶夫斯克(新西伯利亚)时,就发现了3万具死尸。一项估计认为,有多达上百万人死在沿西伯利亚大铁路逃难途中,其中绝大部分死于伤寒。

虽然高尔察克竭力想逃脱这些悲惨的景象,但他最终没落得好下场。捷克人仍然控制着西伯利亚大铁路的西段,但他却没有和捷克人搞好关系,这证明恰是他的祸根。在踏上逃亡之路一个月后,到达鄂木斯克以东仅600英里的马林斯克(Mariinsk)时,一名捷克军官——仅仅是交通部队的一名少尉,不过他根据的是高级指挥官的命令——命令高尔察克将他的火车开上慢车道。捷克人要保证自己的部队能用上快车道。他们在东撤途中越来越不受当地百姓的欢迎,也想公开与早已怨声载道的"最高执政者"撇清关系。高尔察克需要七列火车,每列火车都极其沉重,需要两台火车头牵引,而沙皇出行时才用一台火车头,托洛茨基总共也只用两台火车头,

---

① Fleming, *The Fate of Admiral Kolchak*, p. 166.
② 同上,p. 169。

这使高尔察克很失人心。在以一天数英里的速度慢吞吞地行走了一个星期后，高尔察克当真气得发狂了。他给谢苗诺夫发了封电报，命令他在外贝加尔炸毁隧道和桥梁，阻止捷克人向符拉迪沃斯托克（海参崴）进发。这不仅是实际上向捷克人宣战，而且是个同归于尽的提议，因为这也将阻止高尔察克本人继续东进。更糟糕的是，这个命令尽管是用密码发送的，却被捷克人截获了。

高尔察克的卧车在距伊尔库茨克不到 300 英里的下乌金斯克（Nizhneudinsk）被滞留了几个星期，然后获准继续东进，但渐渐地，他发现所有车站都落入了游击队之手。最终，火车司机也被头戴红星的人替代了。对于仍在捷克人护卫下的高尔察克来说，这是不祥之兆，事实证明的确如此。他被带离火车，用汽车送往伊尔库茨克，在那里被交给了刚刚占领该城的布尔什维克。他被审讯了三个星期，提供了大量令历史学家们深感兴趣的见解，人们普遍认为他会被送往莫斯科进行审判，但白军一次短暂的叛乱令红军担心他被夺回。于是在冰冻的安加拉河上，他被匆忙地处决了，然后被扔进了一个专门为处理尸体而凿的冰洞。他贮藏的黄金也落入了红军之手。

协约国明白，高尔察克政权垮台了，他们也就没必要留在西伯利亚了。不过，具有讽刺意味的是，除了日本人外，其他人都比他们号称要保护的捷克人离开得要早。英国军队显然为他们没法带走在驻留期间收养的大量的狗而深深难过，然而美国人显然更加血气方刚，他们对当地女人比对当地狗更加关注，因此他们带走了 80 位妻子。就在离开之前，他们在当地美国牧师主持下，举行了集体婚礼。不管怎么说，汉普郡营在回到英国后，还是得到了 62 天的带薪假，以补偿他们在西伯利亚熬过的苦日子。英国人于 1 月份离开，美国人于 4 月份离开，不过他们共同提供船只运送的大约

5.7万名捷克人,直到9月份才离开。

然而,日本人还赖着不走,迟迟不走。他们占领了符拉迪沃斯托克(海参崴)一带的一小块地方,后来又占领了邻近大陆的萨哈林岛(库页岛)南半部。南方的主要白军力量,没有得到多少外国支援,与红军的战斗也徒劳无功。他们起初占领了相当大的地盘,但最终从莫斯科城下被击退了250英里,并于1920年在克里米亚半岛被彻底击败。其他的协约国势力这时都已撤退了,因此东西伯利亚成为最后一片尚未处于布尔什维克建立的"俄罗斯苏维埃联邦社会主义共和国"(Russian Soviet Federative Socialist Republic)直接控制之下的俄国土地。建立于高尔察克丧命几个月后的"远东共和国"(Far East Republic),被布尔什维克设想为新的共产党国家(俄罗斯苏维埃联邦社会主义共和国)和仍被日本占领的领土之间的缓冲地带,为这片饱受战争破坏的地区恢复经济留下了呼吸空间。该共和国首都起初为上乌金斯克(今乌兰乌德),后来为赤塔。远东共和国的执政者实际上并非布尔什维克,而是过去的民主左派残余势力。不过,该地区始终动荡不安,因为集中于符拉迪沃斯托克(海参崴)一带的白军残余,仍然认为左派专政是绝对不可接受的。

这个稚嫩的共和国有民主雄心,于1921年1月经投票通过了一部基于美国模式的宪法,但其注定是一项成功无望的事业。5月份爆发了一场白军叛乱,然而当谢苗诺夫来到符拉迪沃斯托克(海参崴)就任总司令后,此前一直是其靠山的日本人,对他失去了耐心,把他赶走而换上了自己的傀儡。谢苗诺夫逃到了欧洲,后来又在"二战"中与日本人并肩作战,结果于1945年被苏联俘虏,翌年被绞死。和他同为哥萨克首领的杀人狂卡尔梅科夫犯下了一个错误——逃往了中国。鉴于他曾经袭扰过中国民众,这绝对是个昏招,他很快就被杀死了。

协约国离开后，日本人以需要保护当地日本侨民为借口，继续留在俄国。1920年3月，日本人成为协约国力量受到的最残酷的一次袭击的受害者，这便成为他们拒不撤军的理由。雅科夫·特里亚皮岑（Yakov Triapitsyn）是一名极其残暴的无政府主义者，与红军有着暧昧的盟友关系。他在阿穆尔河（黑龙江）河口的尼古拉耶夫斯克（庙街），屠杀了700名日本士兵和平民，以及6000余名当地俄罗斯人，以报复日本人一次失败的攻击。这场屠杀在日本引发了轩然大波，使其军队又多驻留了两年。

1922年夏天，随着日本人最终撤军回国，恐慌在白俄社会蔓延开来。随着号称远东共和国军队的红军步步逼近，成千上万的俄罗斯人逃往国外，以躲避新政权。远东共和国军队于1922年10月25日收复了符拉迪沃斯托克（海参崴），实际上宣告了俄国内战的结束。远东共和国很快就加入了苏维埃俄国。日本仍然占领着原属俄国的萨哈林岛（库页岛）北半部，直到1925年，作为对庙街屠杀的补偿。满打满算日本人在西伯利亚也只损失了不到1500人，但已经比其他协约国加起来的死亡人数多多了，比他们在整个"一战"中损失的人数也要多。

内战使跨西伯利亚大铁路陷入了悲惨境地。游击队摧毁了800多座桥梁，而随着协约国军队的离去，铁路被严重忽视了。弗莱明又一次生动而贴切地描述了其衰落状况，从一个令人瞩目的工程奇迹和民族自豪的源泉，变成了悲剧和绝望的景象："没人能否认，跨西伯利亚大铁路代表着某种辉煌、某种高贵的奇异概念，也有那么一点点儒勒·凡尔纳的味道。然而如今，建成还不到20年，这条前进的主干线、这个帝国活力和前景的象征，已经丧失了其决心和尊严。这条曾令人骄傲的铁路变成了耶稣的'苦伤道'（Via Dolorosa），变成了上演无数悲剧的狭长舞台……穷困、卑劣和懦弱，痛苦、恐怖和冷酷，腐败和污秽。"①

然而，苏联人不会允许事情就这样发展下去的。这条"前进的主干线"是他们未来规划的关键部分。他们明白，跨西伯利亚大铁路是他们最伟大的铁路。

---

① Fleming, *The Fate of Admiral Kolchak*, p. 170.

第十章

红色大铁路

跨西伯利亚大铁路最大的讽刺意味是,虽然它是在绝对君权推动下兴建的,目的是巩固君主对俄罗斯大帝国的掌控,但在很多方面,它都更加符合取代了沙皇的布尔什维克所热衷的项目类型。这条铁路太合俄共的胃口了,他们喜欢宏大项目,以展示他们的力量和能力。随着西伯利亚成为苏俄在两次世界大战之间这段时期的主要开发目标,跨西伯利亚大铁路的存在,使得他们能够纵情于这种习惯中。布尔什维克认识到跨西伯利亚大铁路对开发西伯利亚财富的重要性,充分利用了这条铁路。他们不仅着手于完善主干线,还增建了大量支线,包括后来还建设了深入西伯利亚大草原的第二条铁路。

内战向布尔什维克展示了跨西伯利亚大铁路在军事上的积极性,但他们很快又发现,火车能够以更精妙的方式运用,帮助他们在这个他们正努力控制的国家最偏远的地方立足。这个国家幅员辽阔又贫穷落后,为他们宣传革命思想造成了巨大困难。布尔什维克需要在中央和各地区之间建立一套流动且可靠的交流系统,铁路成为适应性强且相对便宜的手段。

在托洛茨基成功地使用一列铁甲列车，作为高度机动的军事指挥部兼支持者集合点后，布尔什维克大量使用铁路，借助"宣传鼓动列车"（agitpoezda，即"agitational propaganda train"的简称）来推动他们的宣传。这种想法萌生于在军列上将一个包厢改造为宣传品分发中心，散发传单、报纸和招贴画等，最终促成了宣传鼓动列车的诞生。不再仅仅是一个包厢或甚至一个车厢了，整列火车都用来宣传共产党人要传播的信息。第一列宣传鼓动列车"弗·伊·列宁号"（其全称是"弗·伊·列宁军事前线机动列车"），于1918年8月从莫斯科到喀山进行了试运行。该列车共挂载九节车厢，有一个书店、一个图书馆，有办公区和生活区，旨在通过文学作品和宣传告示，使革命思想和革命热情深入各省。

这列火车用了两个星期，向红军部队散发宣传品。当时红军已开始向高尔察克武装发动反攻。这一试验的成功极大地鼓舞了托洛茨基，他当即下令再建五列宣传鼓动列车，在伏尔加河上设一条宣传鼓动轮船，在没有铁路的地区设立宣传鼓动卡车，还要在冬天难以到达的地区设立宣传鼓动雪橇。一系列宣传鼓动网点（agitpunkty）也建立了起来，起初大多是在铁路交会点——既作为宣传品分发中心，也作为"社区会堂"，但"在所有宣传手段中，最引人注目，简而言之也就是最重要的，还是火车"①。

五列新火车又将最初的观念做了进一步发挥，经常会挂载多达18节车厢，由艺术家们装饰得鲜艳夺目，车身上写满了标语。车上配有所有最新式的设备，因为俄共喜欢向人们展示他们是领先于时代的。因此车厢之间有内部的电话系统连接，设有无线电台，能

---

① Richard Taylor, *The Politics of the Soviet Cinema 1917-1929* (Cambridge University Press, 1979), p. 52.

与莫斯科直接联系。车上通常还配备有整套官僚体系，包括政治部、情报部等，令人奇怪的是，还设有一个投诉部，以展示同志们在倾听人民的声音。有一节车厢承载着一个设施齐全的印刷厂，能够迅速地印刷报道当地新闻和重大事件的报纸。苏俄电影界早期标杆性作品的研究者理查德·泰勒（Richard Taylor）曾强调，宣传鼓动列车的关键性质是帮助共产党人在俄国各地建立政权，因为这些火车是能够避开效率低下的旧政府机器，直接深入民众的手段："宣传鼓动列车是与群众交流的一种快捷、灵活、更直接并且更动态的方式。"① 火车还有其他好处：由于车上载有时常会达到一百多名的大批热情洋溢的党务工作者，这些火车向国家最偏远地区的人们展示了直观而强大的政府形象；车上载有专家，能够有针对性地解决地区问题，如改善农业生产或建设低价房屋。火车强大的机动性也是一大优势，因为它们被民众视为"最高权力的直接代表"②。对于或许好几年，甚至几十年见不到一位政府官员（除了警察和军人）的地区，宣传火车绝对代表着新鲜观念。

布尔什维克一向热衷于利用现代化手段，很快就在宣传火车上增设了电影部，放映宣传片（agitki）和纪录片。火车车组人员的任务是双向的，他们要在各省拍摄新闻素材，回到中央制作成电影后，又要到全国放映，以展示全国各地正在发生的先进模范事迹。宣传片都很短，很大的原因是缺乏空白胶片。每部宣传片都要以强烈的视觉效果和简单的形式传达一条重要信息。列宁本人便非常强调新闻片和纪录片在布尔什维克宣传方面的重要性。由于农村地区电影院极少，宣传列车便成了传播信息的一个关键手段。

---

① Richard Taylor, *The Politics of the Soviet Cinema 1917-1929*, p. 54.
② 同上。

农业主题的电影尤其受欢迎。农民们满怀敬畏，目不转睛地观看着通过机械化奶油制作器和液压泥炭升降机等革新手段，革命怎样解放了他们生活中难以承受的辛劳。大多数情况下，电影通过露天大屏幕放映，图像透过旁边一节经专门改造的车厢上的一扇窗户，投射在屏幕上，不过火车上也有一个能容纳150人的电影院，可用于天气不好时，或为儿童放映。由于布尔什维克痴迷于统计数字（当然，不总是可靠了），我们能够想象这些宣传影片有多么巨大的宣传效果：在1919年的前三个月，共有2.28万人次的儿童在"弗·伊·列宁号"上观看了电影。

大多数影片都是政治性的，旨在传递一个清楚的信息，形象地反映沙皇时代的恐怖和布尔什维主义的解放作用。一些专为儿童拍摄的影片和大众教育影片也很受欢迎。宣传火车虽然全国流动，但西伯利亚由于距莫斯科十分遥远，是它们经常光顾的地区。例如，1919年10月，在高尔察克已经开始退却后，"弗·伊·列宁号"沿西伯利亚铁路西段进行了一次为期三个月的巡回宣传，目的非常明确，就是鼓励农民把粮食输入俄罗斯欧洲部分。由于俄国的主要面包篮乌克兰发生的战事，当时俄罗斯欧洲部分已近乎陷入了饥荒。

火车到达前，会预先通过电报通知，于是火车的到来，就成为一件人们无比期盼和激动的事情。地方苏维埃会在该地区贴满告示，详细介绍火车将放映的电影、召开的会议和举办的各种各样的展览。像托洛茨基的铁甲指挥车一样，火车上载有汽车，会深入铁路线两侧各25英里左右的村庄，带去大量的书和招贴画出售。在西伯利亚的许多地方，农民们从来没看过电影，当他们突然看到自己的"伟大领袖"们真实的活动图像时，想必是就仿佛亲身会见了他们一样。一些节目是收门票的，但西伯利亚的部分地区还没实行货币经济，意味着门票需要由鸡蛋或其他农产品支付。

对布尔什维克来说，宣传列车的实践，也是一个学习如何与群众交流的过程。当他们最初派出火车时，车厢的外部被沉醉于革命激情的画家们画上了未来主义风格的象征性图案，令农民们感到大惑不解。英国作家兼记者阿瑟·兰塞姆（Arthur Ransome）是革命期间被准许留在俄国的为数不多的外国人之一。他看到过"弗·伊·列宁号"，并发现"每节车厢都以最鲜艳的色彩，装饰着最引人注目但却不大容易看懂的图画，无产阶级被召集起来欣赏这些革命前的艺术大众都大多看不懂的画作。这些作品是'为艺术而艺术'的结果，除了让农民们和乡镇工人们惊讶，甚或害怕外，恐怕没有什么效果了"①。这些画作表现的是白军的暴行和红军对人民的爱，但是目不识丁的农民们看不明白画中想传达的信息，甚至连好人和坏人都分不清。然而，更现实主义且更简明易懂的图像很快取代了未来派画家们的作品。

　　宣传鼓动列车就其性质而言，就是一种过渡性的手段。当永久性的工人中心在俄国各地如雨后春笋般建立起来后，对宣传鼓动列车的需求就消失了。它们的全盛期在20世纪二三十年代，不过令人惊讶的是，一些宣传鼓动列车直到20世纪70年代，还在西伯利亚小规模地运行。宣传鼓动列车在推动革命发展方面的重要意义是不应低估的，正如泰勒所言："鼓动列车是为政治目的创建和运行一种大众传媒的最早尝试之一"②。兰塞姆同意这一观点，他写道："我怀疑人类此前是否曾设计出更有效的宣传工具。"③

　　除了派出宣传列车沿铁路线巡回外，还有一项更庄重的任务，要把受战争损坏的跨西伯利亚大铁路恢复到和平时期的状态，然后

---

① Arthur Ransome, *The Crisis in Russia* (1921; 可在 Authorama 网站免费浏览).
② Taylor, *The Politics of the Soviet Cinema*, p. 63.
③ Ransome, *The Crisis in Russia*.

再加以进一步完善。斯大林想把俄国从一个死水般的落后农业国转变成一个标杆性的社会主义国家，以显示共产主义相对于资本主义的优越性，西伯利亚在他的雄心中承担着重要角色。尽管在革命之前，西伯利亚已有一些矿藏在开采了，但共产党人仍然派出了大量由地质工作者和土地勘测师组成的队伍，去考察西伯利亚大草原下还埋藏着什么，他们的发现引起了人们极大的兴趣。西伯利亚似乎什么都有，除了一些人类当时尚不清楚其用途的金属外，还有储量极其丰富的基本矿物，如铁矿石和煤等。开发利用的时机已经成熟了。尽管跨西伯利亚大铁路建成，并随之吸引来大量移民，但该地区仍然是一潭经济死水，虽然幅员辽阔，人口也在不断增长，但对国内产值的贡献却还不到1%。其原材料，特别是铁矿石和煤——还有农产品，不过程度要小得多了——这时都被视为对苏俄更广大的经济发展计划至关重要。由于缺少公路和冬天水运困难，跨西伯利亚大铁路成了运输这些矿物和食物的唯一手段，因此其修缮和升级便成了头等大事。

战争结束后，这条铁路很快便开始修修补补，但战后时期立刻受命负责铁路事务的托洛茨基（由此也可看出俄国的新领袖们对铁路是多么重视），很明智地部署了同时对铁路进行升级改造。例如，无数损毁的桥梁被更大、更结实的桥梁代替，车辆维修厂扩大，一项重建车站的计划也开始实施了。虽然总是缺钱，但苏俄政府确保在跨西伯利亚大铁路上投入了实实在在的资源以保证其高效运行，然而战争破坏的痕迹在很多年后仍然能清楚地看到。两名美国女游客，海伦·威尔逊（Helen Wilson）和埃尔希·米切尔（Elsie Mitchell），曾于1927年——即内战结束五年后——沿跨西伯利亚大铁路旅行。她们注意到，所有桥梁都得到了修理，但尽管该线路上增添了一些新车辆，火车头和车厢仍然缺乏："在所有大站的侧线上和修理厂中，都能看到大量破旧或被战争毁坏的火车头和客货车车厢，有的破碎，有的断裂，有的被火烧毁，有的被子弹打得千疮百孔，惨状难以描述。"①

除了修理铁路和改造铁路结构，苏维埃政权还需要重建旅客规章。在战争期间，跨西伯利亚大铁路实际上成了一条免费铁路，检票员经常是懒得查票，而改为收受一些小贿赂。旅客们也经常非法旅行：坐在减震器上或者坐在车厢顶上（因为大多数路段是没有隧道的），是常用的免费坐火车的办法。实际上，迟至20世纪60年代，有一趟旅客列车上仍能看到有人坐在尚未淘汰的蒸汽机车头的减震器上旅行。

共产党人制定了新的规章制度，以确保重新开始收票。然而，所有收入都要纳入交通部账上，这意味着铁路的经济情况是不清楚的，退一步讲，至少是其亏损无法估量。内战后火车服务逐渐恢复了正常，尽管战争期间实际上中断了的客运服务，只恢复到车次还远不及1913年多的程度。到1924年时，莫斯科到符拉迪沃斯托克（海参崴）之间，每星期只有三班列车，途经彼尔姆和中东铁路（因为游击队炸毁了哈巴罗夫斯克［伯力］的两座大桥），全程需要12天——比战前要长多了。到1927年时，连接铁路两端点的客车又减少到每星期只有两班，其中一班经阿穆尔铁路和哈巴罗夫斯克（伯力）——大桥已修好，另一班经哈尔滨，不过有更多的火车在该线路上区间运营，将西伯利亚的主要城市连接起来。由国际卧车公司运营的卧铺车已被没收了，但仍然在铁路上跑，不过《芝加哥每日新闻报》（*Chicago Daily News*）驻欧洲记者朱尼厄斯·伍

---

① From Helen Wilson and Elsie Mitchell, *Vagabonding at Fifty* (CowardMcCann, 1930) *quoted* in Manley (ed.), *The Trans-Siberian Railway*, p. 123.

德（Junius B. Wood），曾于1926年夏天乘火车穿越西伯利亚，发现昔日的豪华卧铺已处于非常落魄的状态，窗户破了，木桌板裂了，毛毯也撕开了。餐车的服务也很糟糕："3点半时，端上来一盆汤——油汪汪的热水浸着几片冷鱼，显然是早先大批烹制的。第二道菜是预先煮好的菜花，用一种不知是什么酱加热了一下。烤小牛肉是几个星期前就烤好的，这时又干又硬，在热肉汁里又煨了一下，没有蔬菜，这就是主菜。"①（2012年我沿这条铁路旅行时，某些火车上的情况也差不多）。至少还有一节餐车，尽管伍德也许宁愿它没有。另一位旅行者马尔科姆·伯尔（Malcolm Burr）几年后在跨西伯利亚大铁路上发现，他能在车站上从农民小贩那里买到可口得多的食品，当时小贩们的小生意还没有被俄共宣布为非法。伯尔当真为车站美食的丰盛而感到惊讶，他的描述竟然与战前豪华卧铺车上供应，现在车上却没有了的菜单差不多："车站市场分到了站台上很大一片区域，是一些前面敞开的新月形建筑。柜台后是卖货的农民，货物分门别类：一端是大堆大堆的面包，有黑面包、棕面包，也有白面包，有卡拉奇面包（kolachi），有面包卷，也有长长的面包棍，品种繁多，数量丰盛，味道也都不错；另一端则摆满了瓶子，瓶上仔细地贴着标签，上面写着'热牛奶'，尽管与我同行的旅客中有一位医生劝我们别喝，因为有感染伤寒的危险。还有更多的小贩出售装在桦树皮罐子里的蜂蜜；卖鱼的小贩也不少，有'熏制的小鲟鱼、鲈鱼、梭子鱼和雅罗鱼或者江鳕，还有来自太平洋里的大马哈鱼'。"最后，还有"很多大锅……里面有肉片、舌头、整只的鸡、鸭和野味，如花尾榛鸡、野兔、雄黑琴鸡和松鸡"，

---

① From Junius B. Wood, *Incredible Siberia* (Dial Press, 1928), quoted in Tupper, *To the Great Ocean*, p. 408.

以及鸡蛋、水果和大量的西瓜。正如他所感慨的："竟然如此丰盛，在一片闹饥荒的土地上，恐怕谁也没有想到，谁都会感到惊讶。"① 就在几年前，乌克兰和伏尔加河流域还因为庄稼歉收和政府强征粮食，导致了数百万人饿死。

普通的俄国旅行者要想得到一张火车票，非常费力，因为车次太少。由于战争破坏，铁路运力总体不足，优先权给了货车。伍德曾描述道："在火车到达前半小时，售票口打开了，通常是墙上的一个小圆洞，也就是一个茶托大小，于是骚动开始了。"（只在火车到达前很短时间才打开售票口，这种奇怪的习俗实际上在当时欧洲大陆大多数地方都正常的情况，至今仍在一些地区流行。）在一个车站，伍德注意到，有200人想上车，其中很多人通宵睡在车站，想排在队伍前列，但火车上可能最多也只有40个空位。更糟糕的是，其中一小部分票还分给了有政府通行证的旅客或者行了贿的旅客："耐心地排了好几小时队的前五个人，得到了剩余的票，售票员'砰'的一声关上了窗户，像出租车经过路旁的流浪汉一样冷漠地把其他人晾在了一旁。"② 至少，按照两位美国女士的说法，幸运地买到票的人肯定能够挤上火车："火车上不可避免地非常拥挤……所有——或者近乎所有——成功地挤上车的人，都会喘不过气、筋疲力尽，但却充满了胜利感。"③

跨西伯利亚大铁路上的火车十分拥挤，实际上铁路网上到处都很拥挤，这是苏维埃政权重视货运而不重视客运的直接结果，因为铁路大量运输货物的能力被视为其经济价值所在。斯大林于

---

① All these quotes from Malcolm Burr's "No Dining Car" (1930), in Deborah Manley (ed.), *The Trans-Siberian Railway*, pp. 183–184.
② From Wood, *Incredible Siberia*, p. 407.
③ From Wilson and Mitchell, *Vagabonding at Fifty*, p. 123.

1924年列宁逝世后掌握了大权（实际上自1922年春天列宁中风之后，他就长期在主事），他启动了发展国家的突击计划，专注于实现国家在军事、工业和财政上的自给自足。经济政策是通过"五年计划"来贯彻的。"五年计划"为每个经济领域设定了生产目标。1928年开始的第一个"五年计划"，强调的是重工业，而不是消费产品——这一政策将一直持续到第二次世界大战后。跨西伯利亚大铁路上的旅客，和苏联的其他消费者没有任何区别。要想买票，他们就必须排队。排队无疑成了苏联制度的特色惯例。正如哈蒙·塔珀所说的："很明显，当时的苏联政府丝毫不关心旅客服务的改善。"① 然而，就跨西伯利亚大铁路本身而言，强调重工业毫无疑问对其是有利的，因为斯大林明白需要相当大的投资，才能使其发挥驱动西伯利亚发展的作用。

车厢的等级差别被苏共公开宣布作废了。然而，作废的只是某种等级差别。实际上，车厢在舒适度上仍然有两种鲜明的等级："硬席"和"软席"，但苏共的意识形态不允许将它们称为"头等车厢"和"二等车厢"（到了21世纪，英国的车厢称为"一等车厢"和"标准车厢"，也是同样道理）。随着苏共越来越专制，他们已经对自己的最初目标完全丧失了感觉，产生了一种典型的精英主义。一种不公开的快车，"卢克斯蓝色特快"（Lux Blue Express），于1933年5月启动——就在"五一"，苏联劳动节的当天，苏联领导人们肯定是丧失了幽默感。这列火车专供特权人士乘坐，他们包括：党的领袖、高级政务官员、军事将领，当然，还有他们的配偶。其豪华设施使当年国际卧车公司的客车都相形见绌，因为它们明确的是七星，而非五星。根据斯大林的明确命令，车厢是隔音

---

① Tupper, *To the Great Ocean*, p. 409.

的，使用了特殊的绝缘材料，有毡、铅和木头等隔板层，以保证车厢里听不到车轮的噪音。每次出行前，列车员都要在车厢各处泼洒古龙水，在桌板上摆上鲜花。老百姓无从染指的奢侈品摆在桌上，供免费取用，包括美国香烟、昂贵的巧克力、最好的鱼子酱和水果。斯大林专用的红木内衬车厢有两间卧室，后面还有一节一模一样的仿造车厢，供他的贴身卫兵使用，这样就没人知道他究竟睡在哪一节车厢里了。每当这列火车通过时，车站都要封闭。"卢克斯蓝色特快"（对苏共领袖们来说，选择这样一个名称实在令人奇怪）在铁路上总是享有优先权；当它快要到达时，普通百姓甚至都不准靠近车站。这列火车终年使用，只除了冬天，往来于不同的夏日度假地之间，偶尔也到莫斯科，但其存在从来没得到过官方承认。

即使哈巴罗夫斯克（伯力）的阿穆尔河（黑龙江）大桥于1925年恢复通车，很多火车仍然使用中东铁路。这条铁路无疑仍然是前往符拉迪沃斯托克（海参崴）的捷径，但对俄罗斯来说，它也是无穷无尽的麻烦的源泉。相关各方各派之间常有争议，不仅包括中国和日本以及俄罗斯，也牵涉北京管不了的各种各样的军阀和强盗。自1904—1905年战争后，日本人从来没有真正接受过俄国人与中国人共享中东铁路的权利，但俄国人想方设法地利用中国中央政府的软弱，继续把持着这条铁路。实际上还不止于此。沙皇政府尽管在日俄战争中战败了，但仍然明目张胆地利用中东铁路，企图在中国东北创建一个袖珍国。铁路管理机构实际上变成了中国东北的政府。其"民政部"的权限远远超过了一个铁路管理部门所应当的范围。该部不仅负责征收当地的土地税，还对烟酒课税，并掌管警察、法庭和市政。该部投入数以百万计卢布建设教堂和学校，甚至颁发护照，还雇有外交代表。总之，这是一个国中之国。正如铁路前管理人员王钦春后来写道的："当铁路总经理出现在公众面前时，他更像一位省督，而不是铁路高管。"① 他引用了一位英国访客的话，说是感觉这些官员太过关注铁路的政治影响和战略影响，却无视其商业潜能。

由于所有这些开支，加上铁路的原始成本，都还在铁路的账上，到革命发生时，中东铁路的债务已经积攒到令人惊愕的 8.5 亿卢布。沙皇的倒台意味着补贴的来源断了，铁路开始自己发行货币以支付供货商和自己的员工。然而，由于这些货币是以卢布为标志的，而卢布因为革命引发的恶性通货膨胀已经大幅贬值，并引发了无数针对铁路当局的罢工和抗议活动。1919 年初，因为中东铁路（在阿穆尔铁路的大桥被摧毁后）成了到达符拉迪沃斯托克（海参崴）的唯一通途，根据协约国的《铁路间协议》(Inter-Railway Agreement)，确保该线路继续运营，像跨西伯利亚大铁路一样，成了协约国的责任，由中国人监管其运营和安全。在此期间，获得了相当多拨款的协约国技术委员会（Allies' Technical Board）大约投资了 500 万美元来维修和改进该线路。当协约国军队离开，该委员会解散后，1920 年 10 月，俄国和中国签订协议，成立一个一半俄国人一半中国人的新委员会，来运营铁路。铁路货币变成了更稳定的中国银元，这立刻平息了人们对铁路的不满和不安。然而，形势依然动荡不定，实际上，直到"二战"结束前，这始终是中东铁路的特点。日本人仍然对中国东北心怀鬼胎。按照日俄战争后签署的《朴次茅斯条约》，他们控制了南满铁路，直到长春。长春是从奉天到哈尔滨的中途站，从那里还修建了一条支线通往朝鲜。然而，这些铁路的重要性，和三国外交的纵横捭阖，以及俄国革命的后续影

---

① Chin-Chun Wang, "The Chinese Eastern Railway", *Annals of the American Academy of Political and Social Science*, Vol. 122, The Far East (November, 1925), pp. 57–69.

响相结合，意味着这一地区的局势始终不能平静，随时可能爆发争执，甚至战争。

决定中俄共管中东铁路的1920年协议，实际上经过了一系列谈判直到1924年才被批准，但这样一种非同寻常的铁路管理方式，总是会出现其中一方遭到质疑的情况。关键是，这一协议专门将日本人排除在外，日本人很担心这将威胁到他们在南满铁路上的利益，特别是苏联政府显示出的帝国主义野心丝毫不亚于其前任。几乎是1924年协议墨迹未干时，他们就开始破坏中国人在中东铁路上的地位——顺便提一句，中东铁路是个庞大的企业，有1.65万名工人、500台火车头和1.1万节货车车厢。俄国人想继续控制中国东北，正如塔珀所概括的："在苏联的管理下，中东铁路变成了中国领土上的俄罗斯国。"① 俄国人在中东铁路上不仅有自己的学校、教堂、博物馆，甚至还有政治组织。共产党人的细胞在铁路管理层的保护下茁壮生长，社会主义思想在当地中国人中迅速传播。尽管按照1924年协议，铁路员工中中国人和俄国人应当各占一半，但中国人逐渐被排挤出局，俄国人的优势在不断扩大。

当一心想把势力范围扩大到南满铁路之外的日本人暗杀了当地军阀张作霖后，形势一时紧张起来。日本人在张作霖乘坐的火车车厢下放置了炸弹，然后用他的儿子张学良取代了他。他们认为张学良将更顺从，但实际上，张学良也反对日本人占领中国东北。张学良对俄国人在东北的存在也深恶痛绝，于1929年7月实际上没收了中东铁路，并逮捕了许多俄国官员。斯大林的回应是向中国边境调遣了大量军队，张学良在压力下屈服了，恢复了对中东铁路的共管。

---

① Tupper, *To the Great Ocean*, p. 426.

然而，两年后日本人对中国发动了进攻并取得了成功，最后创建了傀儡政权"满洲国"，兼并了中国的东北和其他领土，很显然，中东铁路的共管无法再实行了。俄国人依然经营管理着火车和铁路，但匪徒的袭扰增多了。这些袭扰既有犯罪目的也有政治目的，导致了若干起西方旅行者被绑架和抢劫的事件。日本人为逼迫苏联放弃对中东铁路的控制，施加了越来越重的压力。例如，要求免费运输日本军队和赋予他们根据自己的方便调节火车运行的自由。国联（League of Nations）曾企图将中东铁路置于由欧洲列强组成的多国机构掌控之下，但被日本拒绝了。日本人的头脑中显然只有一个目标：完全控制这一地区。

到了 1934 年，克里姆林宫似乎只剩下两种选择了：或者发动一场对日战争，或者卖掉中东铁路。鉴于苏军力量并不强大，且斯大林希望集中资源以迅速实现工业化，他并不想打仗，遂决定与日本人谈判，卖掉铁路。最终双方商定的成交价为将近 5000 万美元。一条从策划时开始就麻烦不断的铁路，竟然卖出了这样的价格，对苏联来说真是发了意外之财。这条铁路还将继续给它的新主人不断出难题，直到中国人于 1949 年革命后将其收回。而且，几乎是铁路交易刚一完成，俄国人就开始再度给铁路制造起麻烦。日苏之间的紧张关系一直持续到第二次世界大战爆发。

鉴于中东铁路麻烦不断，斯大林于 1933 年下令将从乌兰乌德（字面上的意思为"红乌德"，原名上乌金斯克）到哈巴罗夫斯克（伯力）的长达 1700 英里的阿穆尔铁路建成复线。该工程动用了一支一万余人的建设大军。

的确，跨西伯利亚大铁路是两次世界大战间隔期里大规模投资的受益者。对西西伯利亚重工业的强调，是苏联第一个五年计划的战略核心。这个地区有斯大林想要的一切，而且将他的两个心魔结合了起来，即：对苏联受到来自西方的侵略的担心，对快速工业化的渴望。西西伯利亚有"该国最著名的有色金属矿，有除顿巴斯（Donbas，即乌克兰的顿涅茨盆地［Donets Basin］）之外的最著名也最易开采的焦煤矿，有许多其他有用的矿藏，有上好的农业用地，还有丰富的水力资源"①。最大的好处是，西西伯利亚与钢产业集中的乌克兰不同，所有工厂都远离苏联与西方接壤的易受攻击的边界，而西方是形形色色的资本主义敌人隐藏的渊薮。西西伯利亚的遥远是一大财富，但不可避免地要给跨西伯利亚大铁路带来巨大的压力。

五年计划要求在乌拉尔地区建设大量钢铁厂，并使用库兹涅茨克盆地（Kuznetsk，也称库兹巴斯）出产的煤。库兹涅茨克盆地在今天的城市新库兹涅茨克（Novokuznetsk，20世纪30年代时曾改名斯大林斯克［Stalinsk］）附近，而新库兹涅茨克则在托木斯克以南不到300英里处。苏联地质工作者们在乌拉尔地区发现的矿产资源储量的确十分惊人，含有铁、铜和铝土等大量矿石；然而，苏联建设的巨大高炉需要烧的煤却必须从1300英里外的盆地运来，而两地之间唯一实用的联系方式便是跨西伯利亚大铁路。没问题。斯大林说行就行，哪怕整个20世纪30年代铁路都在为此疲于奔命。而且，苏联人不喜欢铁路上跑空车，认为这是浪费资源，这就进一步加剧了铁路的压力；斯大林计划的另一方面，在车里雅宾斯克附近的马格尼托哥尔斯克建设大规模的钢铁工业基地，解决了这一困境。马格尼托哥尔斯克的附近有世界上最大的铁矿马格尼特山（Magnitnaya Mountain）。该山的有些部分几乎纯粹是由铁构成

---

① Robert N. North, *Transport in Western Siberia: Tsarist and Soviet Development* (University of British Columbia Press, 1979), p. 116.

的。于是跨西伯利亚大铁路上的漏斗车厢便从乌拉尔地区拉上铁矿石，向东奔往新库兹涅茨克，在返回乌拉尔地区时，再为马格尼托哥尔斯克的工厂拉回焦煤。这就要求建设一条 250 英里的支线，将马格尼托哥尔斯克和车里雅宾斯克连接起来。后来又建设了一条新铁路，以缩短从乌拉尔地区到库兹涅茨克盆地的距离。令铁路的负担继续加重的是，又有一座巨大的拖拉机制造厂建在了车里雅宾斯克。该厂将在第二次世界大战中发挥重要的作用。而且，跨西伯利亚大铁路又要从一个新地方拉煤了，那就是今天哈萨克斯坦的卡拉干达（Karaganda），于是苏联人在 20 世纪 30 年代初又修了一条支线把那里连接了进来。由于铁路的使用实在太过频繁，苏联考虑起为现有铁路再修一条平行线的主张，但最终的决策却是，对跨西伯利亚大铁路的西段进行改造，使之升级为一条超级干线（Sverhmagistralizatsia）。经过这些改造后，铁路的运力在这一时期翻了三倍，信号系统更完善了，一些路段的铁轨数量翻了倍，铁轨更重了，行车速度也更快了。电气化也起步了，不过这一过程要经过 30 年才能到达距莫斯科 2600 英里的伊尔库茨克。尽管这些投资无疑是有益的，但总体交通量仍然不可避免地会导致堵塞和延误，尤其是在冬季。

这段时期最大的铁路兴建工程，是从西伯利亚到哈萨克斯坦境内的土耳其斯坦（Turkestan）地区的土西铁路。该工程不可避免地又要给跨西伯利亚大铁路的西段进一步施加压力。这是又一项宏大的工程，将近上千英里的铁路在末代沙皇时期就已经开工了，但到"一战"时被迫停工。1915 年，从新西伯利亚到塞米巴拉金斯克（Semipalatinsk）的一段铁路开通，继而于 1926 年，共产党人重启了土西铁路的建设，四年后修到了塔什干（Tashkent）。建设土西铁路，是为了让西伯利亚的粮食和木材能够出口，但也促使该地区转化为棉花产地,因为苏联喜欢将某种农作物或某项工业专门集中在一个地区进行生产。

总结所有这些苏联迅速建设的事业,专注于西伯利亚这一地区的工业化,跨西伯利亚大铁路——尤其是西西伯利亚铁路——承担起了维特当年设想其发挥的作用,成为该地区发展的催化剂。除了在乌拉尔山和库兹涅茨克盆地之间穿梭运输煤和铁矿石外,这条铁路还将石油、各种工业和农业机械、粮食和木材,以及各种各样的食材,源源不断地运往俄罗斯欧洲部分。可投入到交通运输方面的资金大部分都流向了铁路,然而铁路仍然不足以承担这些重负。

毫不奇怪的是,由于所有这些变化,这一地区的人口飞速增长;而且随着城市人口的巨大增长,其面貌也发生了极大变化。城市人口大多来自西伯利亚的农村地区,因为巨大的工业和矿业创造出了众多的就业机会,但俄罗斯欧洲部分也有相当多的人口迁入。在"二战"爆发前的十几年间,新西伯利亚(前新尼古拉耶夫斯克)和斯维尔德洛夫斯克(Sverdlovsk,前叶卡捷琳堡)的人口都翻了三倍,而新库兹涅茨克从一个只有3900人的小镇发展成了一座有17万人的城市。甚至继续向东,伊尔库茨克、乌兰乌德和哈巴罗夫斯克(伯力)等主要城市,人口也有巨大增长。

人口的这些增长,与铁路客运运力的严重不足相结合,便是人们须在售票处排很长的队争相挤火车的原因。至少在一些城市,他们在排队等票时能得到较好的招待。尽管政府明显不重视客运,却很注重改善车站环境,这也许是对排队和等候将长期成为铁路旅客的遭际的某种无意识的承认。更有可能的是,这是苏共展示他们多么关心人民,并以建筑设计来炫耀其权势的又一个机会。具有讽刺意味的是,世界各地的私有铁路公司早在19世纪中叶就这样做了。这些车站中最雄伟的建在新西伯利亚,西伯利亚地区迅速发展着的城市，在浩瀚的鄂毕河畔，几乎恰好处于前往符拉迪沃斯托克（海参崴）的路程的三分之一处。这里是西伯利亚工业化的核心地带，因此需要一座雄伟的车站——苏联最大的车站——来匹配其愿景。车站由尼古拉·沃洛希诺夫（Nicolai Voloshinov）设计，是传统的古典风格建筑，主要入口处上方有一个稍稍偏离正中的巨大拱门。通向入口处的桥比站台高，旅客们需要下台阶才能坐上火车。车站的前面有一个巨大的广场，使得人们能够从远处看到这座传统的西伯利亚淡蓝色的建筑壮丽的全景。

然而，20世纪20年代末和整个30年代，旅客的人数又有了一番巨大的增长：不过都是由货车押送，有卫兵严密看守的非志愿人员。他们是被发配到西伯利亚的大量犯人，是遭到越来越具有压迫性的斯大林政权惩罚的人。当跨西伯利亚大铁路最初完工时，流放制度被废除了，因为西伯利亚正在涌来自愿迁徙的移民。然而，在苏共统治之下，流放制度又变本加厉地重启了，因为斯大林要推动西伯利亚的快速发展，需要大量廉价或免费的劳力。劳改营——古拉格（gulag，即 Glavnoe Upravlenie ispravitel'no-trudovykh Lagerei［劳改营管理总局］的简称）——的创建，正合乎他的目的。劳改营分布在苏联最偏远的地方：北极圈内、中亚地区南部和西伯利亚的大部。斯大林对反对意见越来越不能容忍，他经常发动的清洗行动确保了新犯人源源不断地涌来——新犯人都是逃脱了行刑队枪口的幸运儿（然而他们中很多人却都认为自己是不幸者）。古拉格因此服务于双重目标，它们既是镇压任何对政权心怀不满之人的工具，也是囤积生产斯大林视为快速发展之关键的重工业产品的劳动力的基地。古拉格实际上是一种奴隶劳役制度，没过多久就最终变成了集中营。虽然最初只打算将刑事罪犯和反革命分子送进古拉格，但到20世纪30年代中期后，送来的就不一定是罪犯了。在一本关于强制劳改营的书里,作者们举了很多例子:"一名女炊事员忘了在晚饭里放盐,她被检举了……一名集体农庄工人骑了匹马去办私事,结果马被偷了,他被检举了……一匹出生在集体农庄里、只有一只眼睛的小马驹被杀了吃肉,结果集体农庄主席因为'没能保护好'小马,而被检举了",① 诸如此类。这些作者总结道:"劳改营里绝大多数人,都是在正常情况下绝不会被视为罪犯的各民族人士,或者各种社会分子。"② 在古拉格非人的环境下,死亡率通常为每年20%到30%,不过有时会高达50%。20世纪30年代中期,苏联各地的恐怖程度都有所升级。从"十月革命"后到"二战"开始前,随意逮捕、处决和放逐到劳改营始终是社会的一大特色,这种情况极其常见以致受害者在轮到自己的门被敲响时,通常都不会太过惊奇。

跨西伯利亚大铁路上的人员拥挤、货物积压和事故数字上升导致人们纷纷指责铁路员工破坏铁路、怠工和无能,尽管真正的过错在于计划者未能给铁路划拨足够的附加资源。1935年,斯大林主要的解决问题能手拉扎尔·卡冈诺维奇(Lazar Kaganovich;曾监督莫斯科地铁的建设,获得"火车头"的称号)被任命为交通人民委员,显示了这一时期铁路多么被看重,但这也给许多铁路员工带来了麻烦。运输延误——尤其是在这时又被赋予了比先前重得多的运输任务的跨西伯利亚大铁路上——实在是对全社会低效率的显著反映。正如俄国铁路历史学家J. N. 韦斯特伍德所认为的:"党和政府始终不相信,铁路的工作无论如何已经接近其真实极限了。(政府

---

① David J. Dallin and Boris I. Nicolaevsky, *Forced Labour in the Soviet Union* (Hollis and Carter, 1947), p. 239.
② 同上, p. 238。

手中的）两个武器——大清洗和斯达汉诺夫运动*……几乎不可避免地要发生冲突。"①

卡冈诺维奇手上沾的血，恐怕比与他同时代的几乎所有苏共领导人都要多。在20世纪30年代初苏联政权作为惩罚而在乌克兰故意制造的饥荒中，他组织了强制没收粮食的行动。对于境遇稍好的农民，即苏联政权称之为"富农"（kulaks，但这个词经常被滥用，诬指不愿交出粮食的人）的农民，卡冈诺维奇是主张采取最强硬手段的人之一。富农这个群体在斯大林强制性的农业集体化运动中几乎被灭绝了。哈蒙·塔珀很不地道地提出，卡冈诺维奇对跨西伯利亚大铁路也带来了好处，因为他"增加了机车车辆数，引进了马力更大的火车头、容积更大的四轴货车车厢和全金属的客车车厢"②，他在新库兹涅茨克建设了一个巨大的火车头修理厂，还确保了工人们得到更好的培训，但这就和那句意大利谚语"你怎样批评墨索里尼都好，起码他让火车准点发车了"如出一辙。实际上，在卡冈诺维奇（顺便说一句，他活到了1991年，亲眼看到了苏共的倒台，后来又在死后被基辅一家法庭判处犯有种族灭绝罪）领导下，铁路员工都生活在恐惧中，因为他以"破坏者"的罪名，对数以千计铁路经营管理人员实施了逮捕。他们或被处决或被送往古拉格。当然，某种程度上此举达到了期待的效果，因为铁路管理者们害怕起不必要的火车延误来，为了免于午夜听到敲门声，他们努力维持起铁路系统的正常运转。毫不奇怪的是，结果事故率上升了。即使

---

* 苏联早期以斯达汉诺夫命名的社会主义竞赛的群众运动。顿涅茨矿区采煤工人斯达汉诺夫在1935年8月30日创造了一班工作时间内用风镐采煤102吨的纪录，超过定额13倍。这一事迹，在苏联第二个五年计划时期得到广泛传播，形成了斯达汉诺夫运动。但多年后的调查发现，斯达汉诺夫的纪录是假造的。——译注

① J. N. Westwood, *A History of Russian Railways* (George Allen & Unwin, 1964), p. 235.
② Tupper, *To the Great Ocean*, p. 407.

很小的事故都很可能导致不幸的地方铁路官员被指控为企图破坏社会主义社会的"肇事者",这恐怕是当时最严重的罪名了。在卡冈诺维奇领导下,铁路也展开了"斯达汉诺夫运动",以鼓励提高生产率。该运动以一名据说一班采煤超过了 100 吨的矿工命名,移植到铁路上,却产生了可怕的后果。一些精挑细选的火车司机被召集起来,要求他们确保火车头能拉更多的负载,或者每俄里烧更少的煤,但正如韦斯特伍德推测的,这通常意味着火车司机所做的就是"拼命地折腾火车头,'用鞭子抽'它,使它每小时多喷出三分之一的蒸汽来";然而尽管这样的确提高了速度,却意味着"极大地增加了每马力的燃料消耗量,使得司炉(即往火箱里铲煤的人)近乎于崩溃"①。

由于铁路方面的投资,甚至相对被忽视的客运在 20 世纪 30 年代都有所改善。到 1936 年时,莫斯科—符拉迪沃斯托克(海参崴)的车程为八天半,比内战刚结束时缩短了 72 小时(比今天全部电气化了的铁路上最快的车次也只慢 48 小时)。货运仍然是首要之务,尽管在战争期间铁路运兵、运战俘,以及运货物的任务都很繁重。

实际上,一些历史学家认为,第二次世界大战的起点不应当从 1939 年 9 月德国侵略波兰算起,而应算是从更早几个月,发生在跨西伯利亚大铁路以南大约 400 英里蒙古境内的一场战斗算起。这是苏日在中国东北的争斗的延续。自日本人侵占中国东北后,在蒙古边境,日本关东军和苏联红军边防部队便剑拔弩张,紧张关系不断升级。1938 年夏天,红军和日军在符拉迪沃斯托克(海参崴)附近的哈桑湖(Lake Khasan)地带发生了一次重大冲突,总共导致了 750 人阵亡,日军被击败;但这次,在日本政府的暗地支持下,

---

① Westwood, *A History of Russian Railways*, p. 236.

起初很小的冲突演化成了意义重大得多的哈勒欣河战役（Battle of Khalkhin Gol）。

蒙古虽然名义上是独立的，但实际上是苏联的附庸国——正如"满洲国"处于日本的控制下一样——1939年5月，双方的"边境纠纷"突然爆发为一场短暂但却大规模的战争。一股蒙古骑兵漫游到日本人认为属于"满洲国"的土地上，遭到了关东军的攻击。红军做出了强硬的回应，在格奥尔基·朱可夫（Georgy Zhukov）元帅的指挥下，集结了一支5.8万人的大军，并得到了500辆坦克和250架飞机的支持，准备发动反击。这支大军需要几个月的时间才能集结起来，因为距铁路尽头十分遥远，但令人奇怪的是，日本人居然没有觉察到这样大规模的军队调动。8月末红军大举进攻后，很快就打垮了日本人，大获全胜。这一仗意义深远，很可能改变了"二战"的进程，因为日本人意识到红军比他们想象的要强大，当1941年6月22日德国入侵苏联时，日本人没有协同向苏联发动进攻。取而代之的是，他们把目光从北方转向了南方，最终发动了对珍珠港的偷袭。

1941年，斯大林的反应出奇地迅速，将军队从东方调往西方，迎击德国人。他在德国入侵前10天听到了风声，便开始通过跨西伯利亚大铁路调遣红军，启动了西蒙·塞巴格·蒙蒂菲奥里（Simon Sebag Montefiore）所说的"战争中决定性的后勤奇迹之一"，"火车一刻不停地穿越欧亚荒野，重新部署了40万生力军、1000辆坦克和1000架飞机"[①]。最后一列火车于6月17日离开东方，部队秘密地在莫斯科背后部署着。

跨西伯利亚大铁路在"二战"期间境况很好。不像"一战"

---

① Simon Sebag Montefiore, *Stalin: The Court of the Red Tsar* (Phoenix, 2007), p. 356.

亚历山大三世1881年继位为俄国沙皇，谢尔盖·维特，跨西伯利亚大铁路之父
是他启动了跨西伯利亚大铁路项目

在环贝加尔湖岸铁路完工前，旅客和货物必须换乘诸如"贝加尔号"（Baikal）等轮船渡湖。
"贝加尔号"由惠特沃思公司（Whitworth & Co.）下属的位于英国纽卡斯尔（Newcastle）的
威廉·阿姆斯特朗爵士工厂（Sir William Armstrong）所建。这是英国对西伯利亚大铁路工
程为数不多的贡献之一。"贝加尔号"能够搭载整整一列旅客列车和两列货车，以13节的
航速，穿越厚达3英尺的坚冰，到达冰封的湖对岸

由于缺乏劳力,西伯利亚大铁路有几段使用了罪犯和流放犯建设,让他们以苦工赎刑期。图为1900年,他们在霍尔河(Khor)的一座桥上劳作

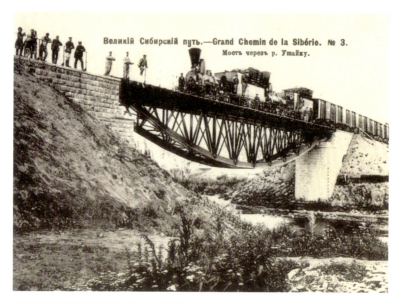

跨西伯利亚大铁路需要建设数以百计的桥梁。这些桥梁需要采用各种非同寻常的技术,比如这座其设计被称为"鱼腹式构架"的钢结构大桥

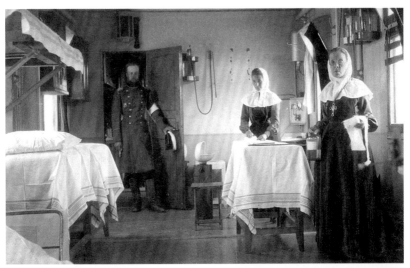

上：正是跨西伯利亚大铁路的建设，引发了1904—1905年的日俄战争，最终日本获得了压倒性的胜利。图为俄国红十字会的医用列车正在跨西伯利亚大铁路上运送伤员
中：日俄战争中罕见的轻松时刻，图为俄军士兵在观看中国东北百姓表演把戏
下：跨西伯利亚大铁路也用于押送日俄战争中的日本俘虏

西伯利亚大铁路上的主要桥梁,都是工程的最后阶段建成的。图为工程师们检查新尼古拉耶夫斯克(今新西伯利亚)附近的鄂毕河大桥

尽管跨西伯利亚大铁路比世界上大多数铁路的建设都要晚,但仍然很少使用机械,正如这幅图片所展现的,是人力在准备和铺设枕木

每个路段一完工，就会立刻变成繁忙的铁路线，从一开始就被频繁使用

1898年，第一列火车来到伊尔库茨克站。车站与该城实际上被宽阔的安加拉河隔开，因为让铁路跨越安加拉河，成本实在太高了

跨西伯利亚大铁路上的很多城镇，都成为俄国内战中的激战发生地，也是很多国家军队眼中的战略要地。图为1918年，日本军队进入符拉迪沃斯托克（海参崴）。该城战略地位虽然十分重要，但实际上并没有发生战斗

在跨西伯利亚大铁路沿线，农民和孩子们向旅客们兜售乳制品。图片选自1910年威廉·威斯纳·蔡平（William Wisner Chapin）为美国《国家地理》（*National Geographic*）杂志拍摄的系列影集《俄罗斯帝国掠影》（*Glimpses of the Russian Empire*）

1920年3月，列昂·托洛茨基（左）在彼得格勒火车站。他利用一列装甲列车作为自己的指挥部，为保证共产党人在内战中获胜发挥了重大作用

俄国内战中，交战双方都大量使用了如图这样的装甲列车。图中的这列装甲列车，起初是俄国人的，但在捷克斯洛伐克军团叛乱并成功地控制了跨西伯利亚大铁路后，为捷克斯洛伐克军团夺取

1929年，新西伯利亚的一名扳道工

1921年5月，在西伯利亚铁路于内战之后重新通车不久，孩子们在向旅客们出售鲜花

时，这回它享受了和平状态。由于日本人的畏缩，这条铁路沿线没有发生任何直接的军事行动，不过铁路繁忙得令人难以置信。正如斯大林所预料的，德国人侵入了乌克兰，使得苏联人得不到顿巴斯的煤。因此，只能依靠库兹涅茨克盆地和哈萨克斯坦的卡拉干达煤田供煤。幸运的是，苏联战前就修了一条新铁路到卡拉干达，减轻了跨西伯利亚大铁路大部分路段的压力。

由于铁路任务繁重，便经常有升级改造的计划。随着会车线增加、信号系统改善，以及一些路段新建了平行路，铁路的运力也在不断增长。清洗行动也停止了，这使得铁路管理者们得以松了一口气，不用总是提心吊胆地生活了，尽管许多能干的官员都已经被处决了。

1941年德国入侵后，受到威胁地区的工业，立刻通过数以百计的专列疏散到了东方。在一场令人赞叹的大机动中，整座整座的工厂被拆卸打包，装进车厢，以飞快的速度运到事先规划好的地方。大部分工业被转移到了西西伯利亚，车里雅宾斯克以其拖拉机厂为基础，建成了坦克制造中心，但也有一些工厂被运到了更远的东方。按照一位历史学家的说法："就促进苏联最终战胜德国这个意义而言，疏散大概是苏联在'二战'中取得的最重要的成就了。工厂在几个星期内就重建了起来，并立刻开始生产出大量的军需物资。"①

跨西伯利亚大铁路也是斯大林潜在的退路。为使斯大林及其主要的部长和官员们能够撤往古比雪夫（Kuibyshev，即萨马拉[Samara]），苏联做了大量的准备工作，在德军兵临首都，眼看就要破城的那段日子，一些停在车站的火车，车头始终冒着蒸汽，随

---

① Thomas Morgan on Suite101. com website.

时准备拉着他们离开莫斯科。

跨西伯利亚大铁路的另一项重要任务，是将部队从乌拉尔地区和亚洲运来，并且将美国卸载于符拉迪沃斯托克（海参崴）的补给品拉过来。美国的援助这回的确运到了前线，而不像"一战"时那样。这证明了苏联政权在运营铁路方面，的确比他们的沙皇前任高效多了。然而，火车在掉头向东时，也时常拉着更为不幸的人们前往古拉格。比如按照塔珀的说法，[①] 被打成"社会公敌"的波兰人、被认为"不可靠"的波罗的海沿岸国家的人们，或者被指控与德国人勾结的少数民族的"叛徒"以及成千上万的德国和日本战俘，统统被送往劳改营。这些劳改营有上百座，到战争结束时，一些营中的幸存者尚不及10%。基本上，只有那些得到某种文书工作或管理工作的人才能活下来，其余承担繁重劳役的人，不可避免地会累死、饿死或病死。他们遭受的待遇，实际上可谓慢性谋杀，因为完不成定额的人会被减少食物定量，而吃不饱又会造成身体虚弱，无法承担要求完成的任务。在斯大林时代被发配西伯利亚，是比在沙皇时代悲惨得多的命运。尽管到战争结束时，古拉格中的人数下降了，条件也稍有改善，但是直到1953年斯大林死后，大多数古拉格劳改营才得以关闭，然而也有一些一直存在到戈尔巴乔夫时期。

第二次世界大战再次展示了跨西伯利亚大铁路对俄罗斯的亚洲利益及其总体国防的至关重要的作用。除了继续完善该铁路外（最引人注目的是电气化），在战争刚刚结束的那段时期，苏联领导人又一次考虑起建设一条平行铁路的设想来。这一计划将给铁路建设者们提出比他们最早的前辈们遇到过的更大的挑战。

[①] Tupper, *To the Great Ocean*, p. 411.

第十一章
跨西伯利亚的另一条铁路

甚至在战时,跨西伯利亚大铁路的工作都在进步,总是需要改进、大修和增强运力。因此,当苏联需要在东方为其生死存亡而奋斗时,就想出了改善跨西伯利亚大铁路最严重的瓶颈的办法。于是,在西西伯利亚,苏联不断投资以缩短行车时间并升级铁轨,因为认识到保证铁路充分发挥其运力,以服务于迁移至此的工厂的重要性。甚至更东边的路段也在进行改进,引人注目的是非常艰难地绕过贝加尔湖的110英里长的环贝加尔铁路也在1940年开始了改进铁轨的工程。这段铁路在"一战"之前刚刚建成复线,但由于急弯较多、滑坡之类的灾害频发,以及设备陈旧等原因仍然是一段缓慢的铁路。战争导致了改进计划的延误,继而计划本身也改变了。苏联不再打算改进已有的线路,而是决定绕过它,在离湖更远的地方修一条新铁路。在从伊尔库茨克到斯柳江卡(Slyudyanka)之间的山中,一条业已存在的更短的单线铁路,被改造成电气化的复线铁路。1949年完工后,所有穿越西伯利亚的火车都利用起这段线路。原先沿着安加拉河延伸的那段铁路被拆除了,因为那里修建了一座水电站,使河面上升了。湖滨的线路被保留了下来,但每天只有一班火车，因此沿线的村庄——为铁路工人开发出来，大多只能靠这条铁路到达的——明显地衰败了。该线路的第二条铁轨于20世纪80年代被移除了，但由于旅游者感兴趣，线路被保留了下来。令村民们甚感欣慰的是，这里成了当地非常吸引人的重要景点。

一项大得多的建设计划——也是整条铁路最长的单独修建路段——也在战争刚刚结束后就展开了。日本人在1939年夏天刚露头角就被蒙古和苏联军队联手重创后，在整个"二战"期间都避免与苏联发生冲突。然而苏联却正好相反。当美国人暗中通知斯大林，将于1945年8月6日在广岛投下原子弹后，苏联人意识到日本败局很快将至，便立刻向中国东北发动了攻势，热切地想重新控制中国的这一部分。因此，非常吊诡的是，第二次世界大战的第一仗和最后一仗，都是在跨西伯利亚大铁路附近展开的。对已毫无斗志的日军的进攻，只持续了很短的时间，战事于9月初就结束了，苏联人重新控制了中东铁路，并帮助中国共产党和国民党的军队，把日本侵略者赶出了中国。日本人被击败后，中国人民解放军以东北为倚靠领导了解放战争并最终于1949年取得了胜利。

顺便提一句，中东铁路被苏联人免费交给了他们当时的盟友——中国共产党。这使得俄罗斯摆脱了一条半个世纪以来给其不同统治者除了制造麻烦、什么好处也没带来的铁路。现在这条铁路被称为中国长春铁路，已经连到了北京，正好被许多客车和货车用作连接中国和俄罗斯的链条，然而包括许多外国游客在内的旅客们，都不了解这条铁路多灾多难的历史。这条路线之所以受欢迎，是因为避免了经过蒙古，那是又一条从北京到莫斯科的路线。不过在中苏边境仍然需要换车，因为两国铁路的轨距不同。

尽管在1945年获得了胜利，苏联政权仍然忌惮日本的力量。假如日本人对跨西伯利亚大铁路的阿穆尔段发动进攻，同时又控制了中东铁路，怎么办？符拉迪沃斯托克（海参崴）将被切断，俄国人会被赶出西伯利亚。这种偏执的思想促使苏联考虑在现有的跨西伯利亚大铁路以北再修一条新铁路。这条铁路不易受到外敌攻击（这是斯大林始终在考虑的问题），还将开发西伯利亚更广阔的土地及其先前因为距铁路太远而得不到开发的自然资源。①

这就是长达2300英里②的贝加尔—阿穆尔铁路开建背后的战略思考。这条铁路经常被简称为贝阿干线，是一项无论在修建的艰巨程度上还是在成本上，都使已有的跨西伯利亚大铁路在任何路段都相形见绌的工程。在苏联超大工程的长长的名单中，比如上一章提到的工业联合体，再比如成功的太空计划、试图促进土地利用的失败的"处女地运动"（Virgin Lands Campaign），还有想改变若干西伯利亚河流走向的荒唐主张（幸亏放弃了），贝阿干线都有一席之地。尽管只是一条使用尝试性和试验性技术的铁路，贝阿干线其实却比刚才提到的其他计划雄心勃勃得多，因为其地形复杂且难以到达，远比跨西伯利亚大铁路的早期路段建设困难要大得多。贝阿干线指南的作者们说"贝阿干线和贝阿干线带的建设，是苏联、或许也是世界上任何国家所实施过的最大的土木工程。该工程耗费了巨量的资源，丝毫不亚于20世纪50年代和60年代为征服太空所消耗的资源"③。他们绝非言过其实，的确，这条铁路的建设和完工经历了三次尝试，耗费了大半个世纪的时间，成为苏联雄心壮志的象征，但也始终深陷争议的漩涡中，对于苏共的理想在苏联年轻一代中的幻灭也起到了不小的作用。

---

① 在现有铁路以北再修一条铁路的主张，已议论很久了，最早的提议是在沙皇时期就有人做出了。
② 由于建设隧道和裁弯取直，这个长度后来被缩短了。
③ Athol Yates and Nicholas Zvegintzov, *Siberian BAM Guide* (Trailblazer, 2001), p. 308.

这一计划背后的思想是，在跨西伯利亚大铁路之外再提供一条通向太平洋的备选铁路，在现有铁路北边 400 至 600 英里处与之平行前进。该铁路在泰舍特（Tayshet）城离开跨西伯利亚大铁路干线。泰舍特是一个因铁路而创建的小镇，是押往古拉格的犯人的临时宿营地，因为亚历山大·索尔仁尼琴（Alexander Solzhenitsyn）在《古拉格群岛》（*The Gulag Archipelago*）中详细描述了其夺命无数的杂酚油厂而闻名。该线路于布拉茨克（Bratsk）的一座大坝上跨过安加拉河，经过贝加尔湖以北的小城北贝加尔斯克（Severobaikalsk）后进入一片山区，需要开凿多个漫长的隧道，然后于共青城（Komsomolsk-na-Amure）跨越阿穆尔河，最后在符拉迪沃斯托克（海参崴）以北 500 多英里的苏维埃港（Sovetskaya Gavan）到达海边。

建设这条铁路的第一次尝试是在 20 世纪 30 年代，当时的苏联政府担心中国东北的形势，发布了一项建设新铁路的密令，但除了设定了铁路的起点和终点——泰舍特和苏维埃港——之外，密令中再无详细内容。一项大规模的勘测行动就此展开，建设铁路的计划在 1933 年到 1937 年的第二个五年计划中被宣布，但这只是一个"街道上铺满黄金"式的宣传。"二五计划"更关注经济而不是军事，宣称贝阿干线"将穿越东西伯利亚人迹罕至的地区，唤醒广袤的新土地及土地上富饶的资源——琥珀、黄金和煤炭——并使得开垦大片适于农耕的土地成为可能"[①]。一次重要的勘测行动上马了，然而在当局认定工作未能适当进行后，许多可怜的地质工作者很快就成了大清洗的牺牲者；一些人被处决了，另一些则死在了劳改营中。

---

① Yates and Zvegintzov, *Siberian BAM Guide*, p. 297.

20世纪30年代后半期，一系列古拉格沿着拟建的铁路建立了起来，被称为"贝阿拉格"（BAMLag，即"贝阿干线劳改集中营"[BAM Corrective Labour Camps]的简称）。1932至1941年，估计有40万名犯人被送到了那里（德国入侵苏联后，国内流放暂时中止了），对于其中大部分人来说，这就等于判了死刑。苏联人知道，被送往贝阿干线就意味着再也回不来了。管理这些劳改营的机构"贝阿拉格"，是专门为确保经常有大量的劳力投入这条铁路的建设而建立的。"贝阿拉格"发展迅速，很快就管理着数十个劳改营了，然而具有讽刺意味，或许也不可避免的是，其领导层也于1940年被清洗了（并被送去修铁路），"贝阿拉格"并入了更广大的古拉格管理系统。正如上一章提到的，犯人们的粮食定量，不足以支持他们承担所期望的繁重劳动，因此他们成批地饿死。"贝阿拉格"的劳改营有一种特别残酷的制度，设立了五种不同的"灶"，从一日三餐的大灶到每天只有稀汤和300克面包的小灶。好工人一开始吃最高定量，但这仍不足以支持他们完成分配的任务，于是他们逐渐被分配到食物越来越少的灶上，然而要求他们干的活儿依然繁重。可能的结果只有一种了。

进展缓慢，因为多个原因。主要的困难是，实际上全线都需要建在永久冻土层上——不像跨西伯利亚大铁路只有部分路段是永久凝固的且大部分是在阿穆尔铁路那段。因此贝阿干线在永久冻土层上铺设铁轨的困难要大得多，因为有成百上千英里的冻土，再加上苏联当局强加的恶劣条件，以及工程进度非常快，问题越发激化。永久冻土并不是西伯利亚当前低温的结果。不管你信不信，其实西伯利亚根本没冷到能造成冻土的地步。更确切地说，冻土是冰期的残余，因为气温始终不够热，所以没有解冻。然而，一旦铁路工人们开始挖掘冻土——冻土层的厚度从几米到几百米不等——冻土就会解冻,并且不会像在水中那样重新凝固,而是会形成沼泽。如果立刻铺铁轨,就会产生问题,因为不知道路基会下沉到什么程度。近年,中国在修建青藏铁路时,发现了在永久冻土层上筑路的更好办法,使用热交换器确保永久冻土层依然凝固,但这样铁路的造价就会极其昂贵。

还有其他困难。贝阿干线的西段处于地震活跃地带。自铁路开工后,该地区就发生过三次重大地震,但某些路段更严重的问题是,大地几乎经常处于震颤中,不过其影响会被永久冻土层抵消。然而一旦冻土解冻,后果就非常严重了。因此在这样的条件下建隧道,就是既鲁莽又不切实际之举。实际上,有几座隧道就成了长期难以解决的问题的起因。

到第二次世界大战爆发时,犯人们在贝阿干线两端都已经完成了部分路段:西段是从泰舍特到布拉茨克,那里有一座巨大的水电站在建设中;东段是从共青城向东120英里到达波斯特舍夫(Postyshevo),此外完成了几条支线。工程因为战争停了下来,只除了从共青城到太平洋海岸的苏维埃港的路段还在使用战俘和古拉格的少量苏联犯人继续建设,因为这一路段被视为有潜在的重要战略意义。实际上,1945年在苏联和日本的短暂战争中,这段铁路被用作了部队和装备的补给线。

引人注目的是,"二战"刚一结束,这条铁路的其他部分就重新开工了。这回大部分工程是由日本和德国战俘承担的,是违背《日内瓦公约》的强迫劳役。如果说国内犯人遭到了残暴虐待的话,那么这些外国人的待遇就更糟了。一项估计认为,在贝加尔湖附近的奥泽拉格(Ozerlag)集中营干活儿的德国战俘,只有10%活着得到了遭返。日本战俘的死亡率同样很高。一项保守的估计是,两国战俘的死亡总数为15万人。工程取得了一些进展,比如完成了到布拉茨克的铺轨，随后又完成了到乌斯季库特（Ust-Kut）的铺轨。这是贝阿干线最西边的一段，从起点泰舍特起共450英里，但进展十分缓慢。布拉茨克的大坝实际上还没有完工，因此铁轨是铺在冰上跨越安加拉河的，就像环贝加尔铁路完工前穿越贝加尔湖一样。

1953年斯大林死后，贝阿干线全线停工了，因为斯大林的接班人尼基塔·赫鲁晓夫（Nikita Khrushchev）不相信这一工程的价值。还活着的战俘被遣返了，古拉格也开始关闭了。具有讽刺意味的是，西方情报机构并不知道铁路停工了。他们被官方媒体的电台沉默蒙蔽了，以为该工程变成了秘密的军事项目。实际上，建设贝阿干线这个主张在赫鲁晓夫时代前期被悄悄地遗忘了。重建俄罗斯欧洲部分被视为更重要的事情。某种程度上，在维特做出决定性的干预，从而使得最早的跨西伯利亚大铁路得以开建之前，业已存在的支持和反对大规模开发西伯利亚的争论，又沉渣泛起了。在20世纪60年代，那些主张苏联应更加重视在其人口最多的地方巩固工业、增强实力的人，占据了上风。

苏联的铁路工程，总是要依赖于政治，贝阿干线也不例外。然而，主张建设贝阿干线的声音从来就没有消失，因为这条铁路在苏联政府的最高层也有支持者。由于古拉格已经关闭，渐渐地，对建设这条铁路的支持，与另一种极其不同的建设模式合上了拍。表面上就有很多充分的理由。新铁路将缓解跨西伯利亚大铁路的拥堵；将促进西西伯利亚的天然气田向美国和日本市场开放；还可用于亚洲和欧洲之间的集装箱运输。突然之间，已由列昂尼德·勃列日涅夫（Leonid Brezhnev）执掌的苏联领导层，对贝阿干线焕发了热情。这时是20世纪70年代初，正是石油以及随后原材料价格飙升之际。拥有全世界许多重要原材料最大储量的苏联，眼看着就要大发横财，而贝阿干线将有助于开发这些资源。修筑这条铁路也仍然有军事上的理由，尽管这理由已不大成立了，因为现代远程轰炸机已能够到达西伯利亚的任何部分，无论多么靠北。

经济方面最直接的理由是，在斯大林专政时期，乌多坎（Udokan）发现了大型铜矿。乌多坎在后来成为贝阿干线行政总部的滕达（Tynda）和贝加尔湖畔的北贝加尔斯克中间。在苏联，一旦某项计划支持者占了上风，反对者就往往缄口不言了，谁都明白在斯大林领导下和他唱反调会是什么下场。而且，勃列日涅夫还给这一工程赋予了一层灿烂的意识形态光芒。其核心思想（只有自认为深受人民爱戴的独裁者才能梦想得出来）是要充分发挥人民，特别是青年，对社会主义理想的支持。因此对这项工程负责任的，不是交通部或内政部，而是共青团（全名为"全苏列宁主义青年团"[All-Union Leninist Youth League]）。

苏联的推论是巧妙的。贝阿干线被党的官员们视为重振民族自豪感，并向全世界展示苏联是能够实施重大工程，实际上也就是"征服自然"的主力军："与以前沙皇时代的西伯利亚大铁路不同的是，贝阿干线将以'列宁主义者的热情'建设，穿越荒无人烟的针叶林地带，奔向共产主义的应许之地。"① 它将是跨西伯利亚大铁路的更好版本，因为是在社会主义制度下建设的——其口号"发展社会主义"，是一种解释共产主义为什么还没有实现的复杂的表达法。苏联领袖们总是告诉人民，"共产主义"将在不久之后实现，但这是一个永远在向前漂浮的目标，而贝阿干线便在寻找圣杯的过程中被树成了标杆。

对勃列日涅夫来说，这项工程为社会主义宣传提供了一个和平的战斗口号，这是一场同大自然和自然力进行的战争，也是一条"通向

---

① Christopher J. Ward, *Brezhnev's Folly* (University of Pittsburgh Press, 2009), p. 9.

未来之路"。这是一场不需要武装力量的战斗。当然,这是一场必须打赢的战争,因此,贝阿干线工程从一开始就受到了许多来自上层的干预。一方面,这意味着可以投入此工程的资源几乎是无限的,但另一方面,工程也经常面临着不切实际的时间表和最后期限。

在经过了大量幕后的准备后,共青团宣布了一项只需十年建成这条铁路的计划,竣工时间定为1982年——后来又改为1984年(勃列日涅夫肯定没读过奥威尔的书,不了解这其中的讽刺意味)。这条铁路被视为一项"惊天动地的工程",这确保了其优先地位。共青团获得了动员全国青年为贝阿干线工作的权力。团中央在报纸和电视上向全国发出了号召,征集青年志愿者到铁路工地去劳动三年。

虽然许多青年无疑是因为理想原因挺身而出的,但优先得到小汽车和新住房的保证,却与他们的爱国热情是主要动力的宣传是矛盾的。去贝阿干线还有其他好处。简历上有志愿在"惊天动地的工程"中工作的经验,对于有兴趣在共产党内走仕途的人,前景很是光明的;对于其他人来说,能够在年方26岁时被提拔为工长("惊天动地的工程"中这样的机会并不鲜见),也很具诱惑力。

甚至苏联自己的出版物也认识到了这固有的矛盾。1983年春天《苏联社会学》(*Soviet Sociology*)上发表的一篇文章便对危险发出了警告:"向人们提供得到稀缺物品的特权,以吸引劳动力到贝阿干线地区,不能视为一种适当的办法……这会助长青年当中的消费主义倾向,为各种各样的投机取巧行为开辟道路,而紧迫的建设工程中本应发扬的爱国主义精神,则会受到损害。"[①] 而且,那些的确因为理想而参加工程的人,很快就会感到幻灭:"对大量贝阿干线工程参与者的采访发现,尽管他们中许多人最初怀有建设贝阿干

---

① Yates and Zvegintzov, *Siberian BAM Guide*, p. 306.

线的真诚热情，但当他们亲眼见识了工程之后，很快就会丧失那种热忱。"①

还有其他种类的劳动者。对许多年纪较大的工人来说，具有吸引力的是高工资——贝阿铁路开出的工资是苏联此类工作正常水平的三倍——还有获得新住房和小汽车的保证。假期也比标准时间要长，并提供来去西伯利亚的免费火车票或飞机票。没有使用囚犯劳力——勃列日涅夫承诺贝阿干线将由"干净的手"建成——还有大批苏联友好国家的年轻人参加了铁路建设，比如华沙条约缔约国（主要是波兰、捷克斯洛伐克和东德）和安哥拉、古巴等附庸国的青年。还有第三股力量：铁道兵。由应征入伍的义务兵组成，在部分路段的劳动大军中占到了25%，但他们实质上是强迫劳动，官方的宣传很少突出他们。

工人们面临的困难也许不像他们的前辈那样致命，但也十分可怕。正如一位研究贝阿干线工程的作家所说的："由于这一地区的大部都被针叶林（寒冷地带，主要是俄罗斯和加拿大，生长的原始森林）覆盖，大自然向其征服者发出了地质、地震、气候和流行病等方面的挑战。"② 总之，修建这条铁路首先不是个好主意，而苏联的无能和腐败又使其越发艰苦。

苏联号称"计划经济"，但奇怪的是，计划却非其强项。因此，当第一批"贝阿人"于1974年被派到铁路工地时，无论是对线路详细的勘测，还是关于建设时间的明确计划，都还没有完成。就连苏联政府的喉舌《消息报》（*Izvestiya*）也于1974年5月承认："迄今为止，尚难以确切说明贝阿干线两侧会涌现出多少车站、居民点和

---

① Ward, *Brezhnev's Folly*, p. 9.
② 同上，p. 7。

城市。"① 直到工程开工三年之后，一份包含最终路线的完整、详细的计划才拿了出来。许多青年志愿者缺乏适当的培训，也是个长期的问题，直到工程的晚期阶段，技术不足的问题才被认识到。这才展开了大规模的培训计划，然而又产生了进一步延误工程的副作用。

铁路经过的地段，有大约400英里是沼泽地，两倍多于沼泽地的是针叶林带，都是原始森林。还有更具挑战性的，大约75英里的地带经常受到滑坡的侵袭。冬季的中期气温通常在-20℃至-30℃，当气温达到-45℃无风（或-35℃有风）时，工人们获准停工在室内休息。然而，即使在-20℃时，推土机都经常发生故障，斧头也会损坏，使得施工无法进行。虽然工程投入了大量的资源，但提供的机器在西伯利亚的自然条件下经常达不到作业要求，或者由于功率不足无法完成要求的起重任务。例如，推土机大多是由拖拉机改造的，在艰苦的条件下根本无法持久工作。供给问题也经常发生，尤其是枕木，也会耽误工程。

然而，计划问题和劳动问题与技术问题一比，又是小巫见大巫了。当20世纪70年代贝阿人重启工程时，过去经历过的永久冻土层的困难似乎已被遗忘了。为确保建筑和其他结构不陷入土中或下沉，在挖出基础后，很关键的是要等待几年，使土壤沉淀，因为沉淀量依赖于下层土在被挖后融化了多少。冻土中的冰比水还要多，于是便会在建筑下方留下空隙，造成沉陷。因为急于完工，这方面的预防措施被普遍忽略了。因此，如果铁轨铺得太快，没有预留土壤沉淀的时间，就会有线路沉陷的危险，造成火车脱轨，或者要求火车限速。迟早还得开辟新的路床，重新铺设铁轨。结果，早在贝阿干线竣工前很久，有些路段就不得不重建了。在贝阿干线的

---

① Yates and Zvegintzov, *Siberian BAM Guide*, p. 310.

西端，滕达到与跨西伯利亚大铁路主干线交会处的泰舍特之间，使用劣质建材和永久冻土层融化造成的沉陷，意味着永久性的限速。按照贝阿铁路指南上的说法："最初该线路是在掺了沙砾的道碴上铺低质量的铁轨。结果导致187公里（117英里）的路段要走八小时，而且在1987年，四个月间因线路沉陷和道碴冲蚀，造成了三起事故。"[①] 最终，整个这一路段都重新铺了轨，但仍然需要限速为每小时30英里。

不仅是铁轨，而且包括沿贝阿干线建设起来的城镇的建筑物，都因为未能适当处理永久冻土层融化问题，而深受其害。因此，到20世纪80年代初时，铁路沿线的各车站中，共有70座建筑物受到沉陷的影响，其中许多不得不拆除。最严重的事件发生在支线上的莫戈特（Mogot）。那里所有20世纪70年代的建筑，都在短短几年内垮塌了，因为它们建在不牢靠的地基上。全线各地有许多重要建筑，比如医院和管理机构大楼，都受到了影响，甚至今天还有几座被废弃的建筑物静静地陷在泥中。

如果说永久冻土层是个重大问题，那么正如指南上所说，隧道就是"贝阿干线的祸根"。[②] 这条铁路穿越了好几个山脉，一度到达海拔4000英尺的高度。与跨西伯利亚大铁路西段不同的是，需要开凿大量的隧道，以减少缓慢地上坡和下坡的次数。其中六条主要的隧道——总长度超过了20英里——消耗的资金在线路总成本中占到了惊人的三分之一。它们的开凿经历了史无前例的困难，因为它们穿越了地质断层线，还有更糟糕的，地下水道。按照贝阿干线指南上的说法，"不得不钻研出大量开凿隧道的新技术，这又减缓

---

① Yates and Zvegintzov, *Siberian BAM Guide*, p. 313.
② 同上。

了建设速度"，而且许多新技术要求具备的技巧是现在劳动力做不到的。指南中还说："回顾起来，有几条隧道根本不该修，假如在勘测上花更多时间的话，本来可以找到更节约成本的路线的。"①

最艰难的隧道是将近10英里长的塞韦罗穆伊斯基隧道（Severomuysky Tunnel），在北贝加尔斯克以东200英里处，工程始于1978年，估计六年后结束。但最终完工却是到了20年以后。有两个主要的困难：当地地震活动频繁，每年有大约400次小颤动，更严重的困难是，有各种各样的水道和地下湖。当地的地质工作者说根本不该在那个地方修隧道，因此，面对几乎无法克服的困难，工程停滞了很多年。

最严重的事故发生在1979年9月。一支钻孔队无意中钻开了一个巨大的地下湖，大水淹没了隧道。这场灾难突现了地质勘测的不足，这是整个建设过程的一大特点。由于苏共保密，这一事故直到四年后才得以报道，死亡数字仍然是个谜。铁路建设者们曾求助于西方隧道专家，但塞韦罗穆伊斯基隧道的问题实在太复杂、太独特，专家们也爱莫能助。为了防水，工人们想出了巧妙的办法，向花岗岩中注入液态氮，使水冻结以阻止渗漏，从而为用混凝土进行永久性的密封赢得时间。最终，在用地下管道抽干了地下湖后，塞韦罗穆伊斯基隧道建起了防地震和湖水的安全通道，整个结构都布置了地震传感器，隧道于2003年12月通车。

与此同时，在隧道未完工前工程修建了绕行道路，不是一条，而是两条。这使得必须乘坐火车上工的工人只能沿山上铺设的临时铁轨冒险翻山。第一条绕行路于1987年完工，被认为只能用到1992年，且坡度极陡，倾斜度达到了1/25。贝阿干线指南认为这

---

① Yates and Zvegintzov, *Siberian BAM Guide*, p. 314.

是一段危险的旅程:"两到三台电气火车头牵拉着车厢。上坡和下坡的坡度都极陡,以致火车下坡时,司机们实际上都站在火车头的脚踏板上,这样一旦发生事故,他们可以及时跳车。"① 其实,从行驶的火车上跳下,不见得是更好的选择。这条临时绕行道路被取代了。新的绕行道路长 34 英里,是第一条的两倍,使得坡度缓和了许多。但贝阿干线指南对其依然唱衰:"尽管对重量较轻的客车是安全的,但载有重负的货车就会经常脱轨了。"② 一位争强好胜的爱尔兰旅行作家,德芙拉·墨菲(Dervla Murphy),2001 年在她年逾七旬后仍然骑着自行车沿贝阿干线旅行,当时这个隧道还没有开通。她在行经这一路段后,曾写道所有旅客都屏气凝神地随着火车攀爬和冲下那座山:"有很长一段路,车轮不仅看上去,而且实际上距路的边缘就差一码。而且下坡也很长。"③ 于是,她认为宁肯选择一条穿越地震带的 10 英里长的隧道。

贝阿干线最初的计划,还包括修一条 5 英里长的海底隧道,连接萨哈林岛(库页岛)。这意味着从苏维埃港还要再修 300 英里铁路,这条线路的一部分虽然也开工了,并且隧道的施工也启动了,但在斯大林死后,这个计划被放弃了。

贝阿干线建设中的所有问题,归结下来不外乎运气不好和造价昂贵,但其实还有一个更广泛的问题,就是灾难性的环境影响。铁路建设背后起推动作用的精神气质,削弱了对环境影响的重视:"这些推动者们(新闻记者和高级官员们)坚称,大自然产生的任何障碍,都可以被人类通过技术来征服。这些人毫不关切环境方面

---

① Yates and Zvegintzov, *Siberian BAM Guide*, p. 106.
② 同上。
③ Dervla Murphy, *Through Siberia by Accident* (John Murray, 2005), p. 72.

的隐忧,充当了官方豪言壮语的喉舌。"① 按照这种说法,贝阿干线经过的地带,大多是无边无际的处女地,蕴藏着无穷无尽的宝藏,是不能由人类活动来破坏的。

不幸的是,事情并未照此发生。正如德芙拉·墨菲所说的:"由于极端的生态脆弱性,所有工业开发——打油井、筑大坝、化浆造纸、伐木,以及开采煤、钻石、金、铜等——都只能引起灾难性后果,哪怕在地图上看上去,这些都只像是跳蚤在猛犸象身上咬了一口。"② 所有这些开发活动,无疑都是铁路建设推动的。

建设铁路,还有一个奇怪且出人意料的后果,就是大量的火灾袭击了原始针叶林,波及面积远远超过人们认为贝阿干线所能影响到的地区。西伯利亚地处内陆,南方有山脉防护,气候干燥,排干沼泽后便导致环境极易遭受火灾侵袭。按照一位曾在贝阿干线上工作的前科学家的说法,1979年单是伊尔库茨克州就发生了超过400起火灾,20世纪80年代这一数字还有增长。由于负责监控的护林员人手奇缺,形势越发恶化。部分地区开始变得像月球景观一样。西伯利亚南部的火灾损失只用了50年就恢复了,但北部需要将近200年,因为在寒冷的气候下,树木生长也更加缓慢。滥伐森林也是一个重大问题,卫星图像显示,"贝阿干线地带从1960年到2000年损失了40%的树木"③。树木损失不仅仅是因为被砍伐用于修铁路和相关建筑,当永久冻土层融化,产生沼泽时,它们也会死。

古老的贝加尔湖也深受兴修贝阿干线而引发的人类活动的危害。1979年,有两座与铁路相关的工厂被指控向湖中排放了各种金属和油料等污染物。沿整条铁路线,燃油都是令人忧虑的环境污

---

① Ward, *Brezhnev's Folly*, p. 13.
② Murphy, *Through Siberia by Accident*, p. 64.
③ Ward, *Brezhnev's Folly*, p. 19.

染物，不仅是因为在铁轨上跑的内燃机车会泄漏燃油，在建设中供油使用的大圆桶，被废弃后也散落在车辆维修厂和侧线周围。

工程的终极讽刺——假如不是太悲惨的话，还真是可笑——是其竣工消息被当局宣布了三次。为了赶上勃列日涅夫规定的竣工时间（勃氏已于1982年因酗酒和处方药引发的疾病而去世），在1984年9月举行的一个仪式上，一枚金质道钉被砸进了地中——作为对1869年美国第一条跨大陆的铁路举行的竣工仪式的回应。[①] 竣工仪式没有邀请任何外国记者，原因很简单，工程离竣工还远着呢，这点对他们来说实在是太明显了，他们会问刁钻的问题的。事实上，除了一条大隧道能够投入使用外，2000英里长的线路也只有三分之一能够全面通车，许多路段的状况都是令人兴叹的，没有足够的道碴，铁轨也太轻，因而限速严重。一些其他路段能够通行工程列车，但全线彻底贯通，看来还得好几年以后呢。因此，又过了七年，苏联领导人米哈伊尔·戈尔巴乔夫（Mikhail Gorbachev）又一次宣布该线路竣工了，他强调说这将成为连接日本的新纽带。然而，塞韦罗穆伊斯基隧道还根本没有完工，还有其他一些路段也只能通行工程列车。其实直到弗拉基米尔·普京的第一个总统任期时这条铁路才真正贯通，于是俄罗斯人在2001年第三次发布了铁路竣工的消息。不过塞韦罗穆伊斯基隧道的开通，还要在两年以后。

在跨西伯利亚铁路的修建历史上曾发生过许多悲剧。贝阿干线虽然可能是最不为人所知的铁路，但或许也是最大的悲剧。这条铁路导致了成千上万战俘和古拉格犯人的死亡，导致了该地区的神圣性被亵渎，包括危及了世界上最深的湖的完整性，以及有大量证据表明的资源浪费。而且，这条铁路扼杀了成千上万真诚地相信自

---

① 这是许多其他重大铁路工程完工时也都实行了的一项传统。

已在建设社会主义新型社会的青年的热情和激情，也损害了许多参与贝阿干线建设的人们的健康和生命。今天到贝阿干线地带参观的人们，都在谈论着一段很差劲的单轨铁路沿线废弃的村庄、鬼城和持续的环境破坏，那段铁路上的火车时速很少超过 20 英里。德芙拉·墨菲倒是爱上了这段铁路，但原因恐怕不会令其建设者高兴："一列行进成百上千英里的火车，平均时速却只有 20 英里，经常还慢到 15 英里，这肯定代表着文明的公共交通的顶峰。"① 甚至今天，仍有一些为大规模居住而设计的城镇处于准居住状态，造成了散布着被废弃的建筑物、倾颓的街道和已规划但却空空如也的荒凉的城镇景观，真像是美国 2008 年房地产价格崩溃后那些破产的郊外开发小区。

作为苏联模式失败的标志，贝阿干线堪与北朝鲜相提并论。俄罗斯铁路网站的公关宣传还真是蛊惑人，但也在提醒着我们，苏联的宣传办法仍然阴魂未散呢：

> 贝阿铁路建设代表着一项工程奇迹。从西伯利亚的贝加尔湖畔，到俄罗斯太平洋海岸的哈巴罗夫斯克边疆区，贝阿铁路绵延近 2000 英里，跨越了 7 条山脉、11 道高山河流，穿过了地震活动高发地区。其长度的将近一半，都是在冬季气温可低至 −60℃ 的永久冻土带上建设的。在这样艰难的地形上修筑贝阿干线，需要建设 142 座长度超过 100 米的桥梁、200 多座火车站和侧线，以及 8 条隧道，包括塞韦罗穆伊斯基隧道，其总长 15.3 公里，是俄罗斯最长的干线铁路隧道，也是世界第五长隧道。铁路沿线建

---

① Murphy, *Through Siberia by Accident*, p. 25.

起了超过 60 座城镇。①

有趣的是，这里没有提到铁路的成本，那是因为从来没有做过比较精确的估计。官方的数字是 110 亿美元，但普遍认为不可信。也有一种说法声称，贝阿干线在主要的建设时期，每年都消耗了苏联全部国内生产总值的 1% 以上。鉴于苏联一向缺乏会计统计数字，这也不过是较高明的猜测而已。但是，没人怀疑这是苏联实施过的最昂贵的工程，或许也是 20 世纪全世界实施过的最昂贵的工程。也许关于勃列日涅夫时代实施的铁路工程的质量，最具讽刺意味的脚注是，按照贝阿干线指南上的说法："从一些轶闻趣事中的迹象来看，似乎是 20 世纪 30 年代的古拉格囚犯和 20 世纪 50 年代的战俘，建成了最耐用的路段。"②

因此，无论俄罗斯铁路界把贝阿干线吹得怎样天花乱坠，不可回避的事实却是，当初做出建设这一工程所依据的设想，没有一项经得起时间的检验。开发新的农业区的希望已经落空了，该地区原有的居民没能发展起农业是有充分理由的：当地的气候使得农作物生长期不到三个月，除了最耐寒的蔬菜如圆白菜和胡萝卜外，其他作物的生长都需要修建带加热功能的温室。至于说缓解跨西伯利亚大铁路的压力，效果适得其反。跨西伯利亚大铁路最紧张的部分是西段，也就是泰舍特以西的部分，贝阿干线的那一段实际上是与跨西伯利亚大铁路共享铁轨的，因此反而加剧了堵塞。东西伯利亚的油田和天然气田也不符合早先的预期，贝阿干线是一条缓慢的铁路，并没有真正提供亚欧之间能取代海路的交通选择。集装箱运输

---

① Russian Railways website http://eng.rzd.ru.
② Yates and Zvegintzov, *Siberian BAM Guide*, p. 308.

也仍然大部分通过海上进行，虽然跨西伯利亚的主要大铁路也揽到了一些业务，贝阿干线却仍被认为速度太慢，无法运输集装箱——尽管在追加投入了大量资金后，铁路对建设在永久冻土层上的路段进行了加固。假如全球变暖意味着俄罗斯北边的海洋最终能保持全年通航，贝阿干线在运输方面甚至要败给北方海路。一部分析贝阿干线工程的书中毫不含糊地写道："这项工程对苏联的经济发展，基本上没有做出切实的积极贡献。"①

不过，贝阿干线至少制造了不少笑话："许多苏联公民都把这项工程当作流行笑话的笑料，而不是'世纪工程'。"的确，这条铁路对苏共的倒台起到了不小作用："苏共、苏联共青团和苏联政府始终坚信苏联青年们需要通过不断重复的关于贝阿干线在经济、社会和文化上的重要意义的那些令人作呕的宣传，来避免丧失集体信念。然而，具有讽刺意味的是，铁路的现实却加剧了他们对苏联总体政治和经济制度的信念的丧失。"②

苏联竭力鼓舞的年轻人中普遍存在的理想的幻灭，严重地损害了苏共的事业。战后的一代需要巩固对苏联制度的信念，然而相反的是，成千上万的青年却体会到了这种制度的巨大失败，或者通过亲身在其中的工作，或者通过与那些在其中工作的人的交往。

最终，有大约50万共青团志愿者和年纪较大的人在贝阿干线上工作过，许多人理想幻灭后，转而反对苏联制度，成为苏共对立面的支持者。贝阿干线没有成为"我们的共产主义未来的灯塔"，而是很快就清楚地表明了"神话背后什么也没有，正如勃列日涅夫时代总体上更引人注目的是橱窗装饰，而不是任何实质性

---

① Ward, *Brezhnev's Folly*, p. 152.
② 同上。

的成就"。① 贝阿干线根本没有像标语上承诺的那样，将人们带往21世纪未来的应许之地，而是清楚地表明了此路不通。

而且，就连那些单纯追求个人利益的人也很感失落。虽然一部分贝阿人留在了该地区，但大多数人还是回到了俄罗斯欧洲部分，结果却发现承诺的额外好处根本没能实现。许多关于小汽车和住房的保证，被证明都是毫无价值的，因为当局发现自己承诺太多，无法兑现。这导致了一项一直持续到后苏联时代的丑闻，那些受到影响的人仍在举行游行示威活动。

这个悲惨的故事唯一一点潜在的正面影响是，有迹象表明并非建设贝阿干线的全部努力都付之东流了。在经历了戈尔巴乔夫时代和后苏联时代早期的逐渐衰落后，贝阿干线新近又迎来了相当可观的投资，被期望能实现有益的经济目标。特别是一条新的长2.5英里的单线库兹涅佐夫斯克隧道（Kuznetsovsk Tunnel）——为绕开一条旧隧道并裁掉一系列拐弯而建——于2012年12月开通，极大地便利了与苏维埃港的交通。旧隧道坡度极陡，新隧道则缓解了贝阿干线的一个瓶颈地段，但新线路的高额成本——将近20亿美元，然而只有12英里铺设了新铁轨——则表明，在西伯利亚的这个边远的部分，如果没有廉价甚或免费的劳动力资源的话，建设基础设施是多么昂贵。

这笔投资是对贝阿干线若干项拟议的改进方案中的第一项，其动因是由于世界市场原料价格增高，铁路沿线正在开发的矿产资源为铁路带来了运输量。而且，俄罗斯铁路公司的公关宣传显示，该公司在强力推动这条铁路的建设，甚至有说法称要恢复通过海底隧道与萨哈林岛（库页岛）相连的主张，不过即使海底隧道在技术上被证明是可行的，其成本似乎也会让人望而却步。因此，假如无视

---

① Ward, *Brezhnev's Folly*, p. 153.

贝阿干线造成的环境破坏及其高额成本,那么该铁路的两个端点也许最终能获得足够的运输量从而使其建设变得合算起来,但其主要的中段仍然是单线并且没有实现电气化,因此恐怕不大可能证明投入的巨大资源是物有所值的。

环保前线也取得了进展。为了减轻贝阿干线造成的危害,俄罗斯已经付出了相当大的努力。例如,贝加尔湖的水质现已得到了极大改善,附近的许多工厂或者被关闭,或者改造成封闭系统。在铁路影响到的地区,人们对火灾的危险也给予了更多的关注。

然而,还有一项会令贝阿干线相形见绌的重大工程也在酝酿中。俄罗斯不再由共产党执政了,但大工程却像是蕴含在其统治者的基因中,无论统治者是沙皇,是政委,还是总统。新近的这个最为异想天开的主张——最早是沙皇尼古拉二世在一个世纪前梦想的,最近又死灰复燃了——是将修到雅库茨克(Yakutsk)的支线继续向东北方向推延2000多英里,然后修一座隧道或桥梁穿越白令海峡,到达俄国1867年卖给美国的阿拉斯加。这项宏伟的计划在2011年得到了俄罗斯政府概念上的支持,其成本估计为600亿英镑,不过这在很大程度上是个拍脑门的估算。有说法称这条铁路将承担全世界3%的货运量,但这个计划似乎是不切实际的(说得委婉一点),对整个地区的环境也有巨大的威胁。因此,人们对环境保护日益增高的关切会引起对这样一个巨大工程的强烈反对,使其不可能开建。此外,财政很可能也是一个无法逾越的障碍。

贝阿干线自完工后一直在竭力证明其存在的合理性,然而与此同时,跨西伯利亚大铁路却在享受着繁荣,成为全世界铁路复兴景象的一部分。苏共仍然专注于货运,但对硬通货的需求也意味着他们开始将跨西伯利亚大铁路重新向旅游者开放了,尽管他们的旅行仍受到严格的限制。

第十二章

最伟大的铁路

在苏共执政时期,在跨西伯利亚大铁路上旅行可不是件很好玩的事情。不仅是因为货运列车享有优先权,客车晚点是家常便饭,也因为车上的设施很差。对西方人来说,还经常有秘密警察现身,盯着你的一举一动。在许多车站,你都会被禁止下车,因为很多城镇都不对外国人开放。

"二战"刚刚结束的时期,苏联不断对铁路进行改进。1956年,苏联停止了蒸汽机火车头的生产(比英国早四年),五年后,在军队劳动力的帮助下,跨西伯利亚大铁路莫斯科至伊尔库茨克段(3400英里)实现了电气化(全线于 2002 年完成电气化——是最早一根电线架设的 73 年后)。在铁路的其余路段,内燃机车逐渐取代了蒸汽机车。内燃机车和电气化火车更快、更清洁,使得莫斯科—符拉迪沃斯托克(海参崴)之旅的时间减少至不到八天(如今乘最快的火车,只有六天半多一点儿)。

尽管"冷战"在加剧,急于通过旅游业换取硬通货的苏联,还是在战后时期大幅度地改善了其火车。20 世纪 60 年代初到苏联旅游的哈蒙·塔珀发现这些火车相当令人愉悦。火车很巨大,有几节

"软席"车厢,四个人一间包厢;有一节餐车;一节豪华的"国际级"卧铺车厢;还有几节三等的开敞式平面车厢。豪华车厢的包厢"有鲜明的维多利亚时代的雅致风格,肯定会让1900年乘国营豪华列车旅行过的安妮特·米金和她的母亲感到非常熟悉:闪闪发光的红木镶板;锃光瓦亮的巨大黄铜门锁及其他摆设;半透明的白色窗帘和蓝色厚长毛绒的侧窗帘;配着饰有流苏的丝质灯罩的大台灯;窗旁配有软垫的轻便椅;五彩缤纷的东方地毯"[①], 不一而足。

然而,比起斯大林的私人车厢,这豪华车厢还是差远了:厕所里的卷筒纸不大整洁;列车员为茶壶生火后,车厢里会弥漫着刺鼻的燃烧木炭的气味;盥洗室里两个龙头流出的都是冷水;所有的车厢都没有空调,只有电扇,而窗户又是永远关闭的。最糟糕的是,所有包厢的扬声器都播放着宣传词和军乐,音量控制钮隐藏在桌下,有时还会失效。

餐车的桌子都铺着白桌布,分隔成小间;还有一个带扶手椅的休息室,不过沙皇时代的钢琴室和图书馆都没了。法式菜单和男侍者也不见了,代之以穿着白罩衫和围裙,戴着白色纸蕾丝头饰的女服务员。她们的主管曾警告塔珀说:"出售比香槟和白兰地便宜得多的伏特加酒,有可能导致对她们来说'不文明'的行为。"[②] 至于饭菜,只有汤还能喝(我于2012年旅行时,发现的确如此)。

永远有人在监视。战后时期所有西方旅行者都提到过他们,通常都是穿着考究,坐在隔壁包间里旅行的人,在下车旅游时则跟着他们的猎物到处转。对于拍照也有详细的限制——桥梁、车站、铁路建筑、货车,甚至河流和湖泊,都在禁拍之列,"Nyet Fotograf"

---

① Tupper, *To the Great Ocean* (Secker & Warburg, 1965), p. 456.
② 同上,p. 459。

第十二章 最伟大的铁路 245

(禁止拍照)是常见的警示词。不过,当然了,总是陪着所有西方游客的苏联国际旅行社(Intourist,国营旅行社)的导游们,通常会睁一只眼闭一只眼的。单独旅行几乎是不可能的,旅游者必须通过苏联国际旅行社或诸如进步旅行社(Progressive Tours)等名义上独立的运营商预订苏联旅行。进步旅行社在苏共的报纸《晨星》(*Morning Star*)上有永久性的广告。卢布的汇率很高,官方的汇率是与英镑等值的(但到了黑市上就要低得多了),这使得所有东西都贵得离谱,尽管很少有东西可买。

20世纪70年代中期到苏联旅游过的埃里克·纽比,经常对监视他的人耍花招,一有机会就设法避开他们,去拍照片或者去看按照严格规定不准他去的地方。他和一位摄影师奥托(Otto)一起旅行。奥托经常和当局发生冲突。纽比讲述了在鄂木斯克发生的一次非常滑稽的冲突:"这个难得一见的大场面本应穿着横条纹的浴衣进行,对手大概是车站的一位女性副站长,年龄不清楚,穿着一件难看的灰衬衫,使她看上去仿佛嵌在混凝土中一样。"随后发生了一场不折不扣的格斗,那位凶悍的女士设法用她的手挡住奥托的相机,"另一只手伸到了他的下巴下方,将他的头猛往后推,仿佛想折断他的脖子似的——这位女士的膝盖当时在做什么动作,就不清楚了"[①]。发生的这一切,都是为了制止那个可怜的人儿拍摄一张车站临街面的照片,那个外立面当时覆盖着脚手架和塑料布。奥托随后被捕了好几次,但他过了一段迷人的生活,并总能及时获释赶回火车上。那时候的旅游安排,一般包括参观诸如"列宁集体农庄"和(纽比特别讨厌的)电线制造厂之类的地方,按照纽比的说法,这是一个地方特色。

---

① Newby, *The Big Red Train Ride*, p. 114.

然而，当地人却可能非常友好。德博拉·曼利（Deborah Manley）讲过一个故事，一位七十多岁的老太太在一个小站下了车，结果火车没有提醒就启动了。正和她聊天的男人迅速上了车，她却没能赶上。随后一群包着头巾的老太太给她端来了茶，"她们不停地微笑着，不断地添茶，过了四小时后，一辆小轿车穿越俄罗斯空旷的无人地带赶了过来。她同那些老太太道了别，和男人们一起钻进了小轿车"①。他们把她送到一个飞机场，从那里一架小飞机载着她飞越了茫茫的大草原。飞机落地后，又有两个人和一辆小汽车在等着她，他们把她送回到跨西伯利亚大铁路的火车上。

苏联人对拍照的多疑是普遍存在的，且因为铁路又被用来部署基于轨道的机动导弹系统，这种疑心又加剧了，显然他们不希望导弹系统被拍照。运送导弹的都是外观很普通的火车，这使得导弹能够被迅速调遣和部署。基于发射井的导弹系统好处很明显，火车一天能跑上千公里，这使得导弹的位置很难被确定。空中监视唯一能分辨的是，运载导弹的火车需要三台火车头来拉，因为它们太沉重了。自20世纪60年代晚期起，苏联就在试验若干种其他发射系统，但直到1987年，在经历了数次失败后，苏联才为其SS-24导弹研制出轨道负荷发射架。这些都是能运载核武器的火箭，其有效载荷相当于55万吨TNT，射程达6000英里，能够从跨西伯利亚大铁路的东段打到美国本土。不过，这些导弹系统并没有经过广泛测试。我在《战争引擎》（*Engines of War*）一书中曾经写道："显然只有一枚试验导弹曾经从基于铁路的发射架上发射过，根据苏联新闻媒体的报道，该导弹击中了俄罗斯东部堪察加半岛上的目标，

---

① Manley (ed.), *The Trans-Siberian Railway*, p. 200.

美国侦察卫星未能确定发射导弹的火车当时在哪里。"①

最多的时候，苏联曾有35座（也有些报道认为是56座）这样的导弹发射架，每列火车上最多有三座，虽然许多都部署在乌克兰，但也有一些隐藏在跨西伯利亚大铁路沿线，这里当然有一个好处，就是离美国比较近。困难之处是这条铁路的大部分已于20世纪80年代实现了电气化——只除了阿穆尔铁路——因此头顶上的电线便令导弹不便发射。这使导弹只好在一些专门建设的侧线上发射，好在这并非不可克服的障碍。随着"冷战"结束，以及不少导弹协定的签订，这些火车最终于2003年被废弃了，让位于路基导弹或由发射井发射的导弹。但火车并没有被遗忘，2013年初，军事界有一些议论，说是俄罗斯人可能重启了基于铁路的核导弹生产，并始终保留了这一技术。这些火车的基地之一在跨西伯利亚大铁路上的克拉斯诺亚尔斯克，不过曾有报道称该基地已成为一片废墟。重启这样的军备竞赛可能性不大，除非全球政治形势有惊人的变化。

赫鲁晓夫时代是铁路兴盛的时代。苏联经济稳步增长，铁路运输着更多的农产品和工业产品。很多铁路支线建设了起来，以使干线发挥更大的作用。然而，意义最重大的进展却是集装箱化，跨西伯利亚大铁路于1967年开始在西欧和远东之间运输起集装箱来。这是苏联陷入绝境的又一个迹象。此前苏联人不愿意与西方做生意，现在他们却一心要赚取硬通货，以支付对他们至关重要的进口产品。1971年，苏联和日本谈成了一桩利润极高的集装箱运输流生意，在纳霍德卡（Nakhodka）和波罗的海沿岸国家之间运输起集装箱。20世纪70和80年代，纳霍德卡一度取代在其西边50英里处的符拉迪

---

① 参阅拙著 *Engines of War: How Wars were Won and Lost on the Railways* (Atlantic Books, 2010), p. 274.

沃斯托克（海参崴），成为跨西伯利亚大铁路的终点。符拉迪沃斯托克（海参崴）转为军港。到20世纪80年代中期时，跨西伯利亚大铁路每年要运输10万个以上的集装箱，成为苏联硬通货的重要来源。然而，像从前一样，当检验苏联的成就时，这样的数字都会遭到篡改，因为官员们总是必须让人们看到他们实现了自己的目标，否则就会被撤职——或者更糟糕的，被指控破坏生产。

然而，跨西伯利亚大铁路上的集装箱运输，对苏联却是一大补血之举，是"冷战"高潮时期穿越铁幕的一个关键纽带。铁路因为承担了这一运输任务，在经济上也有所获益，因为铁路不再以传统的模式运行了。苏联政府为了确保维持这一硬通货的来源，给予了铁路重大补助。苏联解体后，这一运输业务又得到进一步增长。

跨西伯利亚大铁路的故事是一个持续变化的故事。最初这条铁路很大程度上是为军事目的而建，在内战中也成为许多战役的交战地，导致了重大的生命损失。斯大林推行的强制性工业化给这条铁路带来了巨大压力，也改变了它的性质。它不再是一条弯弯曲曲、不合规格的铁路，而成了现代化、使用频繁的货运线路。

这的确是今天的旅行者将会获得的印象。你只有亲自旅行才能明白这条铁路规模之宏大及其所服务的国家幅员之辽阔。当我的伴侣德博拉·梅比和我于2012年在这条铁路上乘车从符拉迪沃斯托克（海参崴）前往莫斯科时，我们的第一段旅程到乌兰乌德，用了两天半的时间，比我们此前在任何一条铁路上旅行的时间都长——而这还只是我们全部旅程的三分之一。

这条铁路从任何意义上看，都很宏大。铁轨无疑比欧洲的稍宽一些，这使得其车厢也要宽一些，然而更重要的是，其装载限界——也就是车厢所不能逾越的总体极限——也更大，这更增强了人们对其体积庞大的印象。无论你往哪个方向行进，每隔几分钟都能遇到一趟相向而来的货车，远比客车要多得多。每个大站都有数不清的站台，许多站台之间都有闲置的货车，除了阻止旅客在铁轨间穿行之外，还会让他们感觉自己像是闯入者。

这条铁路主要是一条货运线，尽管实际上是旅客及其需求赋予了跨西伯利亚大铁路独特的用途。毫无疑问，跨西伯利亚大铁路仍然是西伯利亚的生命线。驾驶汽车穿越茫茫大草原，对于大多数人来说仍然不啻于跑马拉松，而且相当危险，因为俄罗斯的道路交通死亡率极高（2012年死亡人数为2.8万人）。此外，尽管自苏共倒台后公路建设已经取得了很大进展，但从赤塔到哈巴罗夫斯克（伯力）之间的公路直到最近还没有铺柏油，部分路段也没有完工。正如前文所提到过的，正是跨西伯利亚大铁路的存在挤压了公路发展，铁路因此得以巩固其不可或缺性。西伯利亚的飞机场仍然相对较少且相距遥远，国内航班班次不多且价格昂贵。因此，铁路仍然是当地人出行的主要选择，即使在11月这样的淡季，当我们在该线上旅行时，火车的运输量仍然极大。

火车仍然有不同的规格。最好的是"俄罗斯号"，每天发车，从符拉迪沃斯托克（海参崴）到莫斯科的是"1次"，反方向行驶的是"2次"。每个包厢里都有电视；卧铺更加柔软；每节车厢末端的俄罗斯大茶壶更为现代；厕所冲水后也不是直接流向铁轨。像其他火车一样，车厢也分成三等：三等车厢（platskartny）是开敞式车厢，有大约50张卧铺，票价最便宜；一等和二等车厢是完全相同的包厢，其差别仅是一等车厢每包厢有两个床位（都是下铺），二等车厢每包厢是四个床位。

其他火车在跨西伯利亚大铁路上只跑部分路段，往往使用老旧的车辆，票价通常也比声名显赫的"俄罗斯号"要低。像以往一样，火车按莫斯科时间运行。大车站的钟表都显示的是莫斯科时间，粗心的旅客必须仔细确认火车离开的时间，要知道这个时间也不是按当地时间标示的。不过，幸运的是，车上的供餐时间不再像以往一样也按莫斯科时间了。

哈蒙·塔珀 1965 年对跨西伯利亚大铁路所做的评价是公正的。他说："这条铁路是一个非常贫穷落后的国家，在遭遇了铁路建设前所未见的不利条件的情况下建成的。尽管它有种种缺点，但它使西伯利亚与祖国牢不可破地结合在一起，并使东部地区留在了欧洲文明而不是东方文明内。"[①] 这样说回避了一个有趣的问题。当俄国在已经落后的情况下开始修建铁路时，它正处在一个十字路口——是想做欧洲的一部分，还是做一个亚洲强国？对是否兴建跨西伯利亚大铁路的游移不定（本书第二章论及），聚焦的正是这个问题。工程上马使俄国决定性地走上了一条向东看的道路，这是一个有深远影响的抉择。在两次世界大战之间的时期，假如没有跨西伯利亚大铁路来运输其推动工业化所需要的原材料，苏联也许不会强大到能够抵抗纳粹始于 1941 年 6 月的进攻，特别是这条铁路在将其众多工业东运，建立战时生产，并将远东的部队运来保卫莫斯科方面，也起到了至关重要的作用。再看战后时期，假设"二战"还是同样的结果，而苏联却没有跨西伯利亚大铁路——可能因此也就没有西伯利亚——那么它将是一个截然不同的国家，也许现在已经加入欧盟了。贝阿干线的建设可以视为一个仍然试图证明其伟大，但却建立在不可能完成的任务基础上的政权疯狂的孤注一掷。因此，虽然跨西伯利亚大铁路本身通过刺激沙皇政权在中国东北的冒险，帮助推翻了君主制度，但是第二条跨西伯利亚大铁路——贝阿干线，却帮助人们揭穿了苏共的神话。

---

① Tupper, *To the Great Ocean*, p. 468.

跨西伯利亚大铁路是在争议和怀疑中诞生的，但与贝阿干线不同的是，它最终证明了自己的价值，尽管本书第一段就引用了许多不修这条路的好理由。这条铁路为俄罗斯开发了一整片地区，无疑改善了该地区很多人的生活，包括新来的移民。这条铁路吸引了数以百万计的游客，来参观一个其名称立刻会令人联想到极端寒冷和古拉格监禁的地区。纵观西伯利亚历史，这个地区从来没得到过上天多少赐福，但毫无疑问，跨西伯利亚大铁路就是它得到的最好礼物。

凡事有利则必有弊，跨西伯利亚大铁路最引人注目的坏作用是引发了各种各样的冲突。不仅激发了一场战争，而且在两次世界大战中都担任了关键角色，甚至如上文所提到的，在"冷战"中作用也很突出。这不足为奇。这条铁路一向被认为有军事用途，而且的确，在它的许多推动者眼里，建设它的首要目的就是为了打仗。

跨西伯利亚大铁路一向是国家的所有物。因此，投向它的资源从来没打过折扣，因为各种各样的政权——无论是沙皇、苏共还是后来各种号称"民主"的党派——都始终明白它在维系这个幅员辽阔的国家时的重要作用。鉴于企业的巨大规模意味着铁路完全难以自负盈亏（因为不可避免地需要维修保养和改进更新），因此国家的支持是必不可少且呼之即来的。跨西伯利亚大铁路从来没遭受过破产和贫困的屈辱，但这却是许多和它一样在维多利亚时代兴建，却是由私人企业修筑的铁路的命运。然而，虽然从经济上讲这条铁路从来不是赚钱买卖，但如今由于集装箱运输，它快要否极泰来了。根据新近的报道："跨西伯利亚大铁路每年能够承运 1 亿吨货物，不过近乎饱和了。"[①] 终于，在 110 年后，这条铁路开始充分发

---

① Michael Binyon, "Keeping the dream on track", *The World Today* (February and March 2013), p. 11.

挥其潜能，而从鄂木斯克到新西伯利亚的一段，据说承运了世界上所有铁路中的最大货流量。

当我开始为写作本书而进行研究时，我知道这是一条异乎寻常的铁路，因为它在建设过程中展现了令人惊叹的工程造诣。我知道它是所在地区的命脉，也知道它是无数战争的焦点。然而，我没有想到它的意义还远不止这些，它的影响力远远超越了西伯利亚。再没有其他铁路，不仅对修建它的国家，而且对全世界，有如此深远的影响了。众所周知，跨西伯利亚大铁路是世界上最长的铁路，但很多人却不知道，它也是对今天的世界地缘政治体系形成发挥了最大作用的铁路。对于这条低调谦恭的铁路来说，这无疑是一个极其重大的责任与担当。

参考书目

对于进一步的阅读来说,这个书目只是个粗浅的尝试,关注的大多是本书的资料来源。实际上,关于跨西伯利亚大铁路的英文书籍极少,除了各种指南书中的简述外,没有关于现代历史的书。主要的综述类作品已经是50年前出版的了:哈蒙·塔珀(Harmon Tupper)所著 To the Great Ocean(《奔向大洋》,Secker and Warburg 公司,1965年出版),是一本既怪异又好看的历史和逸闻的结合体。

许多关于跨西伯利亚大铁路的书描写的都是作者的旅程,大多是在铁路刚建成不久时的早期记述,当时在这条铁路线上旅行还真是一种探险。其中较好的作品有:安妮特·米金(Annette M. B. Meakin)所著 A Ribbon of Iron(《铁丝带》,BiblioLife 公司,2009年出版),阿诺特·里德(Arnot Reid)所著 From Peking to Petersburg(《从北京到圣彼得堡》,BiblioLife 公司,2009年出版),还有罗伯特·杰斐逊(Robert L. Jefferson)的 Roughing it in Siberia(《在西伯利亚艰苦跋涉》,Sampson Low, Marston & Company,1987年出版),所有这些书都有各种来源的现代重印版。早些时候的出版物有官方发行的 Guide to the Great Siberian Railway

1900（《1900 年西伯利亚大铁路指南》，由德米特里耶夫－马马诺夫［A. I. Dmitriev-Mamanov］和佐齐阿尔斯基［A. F. Zdziarski］编写），1971 年由 David & Charles 公司再版。若干年后，彼得·弗莱明（Peter Fleming）将他 1934 年的旅行日记写成了 *To Peking: A Forgotten Journey from Moscow to Manchuria* 一书（《前往北京：从莫斯科到中国东北的一段被遗忘的旅程》，1952 年出版，2009 年由 Tauris Parke Paperbacks 公司再版）。最近出版的这一题材的作品是埃里克·纽比（Eric Newby）的 *The Big Red Train Ride*（《红色火车大旅行》，Weidenfeld & Nicolson 公司，1978 年出版），他以滑稽幽默的笔调描述了自己在苏共执政最严苛的时期进行的一次阴郁的旅行，他不断地试图躲避监视者，但依然受到了严密的监控。

讲述关于决策修建这条铁路时的政治斗争，以及各种各样的人在其中扮演角色的最好的书要数史蒂文·马克斯（Steven G. Marks）所著 *Road to Power: The Trans-Siberian Railroad and the Colonization of Asian Russia, 1850–1917*（《强权之路：跨西伯利亚大铁路和俄罗斯亚洲部分的殖民化，1850—1917》，康奈尔大学出版社［Cornell University Press］，1991 年出版），这是一部真正具有开拓性的著作。这条铁路主要的推动者谢尔盖·维特（Sergei Witte）写了一本透露了些许实情的 *Memoirs of Count Witte*（《维特伯爵回忆录》，有现代再版的版本），而西奥多·冯·劳厄（Theodore H. Von Laue）所著 *Sergei Witte and the Industrialization of Russia*（《谢尔盖·维特和俄国的工业化》，哥伦比亚大学出版社［Columbia University Press］，1963 年出版），阐释了维特更广泛的政策，这些政策在沙皇政权末年产生过巨大影响。

Railways and the Russo-Japanese War（《铁路和日俄战争》，Routledge 公司，2007 年出版）一书由费利克斯·帕特里基夫（Felix Patrikeef）和哈罗德·舒克曼（Harold Shukman）合著，该书对日俄战争做了

很好的论述。还有一本关于这场战争的有用的小手册，*The Russo-Japanese War 1904–1905*（《1904—1905年的日俄战争》，Osprey公司，2002年出版），作者是杰弗里·朱克斯（Geoffrey Jukes）。

讲述紧随"一战"之后发生的俄国内战期间跨西伯利亚大铁路故事的文学作品，就浩如烟海了。彼得·弗莱明（Peter Fleming）的*The Fate of Admiral Kolchak*（《海军上将高尔察克的命运》，1963年出版，2001年由Birlinn公司再版）表明，如果他将其才能投入小说创作，他本可以取得与他兄弟伊恩同样的成就的。*When the United States Invaded Russia*（《当美国侵入俄国》，Rowman & Littlefield公司，2013年出版）展示了美国人的观点，保罗·邓斯库姆（Paul E. Dunscomb）出色的学术著作*Japan's Siberian Intervention, 1918–1922*（《1918—1922年日本对西伯利亚的干涉》，Lexington公司，2011年出版）详尽阐述了日本在干涉行动中发挥的作用及其背后的政治考虑。

关于贝加尔—阿穆尔铁路或称贝阿干线，年逾七旬但仍争强好胜的德芙拉·墨菲（Dervla Murphy）讲述她骑自行车沿该线路旅行的*Through Siberia by Accident*（《无意中穿越西伯利亚》，John Murray公司，2005年出版）将历史与她的旅途磨难交织在一起。克里斯托弗·沃德（Christopher J. Ward）的*Brezhnev's Folly: The Building of the BAM and Late Soviet Socialism*（《勃列日涅夫的蠢事：贝阿干线的建设和晚期苏联的社会主义》，匹兹堡大学出版社［University of Pittsburgh Press］，2009年出版），详细介绍了共青团员们在建设这条铁路中所起的作用。阿索尔·耶茨（Athol Yates）和尼古拉·兹韦金佐夫（Nicholas Zvegintzov）详细介绍贝阿干线历史及其广泛环境影响的*Siberian BAM guide*（《西伯利亚贝阿干线指南》，Trailblazer公司，2001年第二版）尤其全面透彻和启人深思。

关于俄国铁路的英国文学作品也不算多，通常针对的都是铁道迷。韦斯特伍德（J. N. Westwood）写了两本书，分别是 *A History of Russian Railways*（《俄国铁路史》，George Allen & Unwin 公司，1964 年出版）和 *Soviet Railways Today*（《今日苏联铁路》，Ian Allan 公司，1963 年出版），都提供了有益的背景知识。欲了解早期俄国铁路史，有 *Russia Enters the Railway Age, 1845—1855*（《俄国进入铁路时代，1845—1855 年》），而弗莱明（H. M. Fleming）和普赖斯（J. H. Price）所著的 *Russian Steam Locomotives*（《俄国的蒸汽机车》，1960 年出版，David & Charles 公司，1968 年再版）就无须多说了。

如欲大致了解跨西伯利亚大铁路建设时期的俄国历史及其到 1924 年的早期历史，奥兰多·费吉斯（Orlando Figes）的作品 *A People's Tragedy: The Russian Revolution 1891–1924*（《一个民族的悲剧：1891—1924 年的俄国革命》，企鹅公司［Penguin Books］，1998 年出版）是一本无可替代的书。克里斯汀·萨瑟兰（Christine Sutherland）的 *The Princess of Siberia*（《西伯利亚公主》，1984 年出版，2001 年由 Quartet 公司再版），也有对跨西伯利亚大铁路修建前的西伯利亚和十二月党人的故事引人入胜的描述。

The Trans-Siberian Railway: A Traveller's Anthology（《跨西伯利亚大铁路：一个旅行者的选集》，Century Hutchinson 公司，1988 年出版）中，有大量关于西伯利亚大铁路传说的碎片信息，由德博拉·曼利（Deborah Manley）主编，是一部非常值得在旅途中带上的书。对于当真要沿这条铁路旅行的人来说，最好的指南无疑是布莱恩·托马斯（Bryn Thomas）的 *The Trans-Siberian Handbook*（《跨西伯利亚大铁路手册》，Trailblazer 公司，2012 年第八版），那里有最详细的旅行路线综述和精彩的历史介绍。Lonely Planet 公司出版的旅游指南 *The Trans-Siberian Railway*（《跨西伯利亚大铁路》，Lonely Planet Publications，2012 年第四版）也非常全面。

新知文库

01 《证据：历史上最具争议的法医学案例》[美]科林·埃文斯 著　毕小青 译
02 《香料传奇：一部由诱惑衍生的历史》[澳]杰克·特纳 著　周子平 译
03 《查理曼大帝的桌布：一部开胃的宴会史》[英]尼科拉·弗莱彻 著　李响 译
04 《改变西方世界的26个字母》[英]约翰·曼 著　江正文 译
05 《破解古埃及：一场激烈的智力竞争》[英]莱斯利·罗伊·亚京斯 著　黄中宪 译
06 《狗智慧：它们在想什么》[加]斯坦利·科伦 著　江天帆、马云霏 译
07 《狗故事：人类历史上狗的爪印》[加]斯坦利·科伦 著　江天帆 译
08 《血液的故事》[美]比尔·海斯 著　郎可华 译　张铁梅 校
09 《君主制的历史》[美]布伦达·拉尔夫·刘易斯 著　荣予、方力维 译
10 《人类基因的历史地图》[美]史蒂夫·奥尔森 著　霍达文 译
11 《隐疾：名人与人格障碍》[德]博尔温·班德洛 著　麦湛雄 译
12 《逼近的瘟疫》[美]劳里·加勒特 著　杨岐鸣、杨宁 译
13 《颜色的故事》[英]维多利亚·芬利 著　姚芸竹 译
14 《我不是杀人犯》[法]弗雷德里克·肖索依 著　孟晖 译
15 《说谎：揭穿商业、政治与婚姻中的骗局》[美]保罗·埃克曼 著　邓伯宸 译　徐国强 校
16 《蛛丝马迹：犯罪现场专家讲述的故事》[美]康妮·弗莱彻 著　毕小青 译
17 《战争的果实：军事冲突如何加速科技创新》[美]迈克尔·怀特 著　卢欣渝 译
18 《口述：最早发现北美洲的中国移民》[加]保罗·夏亚松 著　暴永宁 译
19 《私密的神话：梦之解析》[英]安东尼·史蒂文斯 著　薛绚 译
20 《生物武器：从国家赞助的研制计划到当代生物恐怖活动》[美]珍妮·吉耶曼 著　周子平 译
21 《疯狂实验史》[瑞士]雷托·U.施奈德 著　许阳 译
22 《智商测试：一段闪光的历史，一个失色的点子》[美]斯蒂芬·默多克 著　卢欣渝 译
23 《第三帝国的艺术博物馆：希特勒与"林茨特别任务"》[德]哈恩斯-克里斯蒂安·罗尔 著　孙书柱、刘英兰 译
24 《茶：嗜好、开拓与帝国》[英]罗伊·莫克塞姆 著　毕小青 译
25 《路西法效应：好人是如何变成恶魔的》[美]菲利普·津巴多 著　孙佩妏、陈雅馨 译
26 《阿司匹林传奇》[英]迪尔米德·杰弗里斯 著　暴永宁、王惠 译

27	《美味欺诈:食品造假与打假的历史》[英]比·威尔逊 著 周继岚 译	
28	《英国人的言行潜规则》[英]凯特·福克斯 著 姚芸竹 译	
29	《战争的文化》[以]马丁·范克勒韦尔德 著 李阳 译	
30	《大背叛:科学中的欺诈》[美]霍勒斯·弗里兰·贾德森 著 张铁梅、徐国强 译	
31	《多重宇宙:一个世界太少了?》[德]托比阿斯·胡阿特、马克斯·劳讷 著 车云 译	
32	《现代医学的偶然发现》[美]默顿·迈耶斯 著 周子平 译	
33	《咖啡机中的间谍:个人隐私的终结》[英]吉隆·奥哈拉、奈杰尔·沙德博尔特 著 毕小青 译	
34	《洞穴奇案》[美]彼得·萨伯 著 陈福勇、张世泰 译	
35	《权力的餐桌:从古希腊宴会到爱丽舍宫》[法]让-马克·阿尔贝 著 刘可有、刘惠杰 译	
36	《致命元素:毒药的历史》[英]约翰·埃姆斯利 著 毕小青 译	
37	《神祇、陵墓与学者:考古学传奇》[德]C.W.策拉姆 著 张芸、孟薇 译	
38	《谋杀手段:用刑侦科学破解致命罪案》[德]马克·贝内克 著 李响 译	
39	《为什么不杀光?种族大屠杀的反思》[美]丹尼尔·希罗、克拉克·麦考利 著 薛绚 译	
40	《伊索尔德的魔汤:春药的文化史》[德]克劳迪娅·米勒-埃贝林、克里斯蒂安·拉奇 著 王泰智、沈惠珠 译	
41	《错引耶稣:〈圣经〉传抄、更改的内幕》[美]巴特·埃尔曼 著 黄恩邻 译	
42	《百变小红帽:一则童话中的性、道德及演变》[美]凯瑟琳·奥兰丝汀 著 杨淑智 译	
43	《穆斯林发现欧洲:天下大国的视野转换》[英]伯纳德·刘易斯 著 李中文 译	
44	《烟火撩人:香烟的历史》[法]迪迪埃·努里松 著 陈睿、李欣 译	
45	《菜单中的秘密:爱丽舍宫的飨宴》[日]西川惠 著 尤可欣 译	
46	《气候创造历史》[瑞士]许靖华 著 甘锡安 译	
47	《特权:哈佛与统治阶层的教育》[美]罗斯·格雷戈里·多塞特 著 珍栎 译	
48	《死亡晚餐派对:真实医学探案故事集》[美]乔纳森·埃德罗 著 江孟蓉 译	
49	《重返人类演化现场》[美]奇普·沃尔特 著 蔡承志 译	
50	《破窗效应:失序世界的关键影响力》[美]乔治·凯林、凯瑟琳·科尔斯 著 陈智文 译	
51	《违童之愿:冷战时期美国儿童医学实验秘史》[美]艾伦·M.霍恩布鲁姆、朱迪斯·L.纽曼、格雷戈里·J.多贝尔 著 丁立松 译	
52	《活着有多久:关于死亡的科学和哲学》[加]理查德·贝利沃、丹尼斯·金格拉斯 著 白紫阳 译	
53	《疯狂实验史Ⅱ》[瑞士]雷托·U.施奈德 著 郭鑫、姚敏多 译	
54	《猿形毕露:从猩猩看人类的权力、暴力、爱与性》[美]弗朗斯·德瓦尔 著 陈信宏 译	
55	《正常的另一面:美貌、信任与养育的生物学》[美]乔丹·斯莫勒 著 郑嬿 译	

56	《奇妙的尘埃》[美] 汉娜·霍姆斯 著　陈芝仪 译
57	《卡路里与束身衣：跨越两千年的节食史》[英] 路易丝·福克斯克罗夫特 著　王以勤 译
58	《哈希的故事：世界上最具暴利的毒品业内幕》[英] 温斯利·克拉克森 著　珍栎 译
59	《黑色盛宴：嗜血动物的奇异生活》[美] 比尔·舒特 著　帕特里曼·J.温 绘图　赵越 译
60	《城市的故事》[美] 约翰·里德 著　郝笑丛 译
61	《树荫的温柔：亘古人类激情之源》[法] 阿兰·科尔班 著　苜蓿 译
62	《水果猎人：关于自然、冒险、商业与痴迷的故事》[加] 亚当·李斯·格尔纳 著　于是 译
63	《囚徒、情人与间谍：古今隐形墨水的故事》[美] 克里斯蒂·马克拉奇斯 著　张哲、师小涵 译
64	《欧洲王室另类史》[美] 迈克尔·法夸尔 著　康怡 译
65	《致命药瘾：让人沉迷的食品和药物》[美] 辛西娅·库恩等 著　林慧珍、关莹 译
66	《拉丁文帝国》[法] 弗朗索瓦·瓦克 著　陈绮文 译
67	《欲望之石：权力、谎言与爱情交织的钻石梦》[美] 汤姆·佐尔纳 著　麦慧芬 译
68	《女人的起源》[英] 伊莲·摩根 著　刘筠 译
69	《蒙娜丽莎传奇：新发现破解终极谜团》[美] 让－皮埃尔·伊斯鲍茨、克里斯托弗·希斯·布朗 著　陈薇薇 译
70	《无人读过的书：哥白尼〈天体运行论〉追寻记》[美] 欧文·金格里奇 著　王今、徐国强 译
71	《人类时代：被我们改变的世界》[美] 黛安娜·阿克曼 著　伍秋玉、澄影、王丹 译
72	《大气：万物的起源》[英] 加布里埃尔·沃克 著　蔡承志 译
73	《碳时代：文明与毁灭》[美] 埃里克·罗斯顿 著　吴妍仪 译
74	《一念之差：关于风险的故事与数字》[英] 迈克尔·布拉斯兰德、戴维·施皮格哈尔特 著　威治 译
75	《脂肪：文化与物质性》[美] 克里斯托弗·E.福思、艾莉森·利奇 编著　李黎、丁立松 译
76	《笑的科学：解开笑与幽默感背后的大脑谜团》[美] 斯科特·威姆斯 著　刘书维 译
77	《黑丝路：从里海到伦敦的石油溯源之旅》[英] 詹姆斯·马里奥特、米卡·米尼奥－帕卢埃洛 著　黄煜文 译
78	《通向世界尽头：跨西伯利亚大铁路的故事》[英] 克里斯蒂安·沃尔玛 著　李阳 译
79	《生命的关键决定：从医生做主到患者赋权》[美] 彼得·于贝尔 著　张琼懿 译
80	《艺术侦探：找寻失踪艺术瑰宝的故事》[英] 菲利普·莫尔德 著　李欣 译
81	《共病时代：动物疾病与人类健康的惊人联系》[美] 芭芭拉·纳特森－霍洛威茨、凯瑟琳·鲍尔斯 著　陈筱婉 译
82	《巴黎浪漫吗？——关于法国人的传闻与真相》[英] 皮乌·玛丽·伊特韦尔 著　李阳 译

83	《时尚与恋物主义:紧身褡、束腰术及其他体形塑造法》	[美]戴维·孔兹 著　珍栎 译
84	《上穷碧落:热气球的故事》	[英]理查德·霍姆斯 著　暴永宁 译
85	《贵族:历史与传承》	[法]埃里克·芒雄-里高 著　彭禄娴 译
86	《纸影寻踪:旷世发明的传奇之旅》	[英]亚历山大·门罗 著　史先涛 译
87	《吃的大冒险:烹饪猎人笔记》	[美]罗布·沃乐什 著　薛绚 译
88	《南极洲:一片神秘的大陆》	[英]加布里埃尔·沃克 著　蒋功艳、岳玉庆 译
89	《民间传说与日本人的心灵》	[日]河合隼雄 著　范作申 译
90	《象牙维京人:刘易斯棋中的北欧历史与神话》	[美]南希·玛丽·布朗 著　赵越 译
91	《食物的心机:过敏的历史》	[英]马修·史密斯 著　伊玉岩 译
92	《当世界又老又穷:全球老龄化大冲击》	[美]泰德·菲什曼 著　黄煜文 译
93	《神话与日本人的心灵》	[日]河合隼雄 著　王华 译
94	《度量世界:探索绝对度量衡体系的历史》	[美]罗伯特·P.克里斯 著　卢欣渝 译
95	《绿色宝藏:英国皇家植物园史话》	[英]凯茜·威利斯、卡罗琳·弗里 著　珍栎 译
96	《牛顿与伪币制造者:科学巨匠鲜为人知的侦探生涯》	[美]托马斯·利文森 著　周子平 译
97	《音乐如何可能?》	[法]弗朗西斯·沃尔夫 著　白紫阳 译
98	《改变世界的七种花》	[英]詹妮弗·波特 著　赵丽洁、刘佳 译
99	《伦敦的崛起:五个人重塑一座城》	[英]利奥·霍利斯 著　宋美莹 译
100	《来自中国的礼物:大熊猫与人类相遇的一百年》	[英]亨利·尼科尔斯 著　黄建强 译